Journalistische Praxis

Gegründet von
Walther von La Roche

Herausgegeben von
Gabriele Hooffacker

Der Name ist Programm: Die Reihe Journalistische Praxis bringt ausschließlich praxisorientierte Lehrbücher für Berufe rund um den Journalismus. Praktiker aus Redaktionen und aus der Journalistenausbildung zeigen, wie's geht, geben Tipps und Ratschläge. Alle Bände sind Leitfäden für die Praxis – keine Bücher über ein Medium, sondern für die Arbeit in und mit einem Medium. Seit 2013 erscheinen die Bücher bei SpringerVS (vorher: Econ Verlag).

Die gelben Bücher und die umfangreichen Webauftritte zu jedem Buch helfen dem Leser, der sich für eine journalistische Tätigkeit interessiert, ein realistisches Bild von den Anforderungen und vom Alltag journalistischen Arbeitens zu gewinnen. Lehrbücher wie „Sprechertraining" oder „Frei sprechen" konzentrieren sich auf Tätigkeiten, die gleich in mehreren journalistischen Berufsfeldern gefordert sind. Andere Bände begleiten Journalisten auf dem Weg ins professionelle Arbeiten bei einem der Medien Presse („Zeitungsgestaltung", „Die Überschrift"), Radio, Fernsehen und Online-Journalismus, in einem Ressort, etwa Wissenschaftsjournalismus, oder als Pressereferent/in oder Auslandskorrespondent/in.

Jeden Band zeichnet ein gründliches Lektorat und sorgfältige Überprüfung der Inhalte, Themen und Ratschläge aus. Sie werden regelmäßig überarbeitet und aktualisiert, oft sogar in weiten Teilen neu geschrieben, um der rasanten Entwicklung in Journalismus und Neuen Medien Rechnung zu tragen. Viele Bände liegen inzwischen in der dritten, vierten, achten oder gar, wie die „Einführung" selbst, in der neunzehnten völlig neu bearbeiteten Auflage vor. Allen Bänden gemeinsam ist der gelbe Einband. Er hat den Namen „Gelbe Reihe" entstehen lassen – so wurden die Bände nach ihrem Aussehen liebevoll von Studenten und Journalistenschülern getauft.

Gegründet von
Walther von La Roche

Herausgegeben von
Gabriele Hooffacker

Weitere Bände in dieser Reihe http://www.springer.com/series/11722

Gisela Goblirsch

Gebrauchstexte schreiben

Systemische Textmodelle für Journalismus und PR

Springer VS

Gisela Goblirsch
München, Deutschland

Journalistische Praxis
ISBN 978-3-658-17600-6   ISBN 978-3-658-17601-3   (eBook)
DOI 10.1007/978-3-658-17601-3

Die Deutsche Nationalbibliothek verzeichnet diese Publikation in der Deutschen Nationalbibliografie; detaillierte bibliografische Daten sind im Internet über http://dnb.d-nb.de abrufbar.

Springer VS
© Springer Fachmedien Wiesbaden GmbH 2017
Das Werk einschließlich aller seiner Teile ist urheberrechtlich geschützt. Jede Verwertung, die nicht ausdrücklich vom Urheberrechtsgesetz zugelassen ist, bedarf der vorherigen Zustimmung des Verlags. Das gilt insbesondere für Vervielfältigungen, Bearbeitungen, Übersetzungen, Mikroverfilmungen und die Einspeicherung und Verarbeitung in elektronischen Systemen.
Die Wiedergabe von Gebrauchsnamen, Handelsnamen, Warenbezeichnungen usw. in diesem Werk berechtigt auch ohne besondere Kennzeichnung nicht zu der Annahme, dass solche Namen im Sinne der Warenzeichen- und Markenschutz-Gesetzgebung als frei zu betrachten wären und daher von jedermann benutzt werden dürften.
Der Verlag, die Autoren und die Herausgeber gehen davon aus, dass die Angaben und Informationen in diesem Werk zum Zeitpunkt der Veröffentlichung vollständig und korrekt sind. Weder der Verlag noch die Autoren oder die Herausgeber übernehmen, ausdrücklich oder implizit, Gewähr für den Inhalt des Werkes, etwaige Fehler oder Äußerungen. Der Verlag bleibt im Hinblick auf geografische Zuordnungen und Gebietsbezeichnungen in veröffentlichten Karten und Institutionsadressen neutral.

Gedruckt auf säurefreiem und chlorfrei gebleichtem Papier

Springer VS ist Teil von Springer Nature
Die eingetragene Gesellschaft ist Springer Fachmedien Wiesbaden GmbH
Die Anschrift der Gesellschaft ist: Abraham-Lincoln-Str. 46, 65189 Wiesbaden, Germany

Inhalt

1 Einleitung 1

2 Was zum Textverständnis nötig ist 3
   2.1 Verstehen komplexer Zusammenhänge 4
   2.2 Hamburger Verständlichkeitsmodell, reloaded 9
   2.3 Zielsicher schreiben – eine erste Annäherung 12

3 Probleme lösen mit neutralen und emotionalen Texten 19
   3.1 Wie sich Gedanken und Erinnerungen entwickeln 21
   3.2 Welcher Sprachlogik Probleme und ihre Lösungen folgen 22

4 Die „neutrale Schnecke" oder: So schreiben Sie einen Bericht über ein vergangenes Ereignis 29
   4.1 Von der Gegenwart über die Vergangenheit in die Zukunft 31
   4.2 Anwenderbericht Inke Franzen zur „neutralen Schnecke" 38
   4.3 Anwenderbericht Achim Frank zur „neutralen Schnecke" 40
   4.4 Anwenderbericht Christopher Mielke zur „neutralen Schnecke" und „emotionalen Schleife" 41

5 Die „emotionale Schleife" oder: So schreiben Sie einen motivierenden Text 45
   5.1 Von der „neutralen Schnecke" zur „emotionalen Schleife" 45
   5.2 Wie der persönliche Bezugspunkt die Emotionalität unterstützt 51
   5.3 Fingerspitzengefühl für den Appell 53

6 Prinzipien des Textzugangs für die Leser – oder: Was Glaubenspolaritäten (GPA) damit zu tun haben ... 57
6.1 Was sich hinter dem SySt-Glaubenspolaritäten-Dreieck verbirgt ... 61
6.2 Drei Pole: drei unterschiedliche Zugangsbereiche der Zielgruppe ... 63
6.3 Die drei Pole des Textzugangs – in einem Textbeispiel ... 65

7 Überzeugende Flyertexte – aufgebaut nach den drei Polen ... 71
7.1 Unterschiedliches Publikum für den Inhalt empfänglich machen ... 73
7.2 Die Charakterschwerpunkte: Ego – Fun – Facts ... 76
7.3 Wie Konzept und Text zusammenhängen ... 81

8 Websites strukturieren und texten mit GPA ... 85
8.1 Texte in der Mikro- und Makrostruktur aufeinander abstimmen ... 86
8.2 Das GPA für den generellen Aufbau von Websites ... 92

9 GPA als Reportage-Werkzeug ... 99
9.1 Von Storytelling, Datenjournalismus und Reportagen ... 100
9.2 Die Reportagemodule nach GPA-Ideenmuster aufbauen ... 110

10 Unterschiedliche Textzugänge ermöglichen – oder: Wie das Tetralemma verhindert, dass Leser sich bevormundet fühlen ... 115
10.1 Zugang zu Ideen und offenen Fragen: das Tetralemma ... 117
10.2 Leser binden und einbeziehen – oder: die Kraft des Oszillierens ... 124
10.3 Keines von Beidem – Gedankenspiel mit neuen Kontexten ... 127
10.4 All dies nicht, und selbst DAS nicht – der gestaltete Irrtum ... 130

11 Essays, Porträts und Kommentare schreiben – oder: Tetralemma zur Erörterung eines Themas ... 133
11.1 Der Essay in Journalismus und PR ... 134
11.2 Das Porträt ... 141
11.3 Der Kommentar ... 144

12 Liquid Journalism – Das Dilemma mit der Leserkommunikation ... 149
12.1 Warum „Liquid Journalism" Journalismus ist ... 152
12.2 Positionen der Leser in die Berichterstattung übernehmen ... 155

13 Die Tiefe eines Themas mit den Lesern gemeinsam entdecken – oder: Serien mit dem Tetralemma 159
13.1 Aufbau von Serien zu einem Thema 163
13.2 Die „Fünfte" nutzen, um ein Thema neu zu denken 168

14 Real-Utopien zeigen Lösungsansätze 173
14.1 Was ist eine Real-Utopie? 174
14.2 Die Real-Utopie: Ausgangspunkt eines überraschenden Textes ... 177
14.3 Die Wunderfrage als Textstruktur 178

15 Das Wertequadrat – oder: Wie Journalisten zu einer neuen gesellschaftlichen Rolle finden 185
15.1 Wertkonflikte und wie man sie löst 187
15.2 Von den Wertkonflikten zur gesellschaftlichen Funktion des Verstehens 190
15.3 Reframing – die Umwandlung von Aussagen in eine diskutierbare Form 195

Nachwort von Matthias Varga von Kibéd 199

Einleitung 1

Dieses Buch liefert eine Methodik für Textprofis: Journalistinnen und PR-Profis, Laientexter und Autorinnen, die in relativ kurzen Texten komplexe Sachverhalte oder wichtige Informationen weitergeben müssen. Ihre Zielgruppen haben eins gemeinsam: Es handelt sich um ein Publikum, von dem anzunehmen ist, es werde sich nicht in hundertprozentiger Konzentration dem Text widmen. Ziel ist es, Leserinnen und Leser am Text zu halten, die eigentlich anderes zu tun haben, als diese Texte konzentriert zu studieren. Dafür sind die Inhalte dieses Buches erarbeitet worden,

Wer sich mit der Komplexität von Textverständnis beschäftigt, weiß, dass mehrere Hürden überwunden werden müssen, bevor es einem Leser auch nur ansatzweise gelingt, zu verstehen, was sich hinter Buchstabenkombinationen und Wortclustern verbirgt. Sprachwissenschaft und Philosophie wie auch Journalismuslehre haben sich mit dieser Herausforderung auseinandergesetzt. Die Textproduktion wurde untersucht und man hat Forschungsergebnisse in nutzbare und erlernbare Häppchen übertragen.

Drei Vorreiter des Umgangs mit geschriebenem Wort haben sich Stammplätze im Kommunikations-Olymp erobert: der Soziologe und Philosoph Paul Watzlawick, der Kommunikationswissenschaftler und Psychologe Friedemann Schulz von Thun und der Sprachkritiker und Journalistenausbilder Wolf Schneider. Einige ihrer Kernaussagen finden sich nicht nur in deren Fachbüchern, sondern werden bei jeder sich bietenden Gelegenheit zitiert.

„Einer muss sich quälen: Der Autor oder der Leser", ist eines jener Schneider-Zitate, das mich durch 18 Jahre journalistische Tätigkeit und über viele Jahre in der Ausbildung von Journalisten und PR-Fachleuten begleitet hat. Ja, auch ich habe es oft zitiert, aber insgeheim zweifle ich bis heute daran. Dieses Zitat versetzte ganze

Generationen von Journalistinnen und Journalisten in die kollektive Problemtrance, man müsse sich quälen, um ein gutes Ergebnis zu erreichen. Verbunden mit dem Umkehrschluss, dass, was ganz einfach Spaß macht oder was leicht anzuwenden ist, unmöglich ein professionelles Ergebnis erbringen kann. Meine These: Es muss möglich sein, Strukturen zu finden, die Laien wie Profis unterstützen, um zielstrebig durch das Unterholz der Textgestaltung zu navigieren; sehr nahe am Auftrag und mit klarem Blick darauf, was der Text bewirkt.

Dieses Buch erschließt nicht nur einen Trampelpfad durchs Unterholz sondern ein ganzes bequemes Straßensystem. Es gibt Hilfsmittel zu Textgestaltung und schriftlicher Kommunikation im Schreiballtag an die Hand. Dabei lohnt es sich quer zu lesen und sich zunächst mit jenen Bereichen des Buches zu beschäftigen, die Sie in diesem Moment gerade am meisten anwenden können. Ich bin überzeugt: Den Rest werden Sie lesen, wenn es Ihnen sinnvoll erscheint – so wie Sie auch ein ganzes Wegenetz erkunden, wenn Sie Ihre Reise nicht immer an den gleichen Ort führen soll.

Anmerkung: Dieses Buch wendet sich an Personen, die professionell schreiben. Das sind Frauen wie Männer, also Journalistinnen und Journalisten, Autorinnen und Autoren, PR-Fachleute und Werbetexterinnen und Werbetexter. Korrekterweise müsste die Autorin die jeweils männliche wie weibliche Form der Bezeichnungen benutzen. Das ist wenig zielführend. Deshalb sei hiermit deutlich gesagt, dass weibliche (Berufs-) Gruppenbezeichnungen in diesem Buch ebenso für Männer gelten, wie die männlichen Bezeichnungen automatisch die Frauen einschließen.

Dieses Buch entstand mit Hilfe vieler, denen ich ausdrücklich danken möchte:
In fachlicher Hinsicht:
Prof. Dr. Matthias Varga von Kibéd
Prof. Dr. Gabriele Hooffacker
Als Praxisbeispielgeber:
Inke Franzen, Christopher Mielke und Achim Frank (Anwenderberichte) Alena Schröder (journalistischer Text) Daniel Wüllner (SZ online) Conny Thörmer (Fotos)

Was zum Textverständnis nötig ist 2

Zusammenfassung
Texte zu schreiben setzt Grundwissen über das Verstehen von Texten voraus. Was heißt es, einen Text verstehen zu können? Hier finden Sie die Hintergrundinformation dazu.

Schlüsselwörter
Textverständnis · Hamburger Verständlichkeitsmodell · Semantische Reaktion

Mit dem Gelingen von Kommunikation befassen sich nicht nur hauptberufliche Kommunikatoren oder Kommunikationswissenschaftler. Dieses Kapitel greift zurück auf Sprach- und Verständnisüberlegungen aus unterschiedlichsten Fachgebieten. Keine Angst, es handelt sich hier nicht um einen Überblick über alles, was sich im Verlauf der vergangenen 200 Jahre angesammelt hat. Dafür gibt es viele Anmerkungen und den Hinweis, dass wirklich wichtige Gedanken großer Forscher und Philosophen unmöglich als Exzerpt in einem Handbuch für Textmodelle wiedergegeben werden können. Einige kurze Hinweise müssen an dieser Stelle genügen, ergänzt um das, was ich als Autorin hinzuzufügen habe. Damit möchte ich die Basis schriftlicher Kommunikation für die Kolleginnen und Kollegen aus Journalismus und PR verfeinern und nutzbar machen.

Warnung: Wer immer sich diesem Kapitel aussetzt, wird in der Folge eine Veränderung seiner Schreibstrategien wahrnehmen. Das passiert, wenn man neugierig ist: Man riskiert durch neue Erfahrungen eine Veränderung seiner Wahrnehmung und seines Selbstverständnisses. Wer also unbeschadet durch dieses Buch kommen will, sollte das folgende Kapitel überspringen.

2.1 Verstehen komplexer Zusammenhänge

Was ist Wort – was ist Text? Pragmatisch gesehen, sind Worte mehr oder minder treffende Bezeichnungen für dingliche oder nichtdingliche Erfahrungen des Menschen. Sie besitzen eine eigenständige Bedeutung. Das unterscheidet sie von Lauten oder Silben, die nur aufgrund eines Kontextes Bedeutung gewinnen.

„Seit ich ‚Dings' sagen kann, kann ich alle Dinge viel besser erklären" ist eine der tiefgründigsten Bemerkungen, seit es Sprache gibt. Denn immer dann, wenn das treffende Wort, die zielsichere Bezeichnung nicht schnell genug den Weg vom Wissen über das Sprachzentrum im Gehirn bis hin zur Zunge findet, behilft man sich mit dem Wort ‚Dings'. Das ist vollkommen in Ordnung, wenn man weitere Möglichkeiten hat, das Gesagte zu konkretisieren. Gestik und Mimik sind hilfreich. Oder einfach das Umschreiben des Gegenstandes mit Worten, die nicht perfekt treffend sind, aber eine Annäherung an den gewünschten Begriff ermöglichen.

Das ‚nicht treffende' Wort, die ungefähre Bezeichnung öffnet jedoch auch das Tor zur Interpretation und damit zum Missverständnis. Außerdem ist das nicht ganz zutreffende Wort in seiner Wirkung deutlich eingeschränkter als ein treffender Ausdruck. Mark Twain wird der schöne Vergleich zugeschrieben, der Unterschied zwischen dem treffenden und dem ungefähren Wort sei der gleiche, wie zwischen einem Blitz und einem Glühwürmchen. Missverständnisse ergeben sich dann, wenn es nur wenige oder keine gemeinsamen Sprachmuster zwischen Wortgeber und der Wortempfänger gibt. Wenn zwei Personen unterschiedlicher Muttersprache miteinander kommunizieren, ist das Problem vorhersehbar. Doch es tritt auch auf, wenn beide Personen dieselbe Sprache sprechen. Unterschiedliche Erfahrungen oder Werte, unterschiedlicher Bildungsstand, unterschiedlicher Zugang zu Sprache … Das sind nur ein paar Ansatzpunkte für Missverständnisse. Je weniger Gemeinsamkeiten zwei Personen besitzen, desto höher ist die Gefahr eines Missverständnisses in der Interpretation einzelner Worte.

Es gibt einen eklatanten Unterschied zwischen der gesprochenen und der geschriebenen Sprache. In der gesprochenen Sprache können einzelne Begriffe und Worte, ja sogar Verkürzungen oder Abkürzungen, anhand von Mimik und Gestik oder anhand des Gebrauchs in definiertem Umfeld (Fachpublikum oder ‚peer groups') eine unmissverständliche Eindeutigkeit erreichen. In der geschriebenen

2.1 Verstehen komplexer Zusammenhänge

Sprache ist es beinahe unmöglich mit einzelnen Worten oder Begriffen komplexe Aussagen zu treffen.
Der berühmte ‚ganze Satz' ist also nötig, denn in ihm lassen sich Beziehungen zwischen den Worten darstellen. Dadurch entstehen aus Worten und deren grammatikalischen Bezügen entschlüsselbare, verständliche Bilder.

Trotz extremer Verkürzung können Sätze komplexe Bedeutung erlangen – Sätze, die grammatikalisch falsch und inhaltlich unkonkret, dennoch eine klare Aussage treffen. Ich erinnere an zwei Überschriften und Kernaussagen eines deutschen Massenmediums, die lauteten: ‚Wir sind Papst' und ‚Horst wer?'. Beide Aussagen sind sowohl grammatikalisch als auch inhaltlich zumindest kritisierbar. Für die Leser jedoch waren sie aufgrund des aktuellen Kontexts erstens verständlich und zweitens in ihrer Gesamtaussage auch noch sinnvoll. Das eine bezog sich auf den Ausgang des Konklaves 2005, die zweite Überschrift (2004) legte offen, welchen Bekanntheitsgrad der eben gewählte Bundespräsident in weiten Teilen der Bevölkerung bis dato einnahm. Beide Sätze waren den Lesern „emotional aus der Seele gesprochen" und in ihrer Plakativität durchaus umfassend.

Doch auch ein einzelner Satz ist noch kein Text. Gehen wir davon aus, dass Text ein Grundbedürfnis der Menschen nach Weitergabe von Information, Wissen oder Gedanken bedient. Daraus folgend ist Text – ganz allgemein – die Aneinanderreihung von Sätzen, Wortclustern oder gedanklichen Bildern, welche nicht nur in einer sprachlich-grammatikalischen, sondern darüber hinaus in einer inhaltlich bedeutsamen Beziehung stehen. Durch die Grammatik des Satzes, verbunden mit der inhaltlichen Beziehung und Bedeutung der Sätze zueinander, ist es möglich komplexe Zusammenhänge zu verstehen. Das Ganze ist also tatsächlich mehr als ‚die Summe seiner Teile'.

Um dieses ‚Ganze' an den Mann oder die Frau zu bringen ist es notwendig, dass der Text auch bis zum bitteren Ende gelesen wird. Das ist die wirkliche Herausforderung für gute Texterinnen: Die Leser am Text zu halten.

▶ Textverständnis entsteht auf verschiedensten Ebenen.

Zum einen gibt es das Thema an sich, das sich in all seiner Komplexität kaum je umfassend darstellen lässt. Der Grund dafür? Wer sich einem Thema nähert, durchläuft währenddessen mehrere Phasen der Vorsortierung. Als erstes ist es bereits als Herkulesaufgabe zu werten, alle Aspekte eines Themas inklusive seiner Auswirkungen überhaupt zu erkennen. Das liegt daran, dass die Annäherung an ein

Thema von der Bereitschaft des Autors abhängig ist, sich auch mit jenen Aspekten zu befassen, die möglicherweise außerhalb der eigenen Wahrnehmungsfähigkeit liegen. Autorinnen und Autoren müssten also die generelle Vermutung hegen, es gäbe innerhalb eines Themas Bereiche, die sich im toten Winkel der Wahrnehmung befinden könnten. Jeder Mensch sortiert ihm gänzlich Unbekanntes und scheinbar Irrelevantes aus. Das ist eine Selbstverständlichkeit. Doch damit beginnt bereits die Fokussierung auf einige (wenige) Aspekte eines eigentlich viel komplexeren Themas. Und immer wenn ein Aspekt aussortiert wird, fallen Puzzleteilchen aus dem Gesamtbild. Je mehr Einzelteilchen fehlen, desto lückenhafter wird das Bild, und desto mehr ist der Betrachter gefordert oder eingeladen, sich die Lücken durch eigene Anschauung oder eigenes Wissen zu füllen. Ob das dann entstehende Bild auch nur ansatzweise dem Originalbild ähnelt, darf bezweifelt werden.

Dann gibt es den Wortschatz, mit dem ein Thema dargestellt wird. Die Wahl und die Deutung der Worte haben entscheidenden Einfluss auf das Verständnis des Textes und des gesamten Themas, denn sie lenken die Emotion, mit der ein Thema betrachtet wird. Semantische Reaktionsanalysen beweisen, wie stark Worte und deren Interpretation durch den Blickwinkel des Adressaten Einfluss nehmen auf das Verständnis des Gesagten oder Geschriebenen.

Die grundsätzliche Schwierigkeit liegt in der Tatsache, dass ein Wort nur eine ungefähre Bedeutung des beschriebenen Gegenstandes vermittelt. So wie Person A ein Wort verwendet, wird kaum eine zweite Person B es verwenden – es sei denn, beide Personen hätten sich auf die Wortbedeutung explizit geeinigt. Eine solche explizite Einigung auf Begriffsdeutungen kennt man eigentlich nur aus dem Wortschatz bestimmter Fachgebiete. Dann spricht man von einer Terminologie, dem *Terminus technicus*, der in speziell dieser Sprachumgebung einen festgelegten Fachbegriff darstellt.

Nimmt man beispielsweise das Wort „Grün", das eine Farbe bezeichnet, so wird deutlich, dass durch dieses Wort weder die exakte Farbschattierung ablesbar ist, noch die Bedeutung des Worts ‚Grün' im Lebensentwurf zweier Personen deckungsgleich sein wird.

Mit ‚Grün' kann ein politischer oder gesellschaftlicher Lebensentwurf (Grüne Weltanschauung), eine Beziehung zur Natur (Der grüne Daumen) oder die Beurteilung einer Lebenssituation (Alles im grünen Bereich) verknüpft sein. Und jede Verknüpfung persönlicher Erfahrung mit dem Begriff wird sich in der Reaktion auf das genutzte Wort zeigen.

2.1 Verstehen komplexer Zusammenhänge

Den Begriff „semantische Reaktion" hat Alfred Korzybski geprägt. Er bezeichnet folgende Erkenntnis: Ein Wort, das in der Wahrnehmung eines Menschen mit einer bestimmten Bedeutung belegt ist, wird bei diesem Menschen eine individuelle Reaktion auslösen, sobald er damit konfrontiert wird. Eine semantische Reaktion bezeichnet die Veränderungen eines Menschen (Leser, Zuschauer, Konsument) aufgrund eines sprachlichen Stimulus. Diese Veränderung betrifft tatsächlich die jeweiligen Emotionen, die Gedanken und sogar die körperlichen Auswirkungen auf Zellen, Gewebe und Organe.[1] Wird ein Gegenstand oder ein Thema mit einem bestimmten Wort verknüpft, das beim Leser bereits eine definierte Bedeutung besitzt, so beeinflusst dies die individuelle Wahrnehmung des Gegenstandes. Der Leser, die Leserin interpretiert also, ohne sich dieser Interpretation bewusst zu sein.

Ein gutes Beispiel dafür findet man in der Wortwelt rund um das Thema Asyl in Europa. Auf welche Art und Weise man Menschen bezeichnet, die aus ihrem Heimatland fliehen, um in Europa einen sicheren Platz zu finden, sagt sehr viel aus über die persönliche Einstellung der Sprecher oder Texterinnen zu dem Thema als Ganzes. Und auch bei den Lesern werden sich semantische Reaktionen zeigen – je nachdem, ob sie das Wort *Asylant*, *Flüchtling*, *Hilfesuchender* oder *Geflüchteter* in einem Text lesen. Solche Reaktionen sind unvermeidbar. Man kann jedoch innerhalb eines Textes redundante Aussagen treffen, die eine differenzierte Erklärung zu dem verwendeten Wort wiedergeben.

Beispiel

20.000 Menschen aus unterschiedlichen Herkunftsländern erreichten vergangenen Monat die deutsche Grenze. Darunter sind viele, die vor Gewalt und Todesgefahr aus ihrer Heimat geflohen sind. Auch Arbeitsuchende sind darunter, die sich in Deutschland Verdienstmöglichkeiten erhoffen. Asyl werden sicherlich viele beantragen, doch nur ein Bruchteil der Geflohenen kann auf diesen Status hoffen.
Quelle: Eigene Darstellung

Oft wird eine semantische Reaktion ausgelöst, ohne dass dem Leser oder Zuhörer bewusst ist, wie die Bedeutung des Wortes bei ihm zustande gekommen ist. Zum Teil können Zuhörer oder Leser selbst nicht eindeutig erklären, welche Bedeutung

---

[1] So kann es geschehen, dass die Konfrontation mit einem Wort oder einer Aussage Übelkeit auslöst, dass man sich fühlt „als hätte einen der Schlag getroffen", dass einem „direkt schlecht wird", dass man körperlich „zusammenbricht". Doch auch sehr viel unbewusstere Reaktionen können sich zeigen.

sie diesem bestimmten Wort geben. („Das sagt man halt so!" ist eine häufige Erklärung.) Denn Worte werden durch ihre Verwendung im gesellschaftlichen Umfeld erlebt und gespeichert. Dabei spielt persönliche Erfahrung und die ganz spezielle Situation während des Lernprozesses eine bedeutende Rolle. Ein Großteil der persönlichen Erfahrung wird jedoch im Unbewussten gespeichert und der bewusste Zugriff darauf ist kaum möglich. Deshalb können mit unhinterfragten, von außen übernommenen Bezeichnungen nur ungefähre Bedeutungen transportiert werden.

Wenn Fachterminologie in die Alltagssprache übernommen wird, verstärkt sich dieser Effekt. Dort versteht jeder Rezipient eine leicht differenzierte Bedeutung des Wortes und gibt das Wort in dieser veränderten Form weiter. Es existiert eine ganze Reihe von Worten, die auf diese Weise ihre Kernbedeutung völlig verloren haben – so weit, dass höchst unterschiedliche Begriffe sogar als synonym – also inhaltsgleich – wahrgenommen werden. Ein gutes Beispiel dürften die Worte ‚Strategie' und ‚Taktik' sein, die in so vielen Kontexten benutzt werden, dass sie ihren jeweiligen Wortcharakter und ihre unterschiedliche Kernaussage im Alltag inzwischen eingebüßt haben.

► Korzybski hat den Unterschied zwischen der Landkarte, der sprachlichen Abbildung der Realität, und der Landschaft, der persönlichen Realität, in den Satz gegossen „Die Landkarte ist nicht die Landschaft, aber wenn die Landkarte der Struktur der Landschaft ähnlich ist, ist sie brauchbar".

Die textliche Struktur liegt jenseits der Wortwahl und des Wortgebrauchs. Sie ist besonders wichtig, wenn ein Artikel komplexe Zusammenhänge darstellen soll. Die Textstruktur hat erheblichen Einfluss darauf, ob ein Thema verstanden wird und die Inhalte des Textes wahrgenommen und wiedergegeben werden können. Wenn auf die Frage nach dem Inhalt eines Textes keine klare Antwort möglich ist, liegt es sehr oft an der fehlenden Struktur des Geschriebenen. Mit der Untersuchung der Verständlichkeit von geschriebenem Wort haben sich zwischen 1969 und 1974 die Psychologen Inghard Langer, Friedemann Schulz von Thun und Reinhard Tausch beschäftigt. Ziel war es, objektive Kriterien für die Verständlichkeit von Texten aufzustellen. Als Vorlage dienten ihnen die Ergebnisse aus der Lesbarkeitsforschung. Durch sie waren bereits Merkmale für die Verständlichkeit von Texten formuliert.

2.2 Hamburger Verständlichkeitsmodell, reloaded

Das „Hamburger Verständlichkeitsmodell" fasste die vorherigen Erkenntnisse so zusammen, dass sich vier sogenannte Dimensionen ergaben, die – jede für sich genommen – nachweisbar und messbar Einfluss auf das Verstehen des Textes besitzen. Diese Dimensionen sind noch heute in vollem Umfang aktuell. Und sie bilden einen großen Bestandteil der Basis für die in diesem Buch dargestellten Text-Strukturen. Sie lauten:

Bild 2.1 Kriterien der Verständlichkeit
Quelle: Eigene Darstellung

Die Forscher um Friedemann Schulz von Thun ließen Probanden Texte beurteilen. Aus dem Ergebnis filterten sie vier zentrale Merkmalsdimensionen der Verständlichkeit heraus: Einfachheit, (syntaktisch-semantische Einfachheit), Gliederung/Ordnung (innere Folgerichtigkeit und äußere Übersichtlichkeit), Kürze/Prägnanz (inhaltliche Beschränkung auf das Wesentliche) und zusätzliche Stimulanz (Auslösung persönlicher Anteilnahme und Anregung). Spätere Konzepte griffen das

Hamburger Modell auf und erweiterten es. So wird es heute meist um die fünfte Dimension der Zielgruppe (Leser im Fokus behalten) ergänzt.

Allerdings muss man sich fragen, ob die aufgestellten Dimensionen ausreichen, um einen Text für die Leserin oder den Leser attraktiv und verständlich zu machen. Der Psychologe Norbert Groeben erweiterte das Hamburger Verständlichkeitsmodell um das Kriterium des „Lesers" und formulierte einen *interaktionalen Ansatz*. Gemeint ist damit, dass ein Text nur in Beziehung zum Lesenden in seiner Verständlichkeit beurteilt werden sollte. Dies entspannt ungemein, denn darin liegt die Erkenntnis, dass nicht jeder Text für jeden Leser geeignet ist, es also auch vergebliche Liebesmühe wäre, einen universal verständlichen Text schaffen zu wollen.

Leser und Text treten in eine Interaktion. Diese Idee deckt sich mit meiner Erfahrung als Journalistin, denn ich habe mehrfach erlebt, dass Beiträge von Lesern höchst emotional kritisiert wurden. Nach den ersten Versuchen, den Inhalt des Textes auszudiskutieren, bin ich dazu übergangen, den Anrufer zu bitten, mir die Textpassage einfach laut vorzulesen. Während des Vorlesens traten ausnahmslos Stockungen und Verwirrungen auf. Die Anrufer bemerkten, während sie laut vorlasen, dass sie Halbsätze und Kernaussagen des Beitrags beim Darüberlesen schlichtweg nicht wahrgenommen und daher die Gesamtaussage falsch interpretiert hatten. Das innere Bild der Leser war also derart stark vorgeprägt, dass der Beitrag nur aus dem Blickwinkel des schon bestehenden Bildes gesehen werden konnte.

Das Karlsruher Verständlichkeitskonzept, entworfen von der Übersetzungswissenschaftlerin Susanne Göpferich, greift weit über die reine Verständlichkeit des Textes hinaus. Es stand die Frage im Raum, ob und wie das Gelesene verarbeitet werden könne. Göpferich betrachtete die Kombination aus Zweck, Adressat und Sender eines Textes. Sie bediente sich dabei der Erkenntnisse aus Kognitionswissenschaft, Kommunikationstheorie, Instruktionspsychologie, Sprachwissenschaft und Semiotik.

Ihr geht es vor allem um eine Didaktik zum Wissenstransfer. Sie ging der Frage nach, welche Kriterien über die reine Textverständlichkeit hinaus bedeutsam sind, um nicht nur einen Text, sondern auch das darin eingebundene Wissen optimal zu transportieren.

Vereinfacht ausgedrückt geht Göpferich davon aus, dass das gedankliche Modell des Sprechenden (oder der Schreibenden) eventuell vereinfacht werden muss, damit es im bildhaften Denken des Hörenden oder Lesenden überhaupt angenommen werden kann. Das zeigt sich immer dann, wenn eine hochspezialisierte Fachfrau

2.2 Hamburger Verständlichkeitsmodell, reloaded

auf einen Laien trifft und versucht, in ihm Verständnis für ihr Fachgebiet zu wecken. Schreibt sie detailreiche Texte, in denen sich all ihr Wissen widerspiegelt, wird sie überwiegend Unverständnis ernten. Der Laie wäre als Leser überfordert.

Und auch die Konvention des Textlesens an sich spielt eine Rolle. Wenn der Leser eines Textes einen bestimmten Aufbau gewöhnt ist – wenn also eine bestimmte Textart im gewohnten Leseumfeld mit einer vertrauten Inhaltsart verbunden ist – dann kommt es zu Irritationen, wenn dieser gewohnte Textaufbau im gleichen Kontext nicht eingehalten wird. Lange Zeit galt die Aufteilung komplexer Texte in Einleitung, Hauptteil und Schluss als adäquater Textaufbau. Danach kam die Zeit der Zusammenfassungen am Anfang des Beitrags. (Das vorliegende Buch folgt aufgrund der Verlagsvorgaben diesem System). Dann wurden ‚Summaries' durch ‚Teaser' ersetzt, die bei Online-Texten heute einen wesentlichen Stellenwert genießen. Vorgefertigte Formulare – beispielsweise im Verwaltungsumfeld – strukturierten Inhalte in schnell adaptierbare Abschnitte.

Unternehmen setzen heute auch in der Entwicklung von Produkten auf strukturierte Inhalte von Dokumentationen, die über die Unternehmenswikis allen Innovativ-Abteilungen zugänglich sind. Diese strukturierten Dokumentationen erlauben es, schnell diejenigen Textstellen aufzuspüren, an denen zusätzliches Wissen und Erfahrungen eingebracht werden können. Dadurch bekommen Innovationen einen schnelleren und ausgereifteren Entwicklungsweg.

Sind die Leser also eine spezielle Art der Terminologie und des Textaufbaus gewöhnt, so kann die Aufnahme von Wissen oder Inhalten schwierig werden, wenn der vorliegende Text nicht dem gewohnten Muster entspricht. Auch dafür gibt es Beispiele. Ich erinnere mich an eine Dozentin der Kunstgeschichte, die eine meiner Seminararbeiten (sie betraf keine Forschungsergebnisse, sondern lediglich die Aufbereitung vorhandener Literatur) mit der Bemerkung zurückgab: „Sie können doch nicht in einer wissenschaftlichen Arbeit mit Ihrer Alltagssprache operieren!" Was war geschehen? Die Arbeit war einfach verständlich. Sie entkleidete die hochwissenschaftliche kunstgeschichtliche Terminologie und reduzierte sie auf die Kernaussagen. Zugegebenermaßen sah man dadurch, wie dünn diese Aussagen waren. Aber das ist das generelle Problem verständlicher Texte: Man kann die Inhaltstiefe leichter ausloten.

Man könnte also meinen, es sei ganz einfach: Man brauche nur einen Text aus einem bestimmten Umfeld zu nehmen und ihn in Struktur und Wortwahl möglichst zu kopieren und schon könne der Adressat problemlos damit umgehen. Stimmt leider nicht. Denn diese Vorstellung missachtet die Möglichkeit, dass die Leser sich in ihren Ansprüchen weiterentwickeln könnten. Kein Mensch liest nur eine Art von Texten. Überall bieten sich Informationsmöglichkeiten und eine unendliche Vielzahl an Texten umgibt diejenigen, die des Lesens mächtig sind. Und jeder Mensch erkennt sehr schnell, welche Art von Texten ihm Schwierigkeiten bereiten, und welche Texte ganz leicht zu lesen sind. Das Unbehagen beim Lesen komplizierter Texte ist immer eine Hürde, welche die Leserin mit viel Energie überwinden muss. Das macht keinen Spaß und es erschwert den Versuch, Inhalte ins eigene Gedankensystem einzubauen.

Nicht jeder Text wird mit der gleichen Konzentration gelesen. Lernen, entspannen, eintauchen, aufsaugen, aussortieren, sich amüsieren, vergessen dürfen ... Das sind ernstzunehmende und vollkommen legitime Ansprüche an Text.

Mündliche und schriftliche Sprache ist eine ständig sich wandelnde, auf gesellschaftliche Veränderungen reagierende Vielfalt von Kommunikationsskripten. Ständig ändern sich Kommunikationskanäle und Ansprüche an Kommunikation. Wer also glaubt, ein einziges System, eine Matrix würde ausreichen, um einfach und schnell Inhalte an Menschen transportieren zu können, hat die Vielgestaltigkeit menschlicher Kommunikationsmöglichkeiten und menschlicher Erfahrungen nicht verstanden. Zu unser aller Glück ist der Mensch und seine Art zu kommunizieren sehr viel komplexer, als wir es überhaupt ergründen können. Wie erschreckend wäre es, wenn komplexe Gesellschaften sich so leicht über ein einziges Instrument lenken ließen.

Das Hohenheimer Modell der Textverständlichkeit nimmt Rücksicht auf viele weitere Belange in diesem Bereich. Es beschäftigt sich vor allem mit der Messbarkeit unterschiedlichster Faktoren und Indikatoren. Für eine kurze Beschreibung und Einordnung für unsere Zwecke, ist es nicht geeignet. Ich verzichte deshalb auf eine direkte Bezugnahme.

2.3 Zielsicher schreiben – eine erste Annäherung

Was sollte man sich also überlegen, wenn man zielsicher schreiben will? In der folgenden Grafik sind die wesentlichen Bezüge dargestellt. Die Bereiche greifen ineinander.

2.3 Zielsicher schreiben – eine erste Annäherung

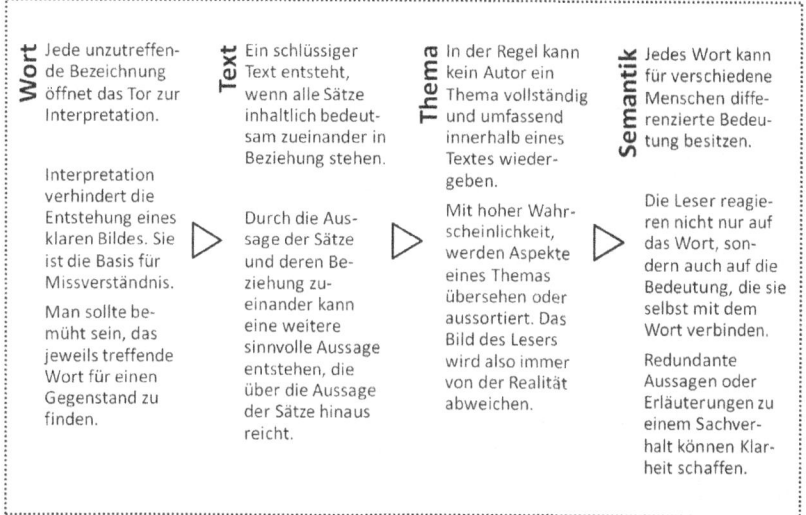

Bild 2.2 „Was beim Schreiben eine Rolle spielt"
Quelle: Eigene Darstellung

Für jedes Wort lohnt sich die Überlegung: „Ist das benutzte Wort so treffend und unmissverständlich, dass es ohne jeden Zweifel exakt das ausdrückt, was ich ausdrücken möchte?" Es lohnt sich also in jedem Fall in die Erweiterung des eigenen Wortschatzes zu investieren. Der Griff zu ‚Dr. Google' in die einfache Synonym-Datei ist tatsächlich keine geeignete Alternative zu einem gut gepflegten und immer wieder erweiterten Wortschatz. Den Umgang mit Wortbildern zu üben lohnt sich. Wortfelder aus unterschiedlichen Lebensbereichen anzulegen und zu versuchen einen fertigen Text komplett mit den Begriffen aus einem anderen Wortfeld neu zu schreiben, wäre ein guter Weg zu einem Wort-Schatz, der den Namen verdient.

Texte sind mehr als die dort verwendeten Sätze. Je nachdem, wie man Sätze aneinander reiht, entstehen unterschiedliche Untertöne und Zusammenhänge innerhalb eines Textes. Man kann sich den Spaß erlauben, einen fertigen Text in Strukturbausteine aufzuspalten und diese Bausteine neu zu kombinieren. Das ergibt zum Teil erstaunliche Veränderungen in der Kernaussage des Textes. Die in den folgenden Kapiteln dargestellten Textsysteme zeigen, wie's geht.

Manchmal ist der Gedanke hilfreich, anzuerkennen, dass man selbst die Wahrheit weder gepachtet hat, noch überhaupt in der Lage ist, sie wiederzugeben. Wahrheit als solches gibt es nicht. Es gibt nur die Wahrheit des Einzelnen im Kontext bestimmter Sachverhalte oder Themen. Wenn man bereit ist, zuzugeben, dass man als Autorin oder Journalist selbst nur in der Lage ist, den entsprechenden Sachverhalt aus dem eigenen Blickwinkel zu betrachten, ist es ein erster Schritt. Der zweite Schritt muss aber sein, den eigenen Blickwinkel nicht höher einzustufen als die Aspekte der anderen. Der dritte Schritt ist eine gesunde Kritikfähigkeit gegenüber der Wahrheit derjenigen, die Informationen liefern. Auch sie sprechen aus ihrer Sichtweise und priorisieren die Informationen, die sie weitergeben. Das alles führt im Idealfall zu einer Bescheidenheit gegenüber der eigenen Meinung und zu fairem Umgang mit dem Thema, den Lesern und den Effekten, die sich mit dem Text erzielen lassen.

Begriffe sind mehr als die neutrale Benennung eines Gegenstandes. Begriffe sind immer auch besetzt von den Erfahrungen und Bedeutungen, die der Schreibende und die Lesende mit ihnen verbinden. Auf dieser Ebene ist es höchst wahrscheinlich, dass die Deutungen von Absender und Empfänger auseinanderklaffen. Wenn man das als gegeben ansieht, ist man eher bereit, redundant zu schreiben und zusätzlich eine Erklärung einzubauen, wenn es wichtig ist, dass ein Begriff nur in einer bestimmten Weise gedeutet werden sollte. Das verlangsamt das Lese-Tempo, verlängert den Text – macht ihn aber auch präziser!

▶ Der perfekte Text folgt im besten Fall den Gedankengängen und Gewohnheiten seiner Leser. Zugleich sollte er ein gewisses Maß an Überraschung bereithalten, um attraktiv zu wirken. Er darf nicht zu lang sein – aber auch nicht nur ein ‚Informationsgerippe'.

2.3 Zielsicher schreiben – eine erste Annäherung

Sieben Punkte erscheinen mir besonders wichtig:

Bild 2.3 Sieben Kriterien für den perfekten Text
Quelle: Eigene Darstellung

Als dritter Punkt ist die Vorstellbarkeit neben den Basis-Anforderungen (lesbar und leserlich) von essentieller Bedeutung. Geht man davon aus, dass das Gehirn des Menschen perfekt geeignet ist, Bilder zu verarbeiten, sollte ein guter Text Bilder im Kopf entstehen lassen. Das geschieht zum einen über bildhafte Sprache, so dass ein emotionaler Zugang zum Text möglich wird. Zum anderen aber geschieht es dadurch, dass klare Zuordnungen möglich werden. „Wer tut was?" lautet die Kernaussage in journalistischen Texten. Eine Handlung wird nicht getan, sondern jemand führt sie aus. Dieser Jemand hat dann eine Schlüsselstelle in der Situation inne. Sobald ein Thema mit einem Menschen verknüpft werden kann, ist es leichter zu beurteilen und zu bewerten. Ein guter Text, der den direkten Kontakt zur Leserin herstellen soll, wird nichts von einer „problematischen Inanspruchnahme des Arztes durch den Angehörigen" erzählen, sondern wird anbieten: „Der Angehörige nahm die

Zeit des Arztes derart in Anspruch, dass dessen Arbeit für die Patienten gefährdet war." Das kann man sich bildlich vorstellen.

Möchte man den Leser zum Weiterdenken anregen, sollte man dem Gehirn Futter anbieten, das jenseits des Textes liegt. Bilder, die einen Sachverhalt begleiten, sind sehr gut dafür geeignet. Aber auch Grafiken, Statistiken oder die Formulierung von Fragen abseits des Fließtextes – beispielsweise in einem Kasten – sind gute Anker, um ein Weiterdenken anzustoßen. Zitate, Sichtweisen relevanter Menschen zu einem Thema, dienen dem gleichen Zweck. Sind sie über den reinen Inhalt hinaus auch noch optisch gut aufbereitet, regen sie deutlich an, sich damit auseinanderzusetzen.

Als Datenjournalismus wird derzeit die Verbildlichung und Nutzbarmachung von abstrakten Daten diskutiert. Das kann mit Hilfe von Text geschehen, oder aber auch – wie es das Zeit-Magazin anbietet – als Grafik. Dort werden die Einzeldaten zu einem Bild verdichtet. So kann man aus den Daten des statistischen Bundesamtes beispielsweise eine Landkarte Deutschlands entwickeln, auf der sichtbar wird, wo die größte Dichte an Sonnenstudios angesiedelt sind oder wie sich die Verteilung der über 105-Jährigen über Deutschland erstreckt. Auf jeden Fall ist diese Form der Darstellung geeignet, Gedanken anzustoßen, was die im Netz abgegebenen Kommentare deutlich widerspiegeln.

Ob diese Gedanken schlüssig sind, sei dahingestellt. Schlüssig wird ein Text (oder eine Verbindung aus Text und Bild) immer dann, wenn Zusammenhänge so formuliert sind, dass sich ein damit verbundener Gedanke praktisch aufdrängt. Das kann durch eine klare Textstruktur geschehen, aber auch indem Zusammenhänge optisch aufbereitet werden. Die wunderbare Grafik-Kolumne des Süddeutschen-Magazins ‚Gefühlte Wahrheit' bringt solche schlüssigen Zusammenhänge auf den Punkt und erfüllt damit auch noch die Ansprüche an Punkt 4 unserer Liste. Wie man solche Schlüssigkeit im Text erreicht, finden Sie in den folgenden Kapiteln.

Wie stellt man sich auf vertraute Gedankenabfolgen oder Lesegewohnheiten der jeweiligen Adressaten ein? Zum einen sollte man sich die Mühe machen, immer für eine bestimmte Gruppe von Lesern zu schreiben. Je klarer diese Menschen vor dem geistigen Auge erscheinen, desto leichter wird es, die Diktion und die Struktur des Textes an die Leser anzupassen. Es ist ohnehin vergebliche Liebesmühe, für ‚alle' zu schreiben. ‚Alle' wird man nie erreichen können. Nicht jede interessiert sich für ein Thema, nicht jeder will Lebenszeit opfern, um sich mit einem Gegenstand ausführlich zu befassen.

2.3 Zielsicher schreiben – eine erste Annäherung

Mit einem Text oder einem Thema die Aufmerksamkeitsschwelle beim Adressaten zu überschreiten, ist ein ganz eigenes Thema. Es hat zu tun, mit der Lebenssituation der Adressaten, mit deren zeitlichen und gesellschaftlichen Gegebenheiten, mit deren Aufnahmebereitschaft und vielem mehr. Die Text-Strukturen in diesem Buch greifen dann, wenn die Aufmerksamkeitsschwelle bereits überwunden ist. Deshalb beschäftigt sich dieses Buch auch nicht mit Überschriften oder anderen Maßnahmen der Aufmerksamkeitserzeugung. Die hier vorgestellten Textstrukturen sind dann relevant, wenn die Aufmerksamkeit bereits auf den Text gelenkt wurde.

Deshalb ist es sinnvoll, sich mit einem Text an eine klare Lesergruppe zu richten. Marketing und Werbung arbeiten mit Typologien ihrer Zielgruppen. Diese unterscheiden sich in Lebensstilen, in der Eigenwahrnehmung und in ihren Bezügen auf die umgebende Gesellschaft. Sogenannte ‚Milieu-Studien' sind für Marketing und Werbung die ausschlaggebenden Informationsquellen. PR und auch Journalismus können sich ebenfalls an solchen Zielgruppen-Definitionen orientieren. Zu wissen, wo der eigene Text erscheinen wird, ist sicherlich eine Hilfe bei der Entscheidung bezüglich Stil, Diktion und Struktur. Denn jedes Medium, jeder Kommunikationskanal hat seine Klientel mit entsprechenden Lesegewohnheiten.

Wenn die Inhalte eines Textes rekapitulierbar sind, dann hat der Text all das geschafft, was er leisten sollte. Die Aufgabe eines guten Textes ist es, Inhalte so zu formulieren, dass die Leser die Chance haben, diese Inhalte für sich selbst nutzbar zu machen. Dazu muss man Inhalte jedoch erst einmal verstanden haben und nacherzählen können – und zwar möglichst mit eigenen Worten. Der Unterschied zwischen „auswendig gelernt" und „verstanden" liegt in der Fähigkeit, die entsprechenden Inhalte mit eigenen Worten wiedergeben zu können.

Nur wer in der Lage ist, das Gelesene in Erzählbares umzusetzen, hat den Inhalt eines Textes wirklich aufgenommen. Dieser Schritt der Übernahme von Inhalt in eigenes Wissen setzt voraus, dass der Inhalt mengenmäßig und strukturell aufnehmbar ist. Für den Texter bedeutet das eine Selbstbeschränkung in der Informationsabgabe. Oder – mit anderen Worten – weniger ist mehr.

▶ Außerhalb strenger Fachtexte gilt: Nur wenn nicht mehr als maximal drei Kernaussagen in einem Text vorhanden sind und diese Kernaussagen auch glasklar erkennbar und merkbar sind, können sie (eventuell mündlich) weitergegeben werden.

3 Probleme lösen mit neutralen und emotionalen Texten

Zusammenfassung

Wer weiß, wie Denken und Erinnern funktioniert, kann gute Texte verfassen, die im Gedächtnis bleiben. Das folgende Kapitel greift auf Gehirnforschung zurück, beschäftigt sich mit der Sprachlogik und gibt einige Einblicke in menschliches Denkverhalten. Es kann und will keinen wissenschaftlichen Diskurs bieten, sondern bricht die Erkenntnisse verschiedener Fachrichtungen auf das Verfassen nutzbarer Texte herunter.

Schlüsselwörter

Gehirnforschung · Emotion · Sprachlogik

Im Unterschied zu sogenannten Nutzwerttexten, einer journalistischen Richtung, die der Leserin eher eine Art „Hilfestellung" zur Problemlösung ermöglichen möchte, geht das vorliegende Buch über Gebrauchstexte von anderen Voraussetzungen aus. Nutzwerttexte haben ein klares Ziel und tendieren in Richtung „Rat geben". Im Grunde gibt es bereits seit Urzeiten Ratgebermagazine.[2] Die redaktionelle Hilfestellung soll mit dem Begriff der „systemischen Textmodelle" nicht in erster Linie erreicht werden – wenngleich diese Modelle und Strukturen, die hier vorgestellt werden, durchaus geeignet sind, auch Nutzwerttexte herzustellen.

---

2 Das berühmteste der „Gute Rat" mit einer Auflage von knapp 150.000 Exemplaren. Doch auch sogenannte „Special-Interest"-Magazine haben sich seit Jahrzehnten dem Verbraucher-Nutzwert verschrieben

Der Gebrauchstext unterscheidet sich vom Nutzwerttext durch eine grundlegend andere Haltung gegenüber den Lesern. Der Nutzwertjournalist ist der Handlungsanweisende, der „Besserwisser", der „Erklärer". Sämtliche Textmodelle, die ich hier zeigen möchte, gehen davon aus, dass die Journalisten oder PR-Texterinnen ihre Leser oder Nutzerinnen unterstützen wollen, die eigenen Gedanken zu entwickeln und ein tieferes Verständnis der Materie zu erreichen. Die Leser behalten dabei immer die Deutungshoheit über das Thema.

Das mag vor allem in der PR als wenig zielführend angesehen werden, ist aber langfristig doch eine hilfreiche Strategie. Wenn die PR-Abteilung ihren Ansprechpartnern bei den Redaktionen bewusst Entscheidungsraum gibt – und nicht versucht psychologischen Druck auszuüben – dann festigen sich die Beziehungen zwischen PR-Stelle und Redaktion und es entsteht eine Vertrauensbasis. Manipulation und Zwang wirken gerade hier kontraproduktiv.

Dennoch sind Gebrauchstexte dafür da, etwas zu bewirken. Entweder soll im Leser eine Reaktion angestoßen werden oder aber der Inhalt des Textes sollte wenigstens in Erinnerung bleiben. Also müssen Gebrauchstexte so angelegt sein, dass die Erinnerung daran wachbleibt und einzelne Inhalte im Zweifelsfall auch aus der Erinnerung zitiert werden können. Die Kernfrage lautet also: Wie können Texte so gestaltet werden, dass sie in Erinnerung bleiben?

Die Werbung weiß, dass ohne Emotion keine Kaufentscheidung fällt. Emotionen (beispielsweise Vertrauen, Begeisterung, Angst oder Trauer sind reine Emotionen) sind die Auslöser der Entscheidung – immer dann, wenn verschiedene Lösungsmöglichkeiten vorhanden sind. Gleichzeitig bestimmen starke Emotionen die Verankerung von damit Verbundenem in der Erinnerung.

▶ Ich kann heute noch genau sagen, wo ich war und wie ich an den nächsten Fernseher gekommen bin, als die Anschläge des 11. September 2001 geschahen. Ich kann mich auch noch an die Situation erinnern, als ich als Kind von den Eltern gerufen wurde, um die Mondlandung mitzuerleben. Ich kann ganze Tagesablaufsequenzen wiedergeben, von Tagen an denen etwas geschah, das Emotionen in mir auslöste. Was am Tag zuvor oder danach geschehen ist? Keine Ahnung!

Was für Erlebnisse gilt, gilt auch für Texte. Texte ohne Emotionstrigger sind nur schwer erinnerbar. Die Emotion ist eine Trägersubstanz der Erinnerung. Das heißt keineswegs, dass jeder Text aus der Trickkiste der großen Gefühle angereichert werden muss, um in Erinnerung zu bleiben. Wichtig ist nur, dass zumindest ein Gefühl angesprochen werden sollte, um den Inhalt im Gedächtnis zu verankern.

Das kann einfach nur ein ‚gutes Gefühl', ein ‚Gefühl des Wiedererkennens', der positiven oder negativen Gefühlswelt sein.

Für Gebrauchstexte heißt das: den emotionalen Aspekt berücksichtigen! Einen tatsächlich komplett neutralen Text wird es nicht einmal in der Berichterstattung der Jahreshauptversammlung eines Kaninchenzüchtervereins geben. Denn Neutralität setzt voraus, dass die Autorin mit dem Werk wirklich nichts bewirken wollte. Und das ist sogar von Tageszeitungsjournalisten einfach zu viel verlangt. Jeder Profi will etwas bewirken. Und wenn es „nur" eine Berichterstattung ist, die so viel Information trägt, dass sie zur Meinungsbildung beitragen kann.

Zumindest sollte der Text den Leser erfreuen, dessen Neugier befriedigen, dessen Wissen vermehren oder seine Meinung unterstützen oder abschwächen. Mit diesen Aufgaben vor Augen verabschiedet sich der rein „neutrale" Text ohnehin von selbst. Als neutral könnte nur noch die Tabellenabbildung der Tagestemperaturen gelten.

Dennoch gibt es Unterschiede in der Emotionalität der Gebrauchstexte. Wenn also im Folgenden von neutralen oder emotionalen Texten die Rede ist, dann bezieht sich dieser Unterschied lediglich auf die Stärke der Emotion und der emotionalen Ausrichtung. Dabei liegt das Hauptaugenmerk auf den Strukturen dieser Texte – nicht auf Stil oder Wortwahl.

3.1 Wie sich Gedanken und Erinnerungen entwickeln

Emotionen dienen als Gedächtnisstützen. In den 1990er Jahren entdeckte der Psychobiologe Larry Cahill, welche Gehirnbereiche bei emotionaler Stimulanz besonders aktiv wurden. Entwickelte während eines Feldversuches der im limbischen System verortete Mandelkern besondere Aktivität, so konnten sich die Probanden noch drei Wochen nach dem Versuch sehr deutlich an bestimmte Filmszenen erinnern. Der Mandelkern ist für die emotionale Besetzung von Reizen zuständig. Gleichzeitig verknüpft er Ereignisse mit Emotionen.

Zwischen Mandelkern und Hippocampus gibt es eine Verbindung. Der Hippocampus wiederum ist maßgeblich dafür verantwortlich, wie Wissen aus dem Kurzzeitgedächtnis ins Langzeitgedächtnis transferiert wird. Mit anderen Worten in der „Hardware des Hirns" ist eine Verbindung zwischen Emotion und Gedächtnis angelegt.

Die Arbeit des Transfers übernehmen Botenstoffe wie Dopamin, Serotonin oder Noradrenalin. Sie werden freigesetzt, sobald ein Reiz vom Mandelkern als besonders auffällig (im Positiven wie Negativen) besetzt wird. Die Botenstoffe docken an die Synapsen der Neuronen im Hippocampus an. Diese Synapsen bieten den Botenstoffen bestimmte Rezeptoren als Verbindungsstationen an. Und sobald der Botenstoff sich mit dem Rezeptor verbindet, verändert sich die Aktivität der Zelle. Als Folge davon werden neue Synapsen gebildet und die Zellen können in der Folge besser aneinander angebunden werden. Je besser die Zellen vernetzt sind, desto leichter funktioniert die Signalübertragung. Je leichter Signale übertragen werden, desto langfristiger wird das Muster der Aktivität gespeichert.

▶ **Emotionen steigern offenbar die Gedächtnisleistung** – soweit, etwas vereinfacht erklärt, die Zusammenhänge zwischen Emotion und Erinnerung. „Der Einfluss von Emotionen auf Erinnerungsprozesse genießt seit den 1980er Jahren ungebrochenes und weiterhin wachsendes Interesse in der kognitiven Gedächtnisforschung." Eine in die Tiefe gehende Behandlung dieses Themas findet man im zweibändigen, habilitationswürdigen Werk von Leif Kramp.[3]

3.2 Welcher Sprachlogik Probleme und ihre Lösungen folgen

Die „neutrale Schnecke" für das Verfassen von Berichten habe ich vor zehn Jahren entwickelt (siehe dazu die Kapitel 4 und 5). Das Schneckenmodell entstand aus empirischen Erkenntnissen. Seit Jahren hatte ich mich mit der Überlegung beschäftigt, wann ein Leser einen Text verlässt, der ihn intellektuell nicht überfordert. Dass Gebrauchstexte oft nicht gelesen werden, weil grundsätzliche Fehler in Bezug auf die Verständlichkeit gemacht wurden, ist hinreichend untersucht. Texte, die über- bzw. unterfordern, erzeugen das Bedürfnis der Leserin, den Text zu verlassen. Tendenziell werden kürzere Gebrauchstexte lieber in Angriff genommen als längere. Jedoch scheint die reine Länge eines Textes nicht unmittelbar Auswirkungen darauf zu haben, ob er bis zum bitteren Ende gelesen wird.
Texte werden dann erfolgreich zu Ende gelesen, wenn sie Gedankenströme abbilden. Innerhalb des Gedankenstroms folgen Leser öfter dem Textfluss, vorausgesetzt, es findet keine Unterbrechung von außen statt. Einen Gedankenstrom aufzubauen, erscheint mir bis heute als beste Methode, um Leser zu halten. Worauf das Ganze gründet, wurde mir allerdings erst während meiner Ausbildung in systemischer Strukturaufstellung bewusst. Auf dieser Basis wirkt das Schneckenmodell.

---

3   Leif Kramp: Gedächtnismaschine Fernsehen, Bd.1, Berlin 2011, S. 46ff „Mnestisch-emotionale Kopplung"

3.2 Welcher Sprachlogik Probleme und ihre Lösungen folgen

Während meiner systemischen Ausbildung widmete Prof. Matthias Varga von Kibéd besondere Aufmerksamkeit der Grammatik des Wortes „Problem". Der Wissenschaftstheoretiker und Logiker ging den Fragen nach: Wie entsteht ein Problem? Wann wird es als solches wahrgenommen und benannt? Welche Bestandteile der Wahrnehmung sind grammatikalisch definierbar? Sechs Bestandteile hat er in Zusammenarbeit mit Insa Sparrer herausgefiltert. In der damaligen Vorlesung wurden sie vorgestellt als „Sechs Vorleistungen zum Problemerwerb"[4]. Im nachfolgenden Bild wird das entsprechende Protokollblatt erläutert, das Matthias Varga von Kibéd mir dankenswerter Weise für dieses Buch zur Verfügung gestellt hat.

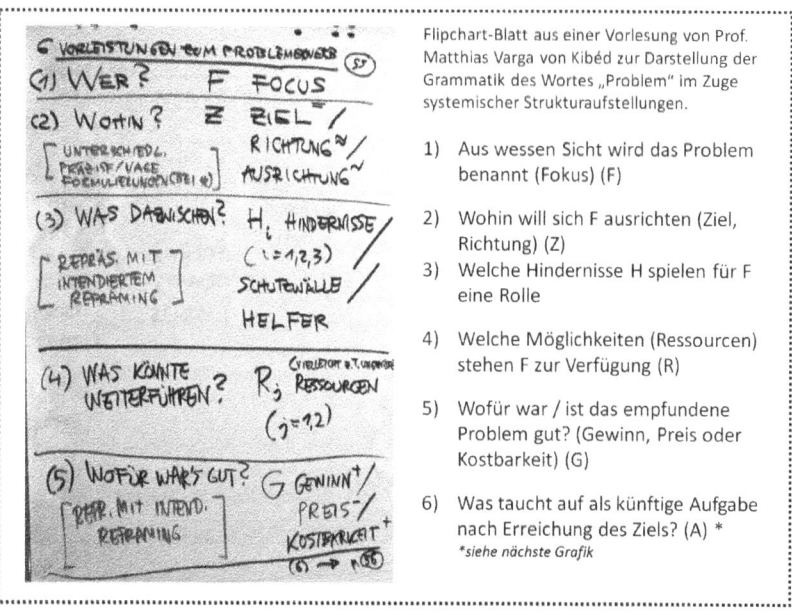

Flipchart-Blatt aus einer Vorlesung von Prof. Matthias Varga von Kibéd zur Darstellung der Grammatik des Wortes „Problem" im Zuge systemischer Strukturaufstellungen.

1) Aus wessen Sicht wird das Problem benannt (Fokus) (F)

2) Wohin will sich F ausrichten (Ziel, Richtung) (Z)

3) Welche Hindernisse H spielen für F eine Rolle

4) Welche Möglichkeiten (Ressourcen) stehen F zur Verfügung (R)

5) Wofür war / ist das empfundene Problem gut? (Gewinn, Preis oder Kostbarkeit) (G)

6) Was taucht auf als künftige Aufgabe nach Erreichung des Ziels? (A) *

*siehe nächste Grafik

Bild 3.1 Sechs Vorleistungen zum Problemerwerb - oder: Wie lässt sich „Problem" definieren?
Quelle: Eigene Darstellung Varga/Goblirsch

---

4 Matthias Varga von Kibéd: Flipchart-Protokoll der Vorlesung „Problemaufstellung" in der Reihe „Business-Training", Flipcharts 55 und 56, Piran 2013

Varga von Kibéd nutzte dazu als Darstellungsform eine Abfolge von Pfeilen und sprach von der „dialogischen Struktur in der Reihenfolge der Teile". Als Struktur definierte er die „Art und Weise des Zusammenhangs". Eine dialogische Struktur stellt also dar, dass die einzelnen Bestandteile der Wahrnehmung nicht nur in einer Reihe aufeinander folgen, sondern jeweils auch aufeinander Bezug nehmen. Sie sind also in ihrer Abhängigkeit zueinander ausgerichtet. Auch hier wird – mit herzlichem Dank für die Überlassung – das entsprechende Flipchart-Blatt in der Grafik erläutert.

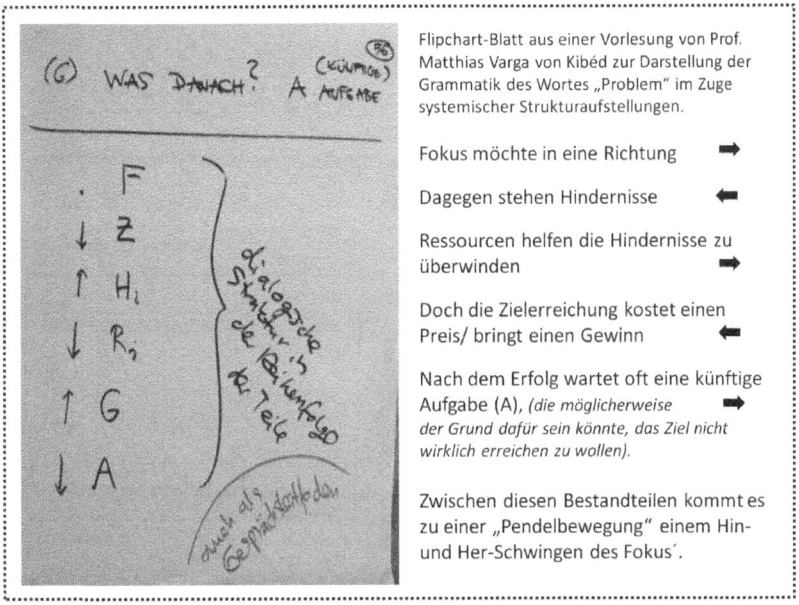

Bild 3.2
Quelle: Eigene Darstellung Varga /Goblirsch

In den folgenden beiden Beispieltexten wird die Frage „Wie war euer Urlaub?" unterschiedlich beantwortet. Entweder wählt man eine sequenzielle Abfolge der Erzählung, also eine zeitlich lineare Erzählung, oder man entscheidet sich für eine dialogische Struktur. Eine solche Erzählung orientiert sich am Ergebnis und beschreibt den Werdegang bis dorthin unter Einbeziehung von Zusammenhängen.

3.2 Welcher Sprachlogik Probleme und ihre Lösungen folgen

> **Sequenzielle Struktur der Einzelteile**
>
> ▬▶ ▬▶ ▬▶ ▬▶
>
> Die Bestandteile der Wahrnehmung folgen aufeinander.
> z.B. in einer Nacherzählung zum Thema Urlaub auf die Frage „Wie war euer Urlaub?"
>
> ➡ Erst sind wir aufgestanden, da war es fünf Uhr früh.
> ➡ Nach dem Frühstück haben wir unser Auto aus der Garage gefahren und die Koffer eingeladen.
> ➡ Leider ist das Auto nicht angesprungen.
> ➡ Wir haben ein Taxi gerufen, das uns zum Flughafen gebracht hat.
> ➡ Dort sind wir so spät angekommen, dass wir den Flieger verpasst haben.
> ➡ Wir dann lange gewartet, aber keinen anderen Flug mehr bekommen.
> ➡ Deshalb sind wir wieder nach hause gefahren und blieben zwei Wochen zuhause.
> ➡ Hier haben wir uns gut erholt.

Bild 3.3 Sequenzielle Abfolge: Nacherzählung
Quelle: Eigene Darstellung

> **Dialogische Struktur der Einzelteile;**
>
> ▬▶ ◀▬ ▬▶ ◀▬ ▬▶ ◀▬
>
> Die Bestandteile der Wahrnehmung beziehen sich in Form eines Dialogs aufeinander.
> Entsprechende Konjunktionen setzen die Sätze zueinander in Verbindung.
> z.B. in einer Nacherzählung zum Thema Urlaub auf die Frage „Wie war euer Urlaub?"
>
> ● Wir sind dieses Jahr gut erholt, denn wir sind zuhause geblieben.
> ⬅ Schuld daran war unser kaputtes Auto.
> ➡ Eigentlich waren wir früh genug dran, um rechtzeitig am Flughafen zu sein, aber der fertig gepackte Wagen ist nicht angesprungen, so dass wir hektisch ein Taxi rufen mussten.
> ➡ Das kam dann so spät, dass wir den Flieger verpasst haben.
> ⬅ Weil wir keinen anderen Flug bekommen haben, sind wir eben nachhause zurückgefahren und haben wir echt lässige Ferien verbracht.

Bild 3.4 Dialogische Struktur: Denkabfolge
Quelle: Eigene Darstellung

Es gibt offenbar eine eher dröge Art der Nacherzählung und eine wesentlich interessantere Variante. Interessant wird die Erzählung durch die Tatsache, dass Ursache und Wirkung – oder das Aktive und das Hemmende – zueinander in Beziehung gesetzt werden. Zwischen der einen und der anderen Richtung entsteht ein Dialog. Entsprechende Konjunktionen verbinden die beiden Richtungen. Diese Art der dialogischen Verbindung entspricht dem menschlichen Denken mehr als das sequenzielle Abarbeiten von Abläufen.

Zur Grammatik des Wortes „Problem": Neben der dialogischen Struktur spielt eine „Pendelbewegung" des Problem-Empfindens eine große Rolle. In dieser Pendelbewegung sieht Varga von Kibéd ein Hin-und-Her-Schwingen zwischen den Bestandteilen der Situation. Diese schwankende Bewegung ist typisch für jemanden, der ein „Problem" für sich identifiziert. Im Moment des Problem-Empfindens sieht der Betroffene keine Weiterentwicklung in Richtung des erwünschten Zustandes. Das Hin- und Herpendeln bleibt jedoch nicht auf einer Ebene, weil ein Mensch, der sich Gedanken macht, bei jedem Gedanken zwangsläufig eine Weiterentwicklung, einen Lerneffekt, erfährt. Wäre das nicht so, könnten Probleme nicht aus eigener Kraft gelöst werden. Nachdem Probleme für die meisten Menschen jedoch nach einer gewissen Zeit gelöst sind, sehe ich den Lerneffekt als wesentlichen Bestandteil eines zu lösenden Problems an.

Die durch Varga von Kibéd beschriebene Pendelbewegung im Denken des Menschen ist auf einer Zeitlinie anzusiedeln. Bewegt man sich jedoch auf einer Zeitlinie vor und zurück und nimmt man jeweils einen Lerneffekt an, so ergibt sich für mich optisch das Bild einer Spirale, auf der das Vor und Zurück im Problemlösungsprozess abgebildet werden kann. Ich erkannte, dass mein „Schneckenmodell" genau dieser Abfolge der dialogischen Struktur folgt. Also als Abbild dem Entscheidungsfindungsprozess im menschlichen Denken entspricht. Im Folgenden die grafische Gegenüberstellung der beiden Pendelbewegungen:

3.2 Welcher Sprachlogik Probleme und ihre Lösungen folgen

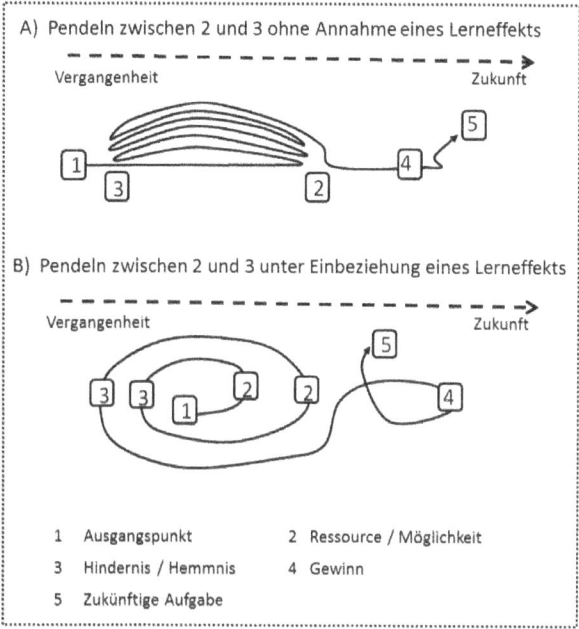

Bild 3.5 Entstehung des Schneckenmodells
Quelle: Eigene Darstellung

Das Textmodell der „Neutralen Schnecke" bildet ab, wie Denkprozesse in der Entscheidungsfindung ablaufen. Es spiegelt also das natürliche Denken wider und begleitet auf diese Weise menschliche Denkprozesse. In der Rückschau auf ein Ereignis kann die Entscheidungsfindung und die Entwicklung des Prozesses in Richtung der Entscheidung nachvollziehbar dargestellt werden. Das unterscheidet die Schneckenstruktur vom Ablauf einer „normalen" Nacherzählung, die in aller Regel als wenig attraktiv und langatmig empfunden wird. Das erklärt, weshalb dieses Textmodell den Leser am Text hält: Es gibt darin keinen Bruch in der strukturellen Abfolge. Nur die Länge des Textes kann jetzt noch aufgrund subjektiven Zeitempfindens zum Abbruch des Lesevorgangs führen.

Zusätzlich spielen die erwartete und die über die Erwartung hinausgehende Zukunft eine Rolle. Denn nur im Zusammenspiel mit der erwarteten Zukunft (Ziel oder Gewinn) und der damit verbundenen „künftigen Aufgabe" wird ein Thema vollständig begreifbar und ist für die Leserinnen in den normalen (heutigen) Alltag einzuordnen. Die Frage „Was geht es mich an?" oder „Was bedeutet das Erreichte für mich?" ist der Anker, über den Emotion ausgelöst wird. Auf Emotion folgt dann auch Aktion oder zumindest Erinnerung.

In ein Textbeispiel übersetzt sieht diese Text-Struktur folgendermaßen aus:

Fokus (1) Kernaussage	Nimmt man eine Zeitlinie - im Sinne von Ablauf/Prozess - an, so beginnt der Text mittig auf dieser Achse. (Ist-Zustand)	Der Gemeinderatsbeschluss steht. Noch in diesem Jahr beginnen die Planungen zum neuen Kindergarten.
Ziel Zweck	Ziel oder Zweck gibt die Richtung vor. (Kernaussage)	Die Aufstockung der Kindergartenplätze ist notwendig, um Zuzüglerfamilien mit ausreichenden Kinderbetreuungsplätzen zu versorgen.
Fokus mit Spezifischem Kontext/ Zitat	Der spezifische Kontext, erlaubt Interpretation. Idealerweise geschieht dies in einem Zitat.	„Wir planen einen Kindergarten mit Hortplätzen, so dass Familien, in denen Vater und Mutter berufstätig sind, einen Anreiz finden, um nach YX-Dorf zu ziehen. Das bringt frisches Leben ins Dorf und unterstützt unsere heimischen Unternehmen", sagt Bürgermeisterin Anna Meier.
Hindernis: (3) Sachzwang Vergangenheit	Danach zeigt man Besonderheiten des Sachverhalts in Verbindung mit der Herleitung aus der Vergangenheit.	Lange hat der Gemeinderat mit diesem Entschluss gerungen. Kritiker vermuteten hohe Investitionen aufgrund „reinen Wunschdenkens".
Ressource: (2) Hilfe	Alles, was im Kontext des Themas als hilfreich und zielführend erachtet wird, folgt danach.	Den Durchbruch brachte ein positives Gutachten der Firma XY, welches Bevölkerungszuwachs und die damit verbundenen zu erwartenden Impulse für die heimischen Unternehmen prognostizierte.
Gewinn : (4) Gewinn	Interessant ist der Gewinn oder Nutzen aus dem bisher geschilderten Vorgehen.	Für die Bürger von XY-Dorf bedeutet der Kindergartenneubau ebenfalls eine Entlastung der bisher hart umkämpften Kindergartenplätze. Durch den Neubau können ab kommendem Jahr auch jene Eltern Ganztagsplätze in Anspruch nehmen, die ihre Kinder bisher nur in die Vormittagsgruppen geben konnten.
Aufgabe (5): Appell/ Zukunftsaussicht	Die „künftige Aufgabe", wandelt sich zum „Zukunftsaspekt", der sich auf die Zielgruppe ausrichtet.	Schon ab kommender Woche können junge Familien Anträge auf Ganztagsbetreuungsplätze bei der Gemeinde abgeben.

Bild 3.6
Quelle: Eigene Darstellung

Die „neutrale Schnecke" oder: So schreiben Sie einen Bericht über ein vergangenes Ereignis

4

Zusammenfassung

Ein Bericht oder neutraler Text verfolgt von der Wortwahl und von der Struktur her keine eindeutig gerichtete Absicht außer zu informieren. Natürlich handelt es sich dabei nicht um Rohinformation, sondern um eine gestaltete Auswahl von Information. In diesem Sinne erfolgt ganz automatisch eine Steuerung der Gedanken des Lesers und damit eine Einschränkung der kompletten Neutralität. Anhand von Strukturen und Wortwahl wird dieses neutrale Textsystem erklärt. Das Kapitel zeigt, wie die gewünschte Wirkung entsteht, durch welche textlichen Bausteine Vergangenheit erzählbar wird, und wie der persönliche Anker zum Leser gesetzt wird.

Schlüsselwörter

Bericht · neutraler Text · „neutrale Schnecke" · Textbausteine · Neutralität · Anwenderbericht

Stellen Sie sich vor, Sie wollen einen ansprechenden Text über beispielsweise einen „Tag der offenen Tür" (egal wo) schreiben. Das ist eine der Kernaufgaben für Pressestellen, wenn keine Berichterstattung durch die Tageszeitung veranlasst wurde. Natürlich würde ein „Tag der offenen Tür" vom journalistischen Profi lieber durch eine Reportage oder ein Feature abgedeckt, aber gehen wir vom schlechtesten Fall aus: „Nachberichterstattung". Ein solcher Tag ist naturgemäß eine Art Bauchladen der Angebote. Jede Abteilung will sich wiederfinden und jeder Ehrengast seinen Namen in der Zeitung lesen. Dazu kommt die Aufgabe, jene Menschen zu würdigen, die ihre Freizeit (oder eine Menge Überstunden) für das Projekt geopfert haben. So jedenfalls wollen es die Auftraggeber oder die Initiatorin des Events verstanden wissen.

Diese Aufgabe führt beim Texter meist zu einem Ergebnis, das nur mit äußerster Willenskraft als „gelungen" definiert werden kann. Sogar altgediente Lokaljournalistinnen tun sich bei der Abarbeitung eines solchen Bauchladenthemas schwer. Viel zu rückwärtsgewandt ist der Beitrag. Oft nur noch eine Huldigung derer, die den Tag mit ihrer Anwesenheit verschönerten. In der Regel handelt es sich dann um Politiker oder die Bauchtanzgruppe des hiesigen Sportvereins. Diese beiden wertvollen gesellschaftlichen Gruppen werden also im Gedächtnis der Leserin gespeichert – nicht jedoch das, wofür die ganze Aktion eigentlich gedacht war.

Mit anderen Worten: Der Nachrichtenwert tendiert gegen Null. „Schön war's. Viele waren da und die Ehefrauen der Angestellten boten ein überreiches Kuchenbuffet." Das ist keine gelungene Berichterstattung. Wie im täglichen Leben, geht es bei der Berichterstattung über ein vergangenes Ereignis nicht um die Information, dass es dieses Ereignis gab – sondern vielmehr um die Information, was den Effekt dieses Ereignisses ausmacht.

Es stellt sich die Frage „Was ist jetzt anders als vorher?" Was war die Wirkung des Ereignisses? Dahinter steckt die Vermutung, dass die Wirkung andauert, während das Ereignis selbst längst vorüber ist. Und diese Wirkung muss der Kernpunkt aller Berichterstattung aus der Vergangenheit sein.

Aus dieser Überlegung entstand das System der „Neutralen Schnecke" – ein Textsystem, dessen grammatikalische Abfolge der Einzelteile zwangsläufig zu einer interessanten, klaren und guten Berichterstattung führt. Aber gehen wir zunächst einen Schritt in Richtung Textverständnis.

Man liest gerne, was sich leicht verstehen lässt. Als leichtes Verstehen empfindet man die schnelle Einordnung der Inhalte in das bereits vorhandene eigene Wissen. Leicht versteht man einen Text also dann, wenn auf Inhalte Bezug genommen wird, die in irgendeiner Form bereits im impliziten (gefühlsmäßigen) oder expliziten (intellektuell nutzbaren) Wissen der Leser/innen vorhanden sind. Entscheidend ist es, die neue Information so zu verpacken, dass sie in den schon vorhandenen Wissenskomplex der Leser eingebunden werden kann. Allerdings sollte das Publikum nicht all das lesen müssen, was es schon kennt. Das würde die Leserinnen dann doch deutlich unterfordern und sofort zu Langeweile führen.

▶ Bekanntes zu Unbekanntem in einem Leseverhältnis von 65:35 Prozent ergibt einen leicht zu verstehenden Text. Steht das Verhältnis 35:65 Prozent, ist der Text gut lesbar, aber komplizierter zu verstehen. Wird in weit überwiegendem Prozentsatz Unbekanntes beschrieben, so überfordert dies den Leser. Mit anderen Worten: Zu viel Neues schreckt ab.

Ein *Thema*, etwas Bekanntes, wird mit einem *Rhema* verknüpft, etwas Neuem – so nennt das die Sprachwissenschaft. Aus der Verbindung von Thema und Rhema entsteht Information.[5]

4.1 Von der Gegenwart über die Vergangenheit in die Zukunft

Ein guter Text greift immer in die Vergangenheit und leitet daraus das Verständnis für die neuen Informationen ab. Natürlich muss der Autor folgerichtig die Zukunft berücksichtigen, denn was eine Vergangenheit hat, muss zwangsläufig eine Zukunft oder zumindest eine Auswirkung in der Zukunft haben. Ohne die Zukunft als Orientierungspunkt verliert der Text deutlich an Attraktivität. Schließlich sind die meisten Menschen eher an der Zukunft als an der Vergangenheit interessiert. Und um die Aktualität sichtbar zu machen, braucht der Text selbstverständlich die Gegenwart, also den Moment, der jetzt gerade für die Leser am greifbarsten ist. Deshalb sollte man auch darstellen, was das Thema für die Leser im Moment bedeutet. Wenn es dann auch noch gelingt, die Aussage eines relevanten Menschen in den Text zu bauen, der zum Thema eine persönliche Meinung hat, dann gibt man dem Leser einen Ansatzpunkt, sich eine eigene Meinung zu bilden.

▶ Ein guter Text zu einem Thema braucht:
Gegenwart, Vergangenheit, Zukunft, Wirkung auf den Leser und eine Person, an der man sich orientieren kann. Damit hat man bereits alle wesentlichen Stationen eines guten Textes berücksichtigt.

In welcher Reihenfolge diese Bausteine gesetzt werden, hängt davon ab, was man mit dem Text erreichen möchte. Wichtig ist zuerst festzulegen, zu welchem Zweck man den Bericht schreibt. Will man relativ neutral darstellen, was sich ergeben hat, beispielsweise den Beschluss des Stadt- oder Gemeinderats zu einem Thema? Oder ist das Ziel des Textes Schwung in ein Thema zu bringen? Sollen die Leser emotional gepackt und zu einer Mitarbeit angeregt werden? Sollen sie die Wichtigkeit des Themas erkennen und selber in irgendeiner Form aktiv werden?

Je nach Ziel haben wir zwei Textsysteme entwickelt, die zwar auf den gleichen Bausteinen basieren, aber unterschiedlich wirken: Die „neutrale Schnecke" und die „emotionale Schleife". Ihre Schlagkraft zeigt sich in der Einfachheit der Strukturen.

---

5   Im Folgenden wird das Wort „Thema" allerdings ganz umgangssprachlich als Bezeichnung für zu bearbeitenden Inhalt oder Geschichte benutzt.

4 Die „neutrale Schnecke"

Ein Text gilt dann als neutral, wenn die Wortwahl weder explizit noch implizit Wertungen darstellt, aber auch, wenn der Aufbau die Neutralität unterstützt. Beschäftigen wir uns mit dem Aufbau: Dafür wurde die „Neutrale Schnecke" entwickelt. Sie verbindet Gegenwart, Vergangenheit und Zukunft eines Themas mit der Auswirkung auf die Zielgruppe und der Ansicht einer Person.

Der Text beginnt mit der Darstellung der Gegenwart, die kurz erläutert wird. Dann folgt das Zitat einer relevanten Person, die sich zum Thema äußert. Daraufhin wird in die Vergangenheit geblickt und von dort in die Zukunft übergeleitet. Am Schluss des Textes steht die Wirkung auf die Zielgruppe.

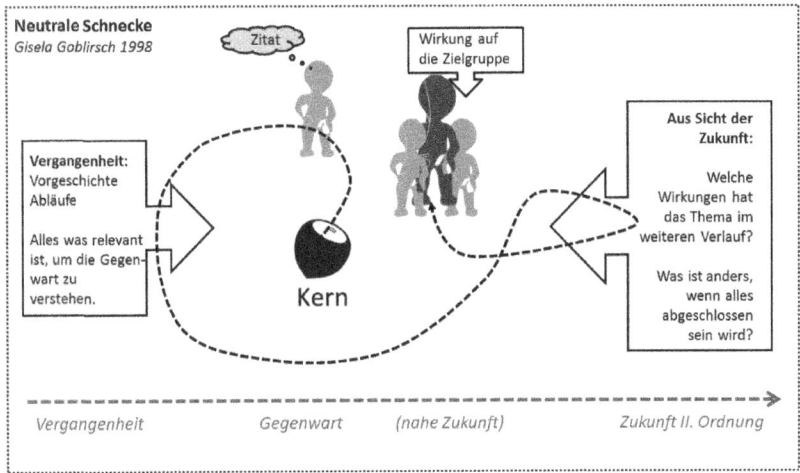

Bild 4.1 Schaubild: Neutrale Schnecke
Quelle: Eigene Darstellung

Die Darstellung der Gegenwart sollte sinnvollerweise in der Gegenwartsform beschrieben werden. Sobald die Autorin verführt wird, die Gegenwart als unmittelbare Folge der Vergangenheit darzustellen, zeigt sich das Ergebnis in der sprachlichen Vergangenheitsform. Damit ist die Unmittelbarkeit und die Klarheit des Ist-Zustandes jedoch bereits mit dem Schleier des „Erzählnebels" bedeckt und der Text verliert schon im ersten Satz einen Teil seiner Wirkung.

Sobald der Ausgangspunkt eines Erzählstranges unklar erscheint, muss sich der Leser sozusagen alleine im Text zurecht finden und es entstehen erste Irritationen.

4.1 Von der Gegenwart über die Vergangenheit in die Zukunft

Der Anspruch an die Fähigkeit der Leser, sich einen eigenen Ausgangspunkt zu suchen, überfordert viele und bildet die erste (wenn auch kleine) Hürde der Lesekontinuität.

„Nach langer Diskussion beschloss der Gemeinderat, die Umgehungsstraße zu bauen."

Dieser Textanfang impliziert bereits das Bild einer zeitlichen Abfolge an deren Ende der Beschluss für die Straße steht. Grammatikalisch gesehen zeigt sich die implizierte Zeitlinie in dem Umstand, dass das Verb in der Vergangenheitsform steht. Natürlich sagt dieser Satz aus, dass nun ein Beschluss steht, doch rückt damit dieser Beschluss in den Fokus anstatt der Umgehungsstraße, die eigentlich für das Leben der Bürger/innen an diesem Ort sicherlich mehr Einfluss hat als der einzelne Beschluss des Rates.

Wenn also der Beschluss (statt der geplanten Straße) in den Blickpunkt der Berichterstattung rückt, dann kann man bereits von einer nicht mehr ganz neutralen Information ausgehen. Hier zeigt sich also schon im ersten Satz die lenkende Form eines Textes.

„Auf seiner letzten Sitzung vor der Sommerpause hat der Gemeinderat beschlossen, die lange geplante Umgehungsstraße im kommenden Jahr zu realisieren."

Dieses Beispiel zeigt noch deutlicher die Verquickung von zwei Zeitpunkten innerhalb eines Satzes. Die Zeitlinie entwickelt sich aus der Vergangenheit und endet weit über die Gegenwart hinaus in einer weiteren Zukunft. Wollte man tatsächlich in der Gegenwart bleiben und die Gegenwart als starken Ausgangspunkt in den Text nutzen, so muss man zwangsläufig grammatikalisch in der Gegenwart bleiben.

„Jetzt ist es beschlossene Sache: Die Umgehungsstraße wird gebaut."

Oder: „Neudorf bekommt eine Umgehung". Oder: „Die Einigung für den Bau der Umgehungsstraße ist erreicht."

Die ersten Sätze geben die Kernaussage wieder, die unbedingt nötig ist, sobald die Überschrift zu dem jeweiligen Text nicht rein beschreibend, sondern verklausuliert, als Wortspiel oder in Form eines Zitates angelegt ist. Falls die Überschrift den Ist-Zustand eindeutig beschreibt, kann im Text der erste Satz mit der Erklärung oder Erläuterung des Ist-Zustandes beginnen. In diesem Fall bilden Überschrift und erste Sätze im Text eine organische Einheit.

Überschrift:

"Neudorf bekommt eine Umgehung"

Kernaussage und Erläuterung:

Die lange diskutierte Umgehungsstraße wird gebaut. Nach fünfjähriger Planungszeit beschloss dies der Gemeinderat auf seiner Sitzung vor der Sommerpause. Die Umgehung soll die Ortsteile Ober-, Unter- und Hinterdorf, sowie die Innenstadt vom Durchgangsverkehr entlasten.

Mit dieser Einleitung ist das Wesentliche des Textes ausgesagt. Im vorliegenden Fall hat man in einem Atemzug die Kernaussage (im Journalismus auch *Lead* genannt) und den Web-Teaser für die Online-Variante des Textes fertiggestellt. Diese „Rohinformation", die „Neuigkeit", die die Meldung ausmacht, befriedigt zwar die Neugier der Leser, doch es bleiben noch genügend Fragen offen, um den Leser zum Weiterlesen zu animieren. Aus Sicht der Lesekontinuität wäre es ein Fehler, sofort zu schreiben, wann der Baubeginn geplant ist oder wie die nächsten Schritte des Projektes aussehen. In einem Satz wäre das ohnehin nicht zu leisten. In der weiteren Abfolge des Textes wäre der Leser gezwungen, gedanklich mehrfach zwischen Gegenwart, Zukunft und Vergangenheit hin und her zu pendeln. Was also in die Zukunft gehört, wird an definierter Stelle abgehandelt!

Das bisher erworbene neue Wissen kann dennoch nur unzureichend gespeichert werden. Nachdem zur Speicherung von Information ein emotionales Element notwendig ist, sollte man einen solchen Orientierungspunkt schaffen. Am leichtesten gelingt die emotionale Bindung durch ein pointiertes Zitat. Eine im Kontext relevante Person nimmt Stellung zum Istzustand (also nicht zu dem, was vorher war oder was sein wird, sondern direkt zur Ist-Situation).

„Damit sind wir ein großes Stück weitergekommen, um Neudorf weiterhin lebenswert zu erhalten – auch in der stark frequentierten Ortsmitte", sagt Bürgermeisterin Hilde Huber. „Das Ergebnis der langjährigen Vorbereitung kann sich sehen lassen und wird jetzt von der breiten Mehrheit im Gemeinderat getragen. Das ist ein schönes Ergebnis für Neudorf."

Das Zitat bildet im Grunde ab, was der politische Wille hinter der bestehenden Situation ist. Die Leser/innen können sich jetzt – je nach Präferenz der politischen oder persönlichen Ausrichtung – zum sachlichen Inhalt positionieren. Nachdem die Berichterstatter (außerhalb eines gekennzeichneten Kommentars) zur reinen Berichterstattung verpflichtet sind, können sie nur darstellen, was ihnen tatsächlich übermittelt wird. Eigene Vorstellungen und Meinungen haben beim neutralen Text keine Berechtigung, wenn qualitativ sauberer Journalismus das Ziel ist.

An dieser Stelle (oder an anderer Stelle) ist es selbstverständlich möglich, auch mehr als einen Zitatgeber einbauen, um bei umstrittenen Sachverhalten eine journalistische Allparteilichkeit zu gewährleisten. Tatsache bleibt jedoch: Das Zitat ist notwendig, wenn der Leser eine emotionale Bindung zum Thema aufbauen soll. Denn nicht der Inhalt des gesprochenen Wortes erzeugt Bindung, sondern die Person, die das Zitat gibt.

Das Eintauchen in die Vergangenheit ist dem nächsten Abschnitt überlassen. Je nach Komplexität des Themas, nach der Vorgeschichte oder den bisherigen Abläufen, kann es notwendig sein, diese Vergangenheit in allen charakteristischen Punkten abzuhandeln. Im vorliegenden Beispiel liegt die Relevanz nicht darin, zu beschreiben, wie das Ergebnis zustande kam, sondern was fünf Jahre lang gegen eine Realisierung des Projektes sprach.

Schon vor fünf Jahren wurde erstmals eine Umgehung diskutiert. Damals waren es vor allem die ortsansässigen Geschäftsleute, die sich dagegen sträubten, weil sie sinkende Umsätze befürchteten. Die von ihnen gegründete Bürgerinitiative „Lebendiges Neudorf" hatte schnell Zulauf und so entzündeten sich die Gemüter an dem Pro und Contra der Planung. Seither sind drei Gutachten entstanden und der Gewerbeverband hat ein neues Leit- und Parksystem für die Kunden der Ortsmitte entwickelt. Erst kürzlich sprachen sich also auch die Geschäftsinhaber für eine Umgehung aus. Das war die Basis für den jetzt gefassten Entschluss.

„Zurück in die Zukunft" bewegt sich das vierte Strukturmodul. In dem Zusammenhang kann man diese Zukunft als „Zukunft zweiter Ordnung" bezeichnen. Das bedeutet, dass diese Zukunft nicht nur über die Gegenwart hinweg reicht, sondern noch weiter in eine Zeit, die jenseits des Endpunktes des gesamten Projektes liegt. Die „Zukunft zweiter Ordnung" beschäftigt sich mit den Auswirkungen des Themas und öffnet den Blick für das, was sich nach dem eigentlichen Thema entwickeln kann. Von dieser Warte aus werden die Auswirkungen des Projektes begutachtet und beschrieben.

Zukunft zweiter Ordnung:

Die Umgehungsstraße wird mit einem Parkleitsystem an die Innenstadt angebunden. Das wird dazu führen, dass die jetzige Durchgangsstraße rückgebaut werden kann und vier größere Parkplätze in direkter Nähe zur Fußgängerzone entstehen. „Diese zentrumsnahen Zentralparkplätze entschärfen das aktuelle Parkplatzproblem auf Dauer und sind geeignet, dass auch Touristen und Konzertbesucher die Innenstadt wieder staufrei erreichen können", sagt die Bürgermeisterin. „Für die Altdorfer Gastronomen besteht im Zuge des Straßenrückbaus in der Innenstadt die Möglichkeit, ihre Freischankflächen zu vergrößern, so dass alle Altdorfer die Sommermonate in der Ortsmitte noch ein wenig entspannter genießen können. So schlagen wir mehrere Fliegen mit einer Klappe."

Den Abschluss des Textes bildet die nahe Zukunft, in der die zu erwartenden Auswirkungen auf die Zielgruppe (in diesem Fall die Neudorfer Bürger) dargestellt werden. Diese „Wirkung auf die Zielgruppe" bildet die inhaltliche Klammer für jene Leser, die längere Texte ungern lesen. Wer Texte scannt anstatt sie zu lesen, bleibt in der Regel am ersten und letzten Absatz hängen. Also muss dort die Quintessenz des Berichtes aufnehmbar sein. Das gilt für Berichterstattung ebenso wie für PR-Texte oder andere Nutztexte. Falls man im Web mit textinternen Verlinkungen arbeitet und längere Passagen (beispielsweise die Vergangenheit oder die weitere Zukunft) über Links zugänglich machen will, würde der Rumpftext, der im Screen-Bereich sichtbar wäre, praktisch nur aus drei Teilen bestehen: Kernaussage, Zitat und Wirkung auf die Zielgruppe.
Wirkung auf die Zielgruppe:
Bis es soweit ist, müssen die Neudorfer allerdings einige Einschränkungen ertragen. Die Baumaßnahmen werden sich über zwei Jahre hinziehen und praktisch alle Ortsteile, sowie die Ortsmitte betreffen. Der Baubeginn soll noch vor dem Wintereinbruch liegen und die Trassenführung im Osten Neudorfs betreffen. Auf einer Bürgerversammlung nach der Sommerpause wird Bürgermeisterin Huber die Planungen vorstellen und den Bauverlauf erklären.

Diese Textart kann für alle Berichte genutzt werden, die eine Ist-Situation beschreiben. An dem Beispiel sieht man, dass es für den Leser sinnvoll ist, im Zeitstrahl der Erzählung zwischen Vergangenheit und Zukunft hin und her geführt zu werden. Dabei ist lediglich zu beachten, dass alles, was in die jeweiligen Zeitabschnitte gehört, dort – und nur dort – verortet wird. Als Kontrolle kann man einfach die Verwendung von Verben heranziehen: Kernaussagen stehen im Präsens, Erläuterungen können – je nach Bezugspunkt – auch in Perfekt oder Futur 1 beschrieben werden. In der Sequenz der Vergangenheit bietet sich das Perfekt oder das Plusquamperfekt an. In den Sequenzen der Zukunft befinden sich alle Verben im Futur 1 oder (in der Zukunft zweiter Ordnung) sogar im Futur 2.

Findet man „zeitfremde" Verben in einer Sequenz, dann sollte der Inhalt wieder sortiert werden. Denn unübersichtlich wird der Text nur dann, wenn die Zeitbezüge wild durcheinander platziert werden. Dann kommt es auch häufig zu journalistischer Manipulation, weil inhaltliche Bezüge hergestellt werden, die aufgrund der zeitlichen Abfolge so nicht vorhanden sind oder waren.

Ein gutes Mengenverhältnis für die einzelnen Sequenzen der „neutralen Schnecke":
- Kernaussage mit Erläuterung: ca. 10 Prozent des Gesamttextes
- Zitat: ca. 10 Prozent
- Vergangenheit: ca. 40 Prozent
- Zukunft zweiter Ordnung: ca. 20 Prozent
- Wirkung auf die Zielgruppe: ca. 20 Prozent

Diese Angaben sind selbstverständlich veränderbar und an inhaltliche Gegebenheiten anzugleichen. Wichtig ist nur, dass die Vergangenheit eine deutliche Ausprägung im Gesamttext erfährt.

Im klassischen Journalismus finden Sie ganz ähnliche Regeln wieder[6]. Dort spricht man von der „umgekehrten Pyramide", um den Beginn der Nachricht oder des Berichts in der Gegenwart zu verdeutlichen. Denn das interessiert das Publikum am meisten. Der Lead wird gefolgt von Einzelheiten und der Vorgeschichte, die notwendig ist, um das Ergebnis zu verstehen. Am Ende des Texts findet sich dann der Ausblick.

Auch die neutrale Schnecke geht vom User, von Leserin und Leser, aus. Ein weiterer Vorteil dieses Textsystems liegt in der automatischen Beschränkung der Textmenge. Nebensächliches wird automatisch aussortiert. Zu viel Inhalt wird vermieden, denn sonst müsste die Autorin permanent die Sequenz der Vergangenheit erweitern, was ab einer gewissen Textmenge zu erheblicher Arbeit führt. Die klare Darstellung der Kernaussage zwingt bereits dazu, sich auf ein einzelnes Kernthema zu beschränken und im gleichen Text nicht noch weitere Aspekte einfließen zu lassen. Das wiederum motiviert dazu, lieber drei verschiedene Texte zu schreiben und so die Aufmerksamkeit der Leser auf mehrere Aspekte eines Themas zu fokussieren, als alles in einem Text unterbringen zu wollen.

---

6 Weiterführende Literatur:
Gabriele Hooffacker, Klaus Meier, La Roches Einführung in den praktischen Journalismus. (Journalistische Praxis, Wiesbaden: Springer VS, 20. Auflage 2017)
Dietz Schwiesau, Josef Ohler, Nachrichten: klassisch und multimedial. (Journalistische Praxis, Wiesbaden: Springer VS, 2016)

Wenn man aktuelle Studien liest, wird klar, dass die Lesebereitschaft und die Konzentrationsfähigkeit bei der Aufnahme von Information deutlich gesunken ist. Dieser Trend scheint sich fortzusetzen. Die Überforderung bei der Aufnahme von neuer Information (in einem großen Rundumschlag) scheint deutlich zu steigen. Offenbar verändert das Web ganz klar die Lesegewohnheiten der Menschen. Die „neutrale Schnecke" ist ein gutes Mittel, um auf die veränderten Lesegewohnheiten angemessen zu reagieren.

4.2 Anwenderbericht Imke Franzen zur „neutralen Schnecke"

Beispiel

Gespräch mit Inke Franzen, Beauftragte für Presse- und Öffentlichkeitsarbeit der Gemeinde Neuried

Seit wann arbeiten Sie mit der Struktur der „Neutralen Schnecke" und welche Erfahrungen haben Sie damit gemacht?

Franzen: Ich weiß noch wie ich nachdem wir die „Schnecke" vor zwei Jahren im Lehrgang besprochen hatten, im darauf folgenden Modul – also nach ungefähr fünf Wochen – mit großer Begeisterung erzählt habe, dass meine Gemeinde Neuried nun endlich in den Medien vorkommt. Ich habe mich wirklich an diese Struktur gehalten und siehe da: Unsere Pressemitteilungen sind auf Resonanz gestoßen. Das ist bis heute so.

Welche Effekte haben Sie festgestellt?

Franzen: Mit Hilfe dieser Struktur ist es mir gelungen, in allem, was wir zu schreiben hatten auf den Punkt zu kommen. Das war für mich eine interessante Erfahrung. Man kann ein Thema, ein vergangenes Ereignis wirklich vollständig wiedergeben und der Text ist kompakt – mehr noch: er wird auch noch gelesen. Ich merke das bei den Zeitungen, die kostenlos an die Haushalte verteilt werden. Da wissen unsere Bürger plötzlich, was bei uns in der Gemeinde los ist.

Hat die Textstruktur Auswirkungen, die Sie in der Form nicht erwartet haben?

Franzen: In der Regel wird der Schneckentext unverändert übernommen. Besonders freut mich, dass beispielsweise die Redaktion des Münchner Merkurs nach einer solchen Pressemitteilung bei uns anruft, nachfragt und mehr wissen möchte. Offenbar erscheinen die Geschichten jetzt deutlich interessanter zu wirken. Und aus der Warte der Öffentlichkeitsarbeiterin gesehen, ist diese Reaktion für uns einfach perfekt. Ich möchte ja, dass ein Medium sich für das interessiert, was wir als Gemeinde zu bieten und zu sagen haben. Ich schätze, das liegt auch daran, dass die Schneckenstruktur dazu beiträgt, dass Inhalte klarer vermittelt werden und eben nicht mehr so langatmig.

Also ein gutes Handwerkszeug?
Franzen: Total begeistert bin ich, dass diese Textstruktur sich wirklich überall anwenden lässt. Also nicht nur bei Pressemitteilungen. Inzwischen habe ich sie schon meinen Kindern beigebracht, damit sie sie in der Schule anwenden. Oder ich nutze sie bei Mails. Also immer wenn ich etwas berichten möchte, das in der Vergangenheit liegt.

Und eine Kostprobe?
Franzen: Da eignet sich vielleicht der Artikel von der Abnahme unseres alten Maibaums. Ich habe ihn für unser Gemeindeblatt geschrieben. Dazu gab es natürlich ein Foto vom alten Maibaum:

„Ich bin dann mal weg und komme zum 1. Mai 2017 wieder."
Mitte September hat die ARGE Maibaum mit Hilfe der Freiwilligen Feuerwehr Neuried e. V. den dreieinhalb Jahre alten Maibaum (er war 2013 aufgestellt worden) gefällt. Die Arbeiten dauerten bis kurz nach 21.00 Uhr. Die Entscheidung den Maibaum zu fällen, hatte die Gemeinde Neuried zusammen mit der ARGE Maibaum getroffen. „Es war noch nicht dringend. Er war weder morsch, noch hatte er große Risse", sagt Sebastian H. von der Arge. „Jetzt hatten wir einfach alle Zeit." Die zwölf Zunftschilder und der Gockel, die die 30 Meter hohe Fichte zierten, wurden abgenommen und werden nun begutachtet, ob sie neu lackiert werden müssen. Im nächsten Jahr dürfen sich die Neuriederinnen und Neurieder daher auf ein Maibaumaufstellen freuen. Die ARGE Maibaum unter Leitung von Martin B. wird sich bald auf die Suche nach einem geeigneten Baum machen. Traditionsgemäß wird der neue Maibaum im Winter gefällt, damit er genug Zeit zum Trocknen hat. Ungefähr einen Monat vor dem 1. Mai wird er an den Lagerplatz in der Ortsmitte transportiert, um dort geschält, geschliffen und weiß-blau bemalt zu werden.

4.3 Anwenderbericht Achim Frank zur „neutralen Schnecke"

Beispiel

Gespräch mit Achim Frank, persönlicher Referent des Landrates im Landratsamt Donau-Ries

Sie verwenden die Struktur der „Neutralen Schnecke" aber nicht durchgängig – warum?

Frank: Die Pressearbeit hat sich stark verändert. Wir sehen, dass die Printmedien nur noch einen Teil unserer Kommunikationskanäle ausmachen. Viele Informationen laufen über das „soziale Netz" – wie Facebook, Twitter, Instagram und Co. Dort sind nur sehr kurze Informationen sinnvoll. Oft geht es da nur noch um ein Bild mit einer kurzen Aussage und „LIKE". Deshalb splitten wir unsere Informationsweitergabe.

Und trotzdem ist die Schneckenstruktur sinnvoll?

Frank: Ja – die neutrale Schnecke verwenden wir – vor allem bei umfangreicheren Pressemitteilungen. Die Tagespresse ist meiner Meinung nach vor allem an „Geschichten" interessiert. Geschichten benötigen, wenn ich eine Kernaussage zitieren darf „(Empathie), Persönlichkeiten, Hintergrund, (Spannung) und eine Aussage". Deshalb versuchen wir die Presse mit entsprechend zusammengestellten Sachinformationen zu unterstützen. Wir haben hierzu sehr viel zu bieten und freuen uns natürlich, wenn Themen, die für die Öffentlichkeit wirklich bedeutsam sind, auch bei der Presse ankommen. Hierfür setzen wir seit einiger Zeit die „neutrale Schnecke" ein. Die Struktur hilft uns dabei knapp zu bleiben und trotzdem alles weiterzugeben, was für das Verständnis des Themas wichtig ist. Die „Schnecke" ist eine wirklich gute Lösung für die Öffentlichkeitsarbeit.

Was sind Ihre Erfahrungen damit?

Frank: Ich habe mir angewöhnt, die Schneckenstruktur allen unseren Anwärtern, Auszubildenden und Praktikanten in der Pressestelle vorzustellen. Sie hat sich als hilfreiches System erwiesen, gerade weil wir hier im Landratsamt oft von Amtssprache umgeben sind. Wir brauchen Anhaltspunkte, um uns, wenn wir nicht untereinander kommunizieren, ganz klar auf die Bürgerinnen und Bürger als Gesprächspartner einzustellen. Tatsächlich denke ich, dass in jedem Betrieb eine Art „Betriebssprache" existiert, die oft dazu führt, dass Zusammenhänge schwer verständlich sind und so kaum mehr weitergegeben werden können. Auch haben Fachleute in der Regel so viele Einzelheiten im Kopf, dass es für sie schwierig ist auszusortieren, was denn nun allgemeinverständlich ist und was nicht. Da hilft die Struktur wirklich weiter.

4.4 Anwenderbericht Christopher Mielke zur „neutralen Schnecke" und „emotionalen Schleife"

Beispiel

Gespräch mit Christopher Mielke, Leiter des Referats Kommunikation der Stadt Saalfeld (Thüringen)

Seit wann arbeiten Sie mit der Struktur der „Neutralen Schnecke" und welche Erfahrungen haben Sie damit gemacht?
Während meiner Pressereferentenausbildung im Jahr 2010 wurden die Formate der „Neutralen Schnecke" sowie deren emotionaler Schwestervariante (emotionale Schleife) vorgestellt. Im Ergebnis arbeite ich seit Übernahme der Pressesprechertätigkeit im März 2011 gerne mit der „Neutralen Schnecke", da sie zur objektiven Darstellung von Themen gut geeignet ist – insbesondere wenn die emotionale Schiene vermieden werden soll. Eingesetzt habe ich die neutrale Textvariante bei der Darstellung von Bauvorhaben, Stadtentwicklungsmaßnahmen, Darstellung von Partizipationsprojekten und in Fragen der öffentlichen Sicherheit und Ordnung.

Zudem diente die „Neutrale Schnecke" für Pressemitteilungen, die eine gewisse politische Neutralität der Verwaltung aber einen Standpunkt des Bürgermeisters verdeutlichen sollten. Gute Erfahrungen machte ich zudem bei der Reaktion auf emotional aufgeladene Themen. Die emotionale Variante nutze ich, wenn die Stadt bewusst die Bürger bewegen will z. B. Begeisterung für eine Kulturveranstaltung („Saalfeld putzt sich") oder einen Straßenbau, der lange verzögert war.

Welche Effekte haben Sie festgestellt?
Externe Effekte waren u. a., dass die Presse die Meldung zum einen gut in einen Bericht verwandeln, Teile anderweitig einbauen oder einen Komplettabdruck vornehmen konnte. Zudem ist die „Neutrale Schnecke" eine interessante Möglichkeit in der Nutzung sozialer Medien. Neutrale Reaktionen (gemäß dem Schema) auf emotionale Posts konnten manche Diskussionen versiegen lassen. Intern lassen sich mit der Meldung auch Stadträte und Mitarbeiter in sachlicher

Art und Weise mit informieren. In jedem Fall gibt mir die „Neutrale Schnecke" Sicherheit, jedes Thema strukturiert anpacken zu können.

Sie geben diese Strukturen inzwischen in eigenen Fortbildungen weiter. Wie ist die Rückmeldung von Ihren Teilnehmern?
Die Teilnehmer der Vereinsmanager-Ausbildung beim Landessportbund Thüringen nehmen diese neutrale Variante der Meldung gerne an. Zum einen als Alternative zur alltäglichen Schreibe im Sport und zum anderen teilen sie den Aspekt des sicheren und logischen Aufbaus. Überwiegend kommt allerdings der emotionale Text zum Einsatz. Die Gegenüberstellung beider Varianten taugt in jedem Fall für Gesprächsstoff in den Lehrgängen.

Und eine Kostprobe?
Pressemitteilung: „Neues Stadt-Land" als Zukunftsvision
    Saalfeld verfehlt zweite Phase im Wettbewerb „Zukunftsstadt" und denkt trotzdem weiter.
Die Nachricht ereilte die Akteure bereits Mitte Juli: Für die Feengrottenstadt geht es im Wettbewerb „Zukunftsstadt" nicht weiter. Eine Jury aus Experten hatte zuvor 20 Kommunen ausgewählt, um mit Bürgern und Wissenschaftlern Ideen für eine lebenswerte und nachhaltige Stadt weiterzuentwickeln.

„Wir sind nicht in die zweite Phase des Wettbewerbes gekommen, das stimmt. Aber für uns heißt das nur, dass wir losgelöst vom Wettbewerb bereits jetzt in die Umsetzungsphase gehen können. Dafür bewerben wir uns derzeit breitgefächert um Fördermittel. Unsere Chancen sind mit der erarbeiteten Vision durchaus gut", beschreibt Hanka Giller, Leiterin im Amt für Jugendarbeit, Sport und Soziales und Saalfelds Marketingleiter Christopher Mielke ergänzt: „Die Erkenntnisse im Projekt werden auch für die Entwicklungen im Rahmen der Gemeindegebietsreform wichtig werden. Eine Stichwort sei hier nur die Stadtteil-Expo."

Vom 1. Juli 2015 bis 31. März 2016 hatten die Saalfelder Bürgerschaft, Wissenschaft, Wirtschaft, Politik und Verwaltung gemeinsam eine Zukunftsvision im Rahmen des Wettbewerbes „Zukunftsstadt", einer Initiative des Bundesministeriums für Bildung und Forschung (BMBF)entwickelt. Saalfelds Vision vom „Neuen Stadt-Land" stellt die „Willkommenskultur" als umfassenden Begriff in das Zentrum aller Betrachtungen – auch wenn das Wort aktuell negativ belegt ist. Arbeitsgrundlage dafür waren eine Bestandsanalyse aus planerischen Fachmeinungen sowie die Analyse von Interviews und Collagen der Bewohner vor Ort.

4.4 Anwenderbericht Christopher Mielke

Für Gorndorf stellte sich in der Bewertung heraus, dass ... (*Hier folgen diverse Beispiele des gelungenen Beteiligungsprozesses*)

In Fortführung des Zukunftsstadtwettbewerbes haben die beteiligten Bürger zusammen mit Träger, Verwaltung und Wissenschaftspartnern inzwischen schrittweise umsetzungsreife Konzepte für die formulierten Ideen erarbeitet. Fördermittel und die Beteiligung am IBA-Wettbewerb ARRIVAL STADTLAND sind aktuell beantragt.

Eine Erkenntnis aus dem Zukunftsstadtprozess bleibt für alle Beteiligten: Der berühmte Blick über den Tellerrand und das Wechseln der Perspektive lohnt sich immer.

Die „emotionale Schleife" oder: So schreiben Sie einen motivierenden Text

5

Zusammenfassung

Sie wollen mit Ihrem Text nicht nur informieren, sondern Leserin oder Leser zu einer Aktion bewegen? Die „emotionale Schleife" leitet sich direkt aus der „neutralen Schnecke" ab. Durch Umsortierung der einzelnen Textsequenzen und Hinzufügen einer neuen Textabschluss-Sequenz entsteht ein Lesestoff, der deutlich emotionalen Charakter hat und deshalb für Motivationstexte nutzbar ist. Das Kapitel beschäftigt sich mit dieser Sequenz-Umstellung und geht der Frage nach, was der persönliche Bezugspunkt beim Publikum bewirkt. Außerdem werden unterschiedliche Arten von Appellen gezeigt und deren Wirkung erklärt.

Schlüsselwörter

„Emotionale Schleife"· Emotion · Motivierender Text · konversionsorientiertes Schreiben · Appell · Priming

5.1 Von der „neutralen Schnecke" zur „emotionalen Schleife"

Dieses Kapitel bezieht sich inhaltlich direkt auf das Vorausgehende und zeigt ein paar Kniffe, mit denen ein neutraler Text zu einem emotionalen umgebaut werden kann. Für diejenigen, die eine Abkürzung über das Inhaltsverzeichnis zu Kapitel 5 geführt hat, soll dennoch kurz erläutert werden, was der Hintergrund der „Emotionalen Schleife" ist.

Es soll ja Leserinnen und Nutzer geben, die aus dem Gehörten oder Gelesenen sozusagen selbsttätig die Initiative zu eigenem Handeln ableiten. Die meisten Konsumenten von Information jedoch begeben sich beim Absorbieren der Neuigkeiten in die „Konsumentenhaltung". Für die Autorinnen ergibt sich daraus die Notwendigkeit, Aktionen direkt anzusprechen, wenn Aktionen ausgelöst werden sollen.

Der Text insgesamt soll also motivieren, etwas Bestimmtes zu tun oder besser gesagt „ins Tun zu kommen", wie viele Systemiker sagen. Motivation gehört ja zu jenen Worten, die höchst unterschiedlich verstanden werden. Die einen verstehen unter Motivation „Zwang", nach dem Motto „nichts motiviert mehr als eine geladene Flinte direkt am Hinterkopf". Andere wiederum verstehen unter Motivation, sich selbst oder anderen die Chance zu eröffnen, selbst in Bewegung zu kommen und den eigenen Weg zu gehen. Das wäre dann eine Art von „Konversionstrigger". Also ein Reiz, der darauf abzielt, eine Kehrtwende[7] zu vollziehen, um eine andere Richtung einzuschlagen. Prof. Dr. Gabriele Hooffacker bringt das bezüglich des Schreibens auf den Punkt: „Im Direktmarketing spricht man von „Konversion", wenn man eine bestimmte Aktion beim Publikum auslösen möchte. Im Journalismus gibt es das Format „Service-Text" oder „Nutzwert- Journalismus". Daraus lassen sich Tipps für ein konversionsorientiertes Schreiben ableiten."[8]

In diesem Zusammenhang sei an die (fast schon historische) AIDA-Formel des Marketings erinnert. „Attention, Interest, Desire, Action" waren jahrzehntelang die Stufen, nach denen ein Kunde zum Produkt geführt werden sollte. Nacheinander sollte Aufmerksamkeit erregt werden, Interesse erzeugt, ein Wunsch eingepflanzt und schließlich die Aktion (Kaufen) initiiert werden. Diese Formel ist vielen heute noch geläufig, doch erscheint sie mir deutlich zu einfach gestrickt, um Menschen in einer kaleidoskopartigen Warenwelt noch zielgenau zu erreichen und ins Handeln zu bringen. Der Wunsch alleine (Desire) reicht häufig nicht aus, um die Handlung zu initiieren. Die Philosophen unterscheiden deshalb zwischen Wunsch und Wille. Viele Menschen wünschen sich etwas, ohne jemals den Schritt in die Umsetzung des Wunsches zu tun.

„Der Wille zeigt sich in der Tat", wird Ludwig Wittgenstein zugeschrieben, der sich allerdings weit tiefer in die philosophischen Überlegungen zu „Wunsch und Wille" begeben hat. Die Frage ist dabei, wie man aus dem „Wunsch" zum „Wol-

---

7 lat. Conversio: Umkehr, Kehrtwende, Umlauf, Wiederkehr, Abkehr
8 Vgl. Hooffacker, Gabriele: Online-Journalismus: Texten und Konzipieren für das Internet. Ein Handbuch für Ausbildung und Praxis. (Journalistische Praxis) 4. Aufl. Wiesbaden 2016

5.1 Von der „neutralen Schnecke" zur „emotionalen Schleife"

len" kommt. Das Marketing hat dazu das „Push-Marketing" entwickelt, das den Kaufreiz im „Moment" auslöst. „Nur jetzt mit Sonderrabatt", „Nur noch wenige Stücke übrig", „Nur heute im Vorteilspack", „Nur für kurze Zeit!" All dies sind Aussagen, die dazu dienen, den Kunden im Moment zur Kaufentscheidung zu zwingen. Dabei wird an das Gefühl appelliert, dass man eine sträfliche Dummheit begeht, wenn man nicht sofort zugreift.

Es ist für Autoren gut, die AIDA-Formel zu kennen – jedoch auch mit kritischem Blick zu betrachten. Journalisten und auch Mitarbeiterinnen von Pressestellen sollten nichts „verkaufen" wollen. Bestenfalls sollten sie Information so gut aufbereiten, dass die Leser sich ein Bild machen können und den Impuls wahrnehmen können, eigene Handlungen auszuführen. „Jetzt" etwas zu tun, genau jetzt, in diesem Moment – das hat immer mit Druck zu tun. Also mit einem Impuls, der sich über die „reifliche Überlegung" hinwegsetzt. Lässt sich ein solcher Impuls mit dem ethischen Gedanken an die Entscheidungsfreiheit des Menschen verbinden? Dies sei an dieser Stelle angesprochen. Eine Antwort darauf kann sich jeder Leser nur selbst geben.

Impulse entstehen durch emotionale Trigger. Ohne Emotion keine Aktion!

Soll im Zuge des Textes eine Emotion geweckt werden, soll die Leserin in Aktion gebracht werden, so bietet sich die „Emotionale Schleife" an. Diese Struktur nutzt die gleichen Sequenzen der „Neutralen Schnecke" kombiniert sie jedoch anders und setzt einen Appell an den Schluss.

Der emotionale Text beginnt mit der Beschreibung der Wirkung auf die Zielgruppe, kommt erst dann zur Kernaussage, blickt von dort in die Vergangenheit, dann in die Zukunft und schließt mit einem Appell.

5 Die „emotionale Schleife"

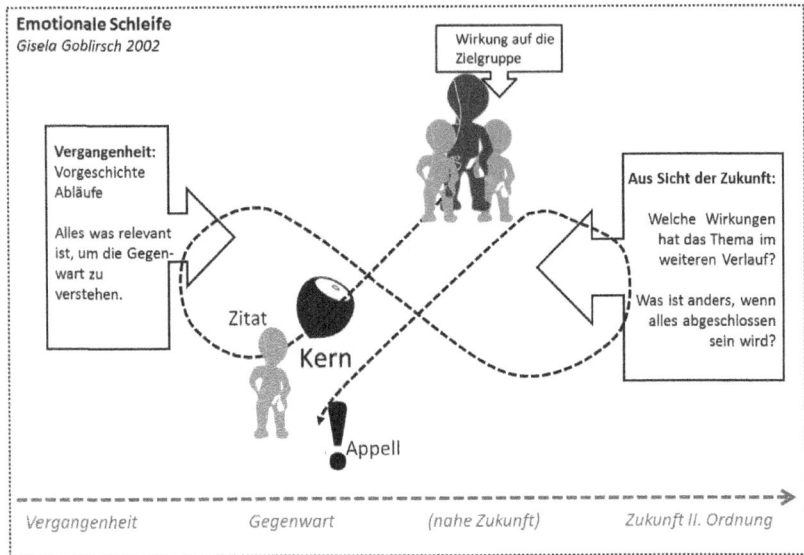

Bild 5.1 Schaubild: Emotionale Schleife
Quelle: Eigene Darstellung, Struktur entwickelt 2002

In Anlehnung an das Textbeispiel von Kapitel 4 zeige ich hier zusammenhängend die Umstellung an einem Beispieltext:

Beispiel

Überschrift
„Neudorf bekommt eine Umgehung".

Wirkung auf die Zielgruppe
Bis es ruhig und entspannt ist in Neudorfs Ortsmitte, müssen die Neudorfer einige Behinderungen und Umleitungsverkehr ertragen. Die geplanten Baumaßnahmen werden sich über 2 Jahre hinziehen und praktisch alle Ortsteile, sowie die Ortsmitte betreffen. Der Baubeginn soll noch vor dem Wintereinbruch liegen und zunächst die Trassenführung im Osten Neudorfs betreffen. Dort wird es aller Wahrscheinlichkeit nach in den Zufahrtsstraßen zum Gewerbegebiet zu deutlichen Behinderungen kommen. Auf einer Bürgerversammlung nach der Sommerpause wird Bürgermeisterin Huber die Planungen vorstellen und den Bauverlauf erklären.

Kernaussage und Zitat

„Mit dem Gemeinderatsbeschluss vergangenen Donnerstag sind wir ein großes Stück weitergekommen, um Neudorf weiterhin lebenswert zu erhalten – auch in der stark frequentierten Ortsmitte", sagt Bürgermeisterin Hilde Huber. „Das Ergebnis der langjährigen Vorbereitung kann sich sehen lassen und wird jetzt von der breiten Mehrheit im Gemeinderat getragen. Das ist ein schönes Ergebnis für Neudorf. Wir sehen den Umbaumaßnahmen mit Spannung aber auch Zuversicht entgegen."

Vergangenheit

Schon vor fünf Jahren wurde erstmals eine Umgehung diskutiert. Damals waren es vor allem die ortsansässigen Geschäftsleute, die sich dagegen sträubten, weil sie sinkende Umsätze befürchteten. Die von ihnen gegründete Bürgerinitiative „Lebendiges Neudorf" hatte schnell Zulauf und so entzündeten sich die Gemüter an dem Pro und Contra der Planung. Seither sind drei Gutachten entstanden und der Gewerbeverband hat ein neues Leit- und Parksystem für die Kunden der Ortsmitte entwickelt. Erst kürzlich sprachen sich also auch die Geschäftsinhaber für eine Umgehung aus. Das war die Basis für den jetzt gefassten Entschluss.

Zukunft zweiter Ordnung

Die Umgehungsstraße wird mit einem Parkleitsystem an die Innenstadt angebunden. Das wird dazu führen, dass die jetzige Durchgangsstraße rückgebaut werden kann und vier größere Parkplätze in direkter Nähe zur Fußgängerzone entstehen. „Diese zentrumsnahen Zentralparkplätze entschärfen das aktuelle Parkplatzproblem auf Dauer und sind geeignet, dass auch Touristen und Konzertbesucher die Innenstadt wieder staufrei erreichen können", sagt die Bürgermeisterin. „Für die Altdorfer Gastronomen besteht im Zuge des Straßenrückbaus in der Innenstadt die Möglichkeit, ihre Freischankflächen zu vergrößern, so dass alle Altdorfer die Sommermonate in der Ortsmitte noch ein wenig entspannter genießen können. So schlagen wir mehrere Fliegen mit einer Klappe."

Appell

Ob die Auswirkungen der Baumaßnahmen erträglich werden, liegt, so Huber, vor allem an der Disziplin der Neudorfer selbst. „Wir tun alles, um rechtzeitig über die Baumaßnahmen zu informieren. Wir werden natürlich ein Umleitungskonzept für die Bauzeit entwickeln. Aber der Erfolg ist nur gegeben, wenn sich alle Neudorfer auf den Bürgerversammlungen, an den Aushangkästen und über die Presse rechtzeitig über Behinderungen und Ausweichrouten informieren."

Wie schon bei der „Neutralen Schnecke" dient das erste Zitat der Verbindung zwischen Thema und Bezugsperson. Dadurch wird die Leserin noch tiefer in eine Beziehung zum Thema eingebunden. Je nachdem, wie die Wirkung auf die Zielgruppe lautet, kann es sein, dass das Zitat als ausgleichendes oder verstärkendes, manchmal auch abschwächendes Element eingesetzt wird. In diesem Fall ist es natürlich von großer Bedeutung, wen man als Zitatgeber wählt. Ist die Wirkung des Themas auf die Zielgruppe eher als negativ einzustufen, sollte die Person, die sich dazu äußert nicht noch zusätzlich negativ verstärkend wahrgenommen werden.

Der Emotionalität im Texteingang und am Textende habe ich gesonderte Überlegungen im Anschluss gewidmet. Sie sollen daher an dieser Stelle nur als die wesentlichen und massivsten Anteile des Textsystems genannt werden.

Mit kleinen Veränderungen im Textaufbau kann also eine große Wirkung erzielt werden. Texte können, wenn sie nach diesen Systemen aufgebaut sind, schnell verändert werden, falls dies nötig ist. Die Systeme haben auch den Vorteil, dass automatisch die Vorgeschichte einfließt und somit schon bekannte Informationen besser eingebunden werden.

Ein derart aufgebauter Text vergisst keine für das Verständnis wichtigen Bestandteile. Er ist immer geschlossen und wird als Einheit wahrgenommen. Bei PR-Texten kommt hinzu, dass solche Artikel praktisch nicht gekürzt werden, weil das Denkmuster nicht unterbrochen werden kann.

Die „Neutrale Schnecke" hat den Aufbau:
a. Kernaussage mit Erläuterung;
b. Zitatgebende Person;
c. Vergangenheit;
d. Zukunft zweiter Ordnung;
e. Wirkung auf die Zielgruppe

Die „emotionale Schleife" ist folgendermaßen aufgebaut:
a. Wirkung auf die Zielgruppe
b. Kernaussage (eventuell mit Zitat)
c. Vergangenheit
d. Zukunft zweiter Ordnung
e. Appell

5.2 Wie der persönliche Bezugspunkt die Emotionalität unterstützt

Die „emotionale Schleife" beginnt in der nahen Zukunft (Zukunft 1). Das ist ein Kunstgriff, der dort wirkt, wo die meiste Emotion der Menschen angelegt ist. Hoffnung, Ängste, Erwartungen, Bedenken beziehen sich immer auf die Zukunft – selten auf die Gegenwart (denn die wird ja eben erlebt und in der Regel gut gemeistert) und niemals auf die Vergangenheit. Stellt man sich den einfachen Satz vor: *„Ich habe Angst meine Prüfung nicht zu schaffen."* oder *„Ich erwarte Loyalität!"*, so beziehen sich beide Sätze auf eine in der Zukunft liegende Situation.

In dieser Art drückt sich beim Sprechenden eine Emotion aus, die in der Gegenwart erlebt wird, sich aber tatsächlich auf die Zukunft bezieht. Wie seltsam klingt der Satz: *„Ich habe so viel Angst vor der Prüfung von letzter Woche!"* Das ist praktisch nicht möglich. Die Vergangenheit ist vergangen und erzeugt keine Angst mehr, es sei denn, die Erfahrungen aus der Vergangenheit haben ein so großes Trauma ausgelöst, dass sie das gegenwärtige Empfinden bezüglich ähnlicher Situationen in der Zukunft übermäßig beeinflussen. Aber auch dann richtet sich die Emotion immer in die Zukunft!

Der korrekt in die Vergangenheitsform übersetzte Satz müsste lauten: *„Ich hatte so große Angst gehabt vor der Prüfung letzter Woche."*

Spricht man beide Sätze aus (erst den Satz, der sich auf die Zukunft bezieht, danach den Satz, der sich auf die Vergangenheit bezieht) und konzentriert sich dabei auf die eigene Emotion, so entdeckt man einen interessanten Unterschied. Der zukunftsbezogene Satz ist mit einer sehr viel stärkeren Emotion verbunden, als der Satz, der sich auf die Vergangenheit bezieht.

Offenbar (so lehrt es auch der Hypnotherapeut Dr. med. Gunther Schmidt) erzeugt jeder Mensch sein Zukunftserleben, seine Ängste, Vorstellungen, Hoffnungen und die damit verbundene Emotion, in der Gegenwart selbst. Das bedeutet, dass ein in der Zukunft liegendes Ereignis in der Gegenwart bereits emotional besetzt wird. Erstaunlicherweise glauben die Menschen, diese Gegenwartsemotion sei die Realität und handeln dementsprechend. Und doch bezieht sie sich auf eine Zukunft die niemand voraussehen kann. [9]

---

9 Nach Gunther Schmidt sind es Erkenntnisse aus der Physiologie, die beweisen, dass ein vergangenes Ereignis nicht die Kraft haben kann, aktuelles Erleben zu determinieren.

Das ist der Grund, weshalb politische Angstmacher so gefährlich sind. Sie erzeugen in den Menschen den Glauben daran, dass die zukünftige Situation grauenhaft werden wird. Die Menschen entwickeln daraufhin eine Zukunftsangst und handeln in der Gegenwart gemäß einer Vorstellung, die auf einer nicht beweisbaren Behauptung fußt.

Aber zurück zum emotionalen Text. Wenn es gelingt, die Wirkung eines Themas auf die jeweilige Zielgruppe darzustellen (und das muss nicht zwangsläufig hochemotional sein!), kann die Leserin sich sehr viel enger an das Thema binden und wird sozusagen in den Text hinein gezogen. Die Frage jedes Lesers: „Was geht das mich an?" wird gleich zu Beginn des Textes dargestellt. Und sobald der Leser die Relevanz des Themas für sich erkannt hat, wird er dem Artikel folgen.

Nachdem die Wirkung eines Ereignisses oder Themas auch sehr neutral darstellbar ist, muss mit dieser Sequenz nicht automatisch eine zielgerichtete Beeinflussung stattfinden. Wenn beispielsweise geschrieben wird, dass ein Gesetz folgende Auswirkungen haben wird (und die Auswirkungen im Positiven wie Negativen allparteilich dargestellt werden), muss das nicht heißen, dass alle Leser gleichermaßen enthusiastisch oder entsetzt darauf reagieren. Es geht also in diesem Fall nicht um Manipulation, sondern um die Möglichkeit, dass die jeweilige Leserin ein ihr gemäßes Empfinden zum Thema entwickelt. Und dass sie weiterliest, um Bestätigung für ihr Empfinden zu bekommen. Damit ist die Neugier angefacht.

Dieser Satzanfang verleitet in gewisser Weise dazu, sich in den werblichen Sektor zu begeben und den Lesern all das zu „versprechen", was sie gerne hören, haben oder erleben wollen. In der Werbung sind solche Textanfänge tatsächlich äußerst beliebt und werden häufig genutzt.

Aber auch für informative Artikel ist dieser Textanfang geeignet. Allerdings unter einer Voraussetzung: Die beschriebene Wirkung auf die Zielgruppe muss den Gesetzen der Allparteilichkeit folgen und die Wortwahl sollte weitgehend neutral wirken. Alle Adjektive sollte man unter journalistischen Gesichtspunkten betrachten. Und der Autor sollte sich fragen, ob er mit diesem Texteinstieg nicht auch eine Manipulation in eine (von ihm gewünschte Richtung) unternimmt. Was bei PR-Texten durchaus erwünscht ist, sollte im Journalismus ganz bewusst vermieden werden.

„Priming" nennt man diese Prägung, die eine manipulative Autorin dem Leser mitgeben kann. Die ersten Sätze, die einen Bezug zwischen Leser und Thema herstellen, geben dem Leser sozusagen einen gedanklichen Schubs in eine vorbestimmte Richtung. Priming ist nicht zu unterschätzen! Wenn ein Bezug zwischen Zielgruppe und Thema mit einer vorbestimmten Ausrichtung einmal hergestellt ist, ist ein Kanal geöffnet, der den gesamten weiteren Umgang der Zielpersonen mit diesem Thema prägt. Im Businesstraining wird den Teilnehmern eingebläut: „Es gibt keine zweite Chance für einen ersten Eindruck". Und was im Zwischenmenschlichen gilt, gilt auch für das Schreiben. Genau deshalb muss Qualitätsjournalismus sich bewusst sein, mit welchen Formulierungen ein Thema geprägt wird. Die reine allparteiliche Berichterstattung ist der einzige Weg, den Lesern die Chance zu geben, selbst eine Meinung zu einem Thema zu entwickeln.

5.3 Fingerspitzengefühl für den Appell

Ein Appell kann Wunderbares bewirken – aber auch deutliche Abneigung und Widerstand auslösen. Semantisch gesehen empfindet ein Mensch einen Appell in unterschiedlicher Weise. Im Zuge eines „Semantischen Eskalationsempfindens" gibt es eine stetige Veränderung der Annahmebereitschaft, je nach Art des Appells. In einem Workshop 2015 haben wir folgende Eskalationsstufen entwickelt:

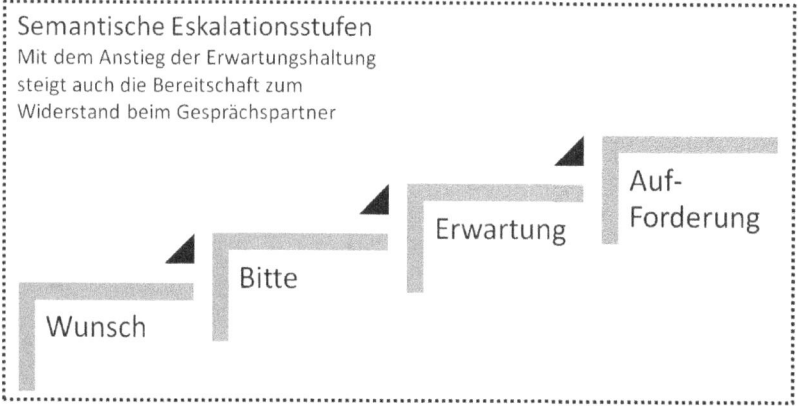

Bild 5.2 Semantische Eskalationsstufen
Quelle: Eigene Darstellung/pr-competence 2015

Die höchste Stufe dieser Eskalation wäre der „Befehl". Um einen befehlsartigen Appell zu platzieren, muss jedoch eine klare „Befehl-Gehorsam"-Verbindung bestehen. Dienstanweisungen und militärische Befehle sind dort einzuordnen. Das ist im journalistischen Umfeld natürlich nicht zu gebrauchen – vor allem, weil bei einem dienstlichen Befehl eine Sanktionsmaßnahme möglich wäre. Wer also in einem Appell einen Kasernenhof-Ton anschlägt, ohne die Handhabe zu besitzen, die Befolgung auch durchzusetzen, wird umsonst appellieren und das Gegenteil dessen erreichen, was er erreichen möchte.

Je nachdem, wie eine Leserin appellativ angesprochen wird, entscheidet sie, ob sie dem Appell folgen will. Ist mit diesem Appell jedoch Druck verbunden, so sinkt die Bereitschaft deutlich, denn niemand möchte sich von einem Autor vorschreiben lassen, was er zu tun oder zu lassen hat.

Die Verkaufsförderung arbeitet gerne mit solchen druckreichen Appellen. Wenn auf der Website des Hotelsuche-Portals bei jedem zweiten Zimmer steht, dass dies das „letzte verfügbare" Zimmer sei, oder wenn freundlich daraufhin gewiesen wird, dass „sich gerade eben drei Personen dieses Zimmer anschauen", dann appelliert der Betreiber eindeutig an die Angst des Suchenden in der gewünschten Metropole im Stehen unter der Brücke nächtigen zu müssen. Auch Verkaufsfördermaßnahmen wie „Nur noch heute zu diesem Preis" appellieren an die Angst, ein Schnäppchen zu verlieren, wenn man nicht sofort kauft. Das mag im Kaufmoment vorteilhaft sein, doch die Kunden reagieren längerfristig zunehmend verärgert über diese Art der Manipulation.

Was bei der Verkaufsförderung scheinbar wirkt, ist im Umfeld einer informativen Berichterstattung oder eines guten PR-Artikels eher kontraproduktiv. Gute Appelle in unserem Sinne, sind Appelle, die am unteren Ende der Eskalationsskala angesiedelt sind. Der Appell kann als Wunsch oder Bitte formuliert werden.

Wunsch

„Wir würden uns von unseren Bürgern wünschen, dass sie das Ihre dazu beitragen – sich also über die gesperrten Straßen und Ausweichrouten rechtzeitig informieren".

Bitte

„Wir bitten alle unsere Bürger, sich rechtzeitig über die Ausweichrouten zu informieren, damit keine unnötigen Staus erzeugt werden."

Es ist auch möglich, keine direkte Ansprache an das Publikum zu senden und stattdessen den Erfolg einer Maßnahme an ein bestimmtes Handeln der Allgemeinheit zu knüpfen. Dadurch wird automatisch der Erfolg geteilt. Die Leser sind also aufgerufen, am Erfolg des Umbaus teilzuhaben.

5.3 Fingerspitzengefühl für den Appell

„Der Erfolg liegt in den Händen der Neudorfer selbst. Sie können unterstützen, indem sie sich auf den Bürgerversammlungen, an den Aushangkästen und über die Presse rechtzeitig über Behinderungen und Ausweichrouten informieren."

Wird eine Erwartung oder gar eine Aufforderung verbalisiert, erzeugt dies bei vielen Lesern Widerstand. Einen solchen Appell nimmt man eigentlich nur dann an, wenn nachvollziehbar ist, dass durch die Befolgung des Appells ein möglicher Schaden für sich selbst oder die Allgemeinheit abgewendet werden kann.

6 Prinzipien des Textzugangs für die Leser – oder: Was Glaubenspolaritäten (GPA) damit zu tun haben

> **Zusammenfassung**
>
> Nicht jeder Leser betrachtet ein Thema aus dem vorgegebenen Blickwinkel des Autors. Wie man möglichst viele Leser animieren kann, das Thema tatsächlich zu betrachten und nach welchem System der Zugang zum Thema funktioniert, ist Inhalt dieses Kapitels.

> **Schlüsselwörter**
>
> Drei Pole des Textzugangs · SySt-Glaubenspolaritätendreieck · GPA-Schema · Vertrauen · Erkenntnis · Ordnung · Raum der Möglichkeiten · Zielgruppengerechtes Aufbereiten

Ich erinnere mich noch gut an Beispieltexte im Deutschunterricht. Da bekamen wir Ausschnitte aus der Literatur verbunden mit der wunderbaren Frage „Was hat wohl den Schriftsteller bewogen, sich mit diesem Thema auseinanderzusetzen?" Können Sie sich vorstellen, dass es mir herzlich egal war, was den Schriftsteller bewogen haben konnte? Warum jemand ein Thema aufgreift, ist mir eigentlich immer schnurzegal. Soll doch jeder schreiben was er will! Das einzige, was mich interessiert ist: kann ich mit dem Thema irgendetwas Sinnvolles anfangen? Kann *ich* das Thema für *mich* bearbeiten, umgestalten? Kann *ich* Erkenntnisse daraus gewinnen, die mich ein Stück weiterbringen?

Der Schriftsteller, der Autor interessiert mich nicht in erster Linie. Ich betrachte die Welt eines Themas vom *Pol der Erkenntnis*. Natürlich spielt dann innerhalb dieser Themenwelt der Autor auch irgendeine Rolle und vielleicht interessiert mich auch die Überlegung, ob und wie ich durch den Text einen Überblick über das Thema erhalte. Aber in erster Linie denke ich „Was kann ich damit anstellen?". Mit dieser Sicht auf ein Thema bin ich nicht allein. Viele handeln nach diesen Überlegungen. Sie alle sind „Erkenntnis-Menschen", also Menschen, die etwas nur dann interessant finden, wenn sie es in ihre Gedankenwelt sinnvoll einbinden können und einen Lerneffekt erfahren.

Und da gibt es die Anderen, die einen anderen Zugang zu einem Thema bevorzugen. Für sie ist es wichtig, dass der *richtige* Autor etwas schreibt. Egal, was er oder sie schreibt, es ist bestimmt gut, weil es von genau diesem Menschen kommt. Wer von dieser Warte aus ein Thema angeht, der nähert sich dem Thema über die Zuversicht, dass die richtige Autorin schon keinen Unsinn schreiben wird. Solche Leser betreten die Welt eines Themas vom *Pol des Vertrauens*. Diese Autorin ist fachkompetent, deshalb bekommt das Thema (von ihr bearbeitet) erst einmal einen Vertrauensvorschuss. Was hat sie sich wohl dabei gedacht? Welche Überlegungen haben sie zu diesem Thema geführt? Was will sie mir damit sagen? Die Autorin mit dem, was sie selbst erlebt hat, was sie eingesponnen hat ins Thema, spielt eine große Rolle.

Die dritte Lesergruppe möchte als erstes einen Überblick gewinnen. Wie gestaltet sich das Thema? Welchen Ordnungsprinzipien folgt es? Kann sich der Leser im Thema gut zurechtfinden? Wenn das Thema nicht ordentlich gegliedert ist, wenn der Überblick nicht sofort gewonnen werden kann, dann ist der Mensch, der das Thema vom *Pol der Ordnung* betrachtet, eher enttäuscht. Ich muss zugeben, dass Ordnung für mich keine übermäßige Rolle spielt. Jedenfalls nicht als Zugangsportal zu einem Thema und auch nicht in der Gestaltung meiner Seminare.

Für mich ist Ordnung jederzeit veränderbar. Das wirkt sich auf meine Art zu lehren aus. Ein Seminarthema umreiße ich eher unspezifisch, damit ich auf all das eingehen kann, was aus der Gruppe der Teilnehmenden kommt, so dass jeder für sich wertvolle Informationen mitnehmen kann. Seminare, die ich im Laufe der vergangenen 20 Jahre gehalten habe – auch wenn sie denselben Titel tragen – gleichen einander niemals in den Details oder in der Schwerpunktsetzung. Ich gebe zu, dass diese Herangehensweise manche (zum Glück sehr wenige) Teilnehmerinnen anfangs deutlich irritiert. Offengestanden hoffe ich darauf, dass genügend Teilnehmerinnen über den *Pol des Vertrauens* oder über den *Pol der Erkenntnis* an die Themen herangehen. Würde ich ein Seminar vom Ordnungspol her aufbauen, hätte ich immer die Befürchtung, dass es erstarrt in einer Art Skelett und damit unflexibel wird, was wiederum die Erkenntnis beeinträchtigt.

Was für Seminare gilt, gilt selbstverständlich auch für Texte. „Vom Überblick zum Detail" ist eine häufig gelehrte Form des Textaufbaus. Das ist in einigen Fällen durchaus sinnvoll – aber in vielen Fällen leider ebenso nervtötend!

Drei Pole – drei unterschiedliche Menschentypen – drei unterschiedliche Herangehensweisen an einen Text. Alle drei Arten sind gleichwertig. Keiner dieser Zugänge zu einem Thema ist besser oder schlechter, über- oder untergeordnet. Sie sind miteinander verbunden. Und alle Menschen haben Anteile aus allen drei Polen in ihrer Weltsicht. Und weil das so ist, kann man diese Erkenntnis im Schreiben wunderbar umsetzen.

Die drei Pole, angeordnet in einem Dreieck, stammt aus der Gedankenwelt von Matthias Varga von Kibéd. Als „SySt-Glaubenspolaritäten" wurde das Schema erstmals in den 1990er Jahren veröffentlicht und hat seither einen Siegeszug durch diverse Fachbereiche angetreten. Die Arbeit mit den Glaubenspolaritäten wird GPA abgekürzt. Diese Abkürzung möchte ich im Folgenden beibehalten.

Der Gedanke, in die Welt eines Themas über drei „Türen" zu gelangen entspricht dem *systemischen Denken*. Grob gesagt ist das systemische Denken die Betrachtung der Welt und aller ihrer Anteile als zirkuläres Ganzes (im Gegensatz zu eindimensional linearer Ursache-Wirkung-Verkettung).

Im systemischen Denken spielt die Kontextualisierung und der Konstruktivismus eine große Rolle. Mit anderen Worten: Nichts kann außerhalb eines Kontextes betrachtet werden, und der Mensch ist in der Lage seine eigenen Zusammenhänge zu konstruieren und als wahr anzunehmen.

Systemtheoretiker wie Niklas Luhmann, Humberto Maturana und Francisco Varela bilden zusammen mit Kybernetikern wie Heinz von Förster oder Gregory Bateson die Basis. Sprachphilosophen wie Ludwig Wittgenstein und Alfred Korzybski und Zeichentheoretiker wie Charles Sanders Peirce (mit seiner Semiotik) haben das systemische Denken beeinflusst und geformt.

Was erlebt jeder einzelne als „wahr und richtig"? Der Glaube an die eigene Wahrheit ist überwältigend! Jeder Mensch hat im Laufe seines Lebens bestimmte Werte entwickelt, die er oder sie als gegeben annimmt. Aus diesem Glauben an das Richtige, Wahre und Echte bilden sich sogenannte „Glaubenssätze" also Denkweisen und Aussagen, die nicht mehr kritisch hinterfragt werden. Diese Glaubenssätze sind für den Einzelnen „gesetzte Realität". Sie sind jedoch ein Konstrukt des menschlichen Denkens.

Tatsächlich bevölkern wir alle die gleiche Welt. Wir alle erleben durchaus vergleichbare Situationen. Es wäre doch also ganz einfach miteinander auszukommen. „Schließlich muss doch jede Mitbürgerin das Gleiche empfinden wie ich selbst! Schließlich ist es die gleiche Situation." Wir alle wissen: das ist nicht so und deshalb empfinden wir manche Reaktionen, manches Vorgehen der Mitmenschen, als im höchsten Maße irritierend. „Der Andere ist doch eigentlich kein schlechter Mensch – aber wieso muss er sich denn jetzt so seltsam benehmen? Wieso setzt er andere Schwerpunkte, wo es doch sonnenklar ist, dass ...."

Solche Überlegungen kommen auf, wenn in einer Situation Menschen aufeinander treffen, die zwar die gleiche Sozialisation genossen haben (also aus dem gleichen Kulturkreis kommen und in ähnlichen Verhältnissen aufgewachsen sind), aber dennoch irgendwie „anders ticken". Das ist in Teams sehr häufig der Fall, in Familien sowieso und eigentlich überall, wo Werte, Lebenserfahrungen und Erlerntes nicht deckungsgleich sind. Also praktisch überall!

Die Umgangssprache hat für diese Unterschiede eine schöne Metapher. Sie lautet: „Er kann halt nicht aus seiner Haut". Mit anderen Worten: Die Basis, auf der dieser Mensch seine Entscheidungen fällt, ist nicht veränderbar. Er kann seinen Standpunkt nicht verlassen, um andere Sichtweisen zu erleben oder nachzuvollziehen.

▶ Kein Leser kann „aus seiner Haut". Er erwartet einfach den Zugang zu einem Thema präsentiert zu bekommen, den er selbst wählen würde, wenn er sich mit dem Thema beschäftigen wollte. Bekommt er diesen Zugang nicht in der von ihm gewünschten Weise, dann steigt er auf das Thema und den Text ganz einfach nicht ein.

Die Herausforderung besteht darin, jedem Leser, jeder Leserin den ihm oder ihr gemäßen Themenzugang zu bieten.

Auseinandersetzung entsteht (mindestens) „bipolar" – auf einer Linie zwischen zwei Punkten. Der Eine will dies, die Andere das. Eine Lösung aus diesem Dilemma ist nicht in Sicht. In der Regel gewinnt der argumentativ Stärkere und somit gibt es einen Gewinner und einen Verlierer dieser Partie. Der eine hat sein „wahr und richtig" durchsetzen können, die andere eben nicht. Auf Dauer gesehen führt dies nicht zu friedlichem Miteinander.

Bipolarität ist nicht zielführend! Es muss es eine andere Sichtweise geben, die Lösungen ermöglicht oder zumindest ein gegenseitiges Verstehen erleichtert. Hilfreich wäre es, wenn man es schaffen könnte, Ansichten nicht in „gut" und „schlecht", A und B, einzustufen, sondern in einem „Raum der Möglichkeiten" unterzubringen. Das bedeutet, dass man sich selbst gedanklich *wegbewegt* von einem *Stand-Punkt* hin zu einem *Stand-Areal*. Gemeint ist, dass es einen Raum geben kann, in dem man selbst beweglich ist. Mir erscheint dies als die einfachste Methode, um einem anderen Standpunkt (oder Standareal) entgegen zu kommen und auf diese Weise erbitterten Streit und scheinbar unüberbrückbare Gegensätzlichkeiten zu vermeiden.

▶ **Gebt Standpunkte auf zu Gunsten einer Standfläche!** Denn auf einem Punkt kann man sich nicht mehr selbst bewegen – auf einer Fläche jedoch schon. Und nur wer beweglich ist, verfügt über Entscheidungsräume.

Nur wer beweglich ist, erkennt und nutzt unterschiedliche Zugänge zu einem Thema und kann dadurch anderen Menschen den Zugang zu dem Thema erleichtern. So werden Hemmschwellen des Lesens abgebaut.

6.1 Was sich hinter dem SySt-Glaubenspolaritäten-Dreieck verbirgt

Wenn ein Autor etwas schriftlich festhält, dann tut er dies aus seiner Warte, seiner Sichtweise, seinem Standpunkt heraus. Das ist durchaus verständlich und dagegen ist nichts einzuwenden. Jeder Autor von Belletristik muss geradezu diesen Weg gehen, um ein Werk fertigzustellen.

Wenn aber eine Texterin beispielsweise ein bestimmtes Angebot, eine bestimmte Aussage oder ein spezielles Thema an eine Zielgruppe heranbringen will, dann kann sie nicht davon ausgehen, dass die Leser ihre Sichtweise verstehen oder nachvollziehen können oder wollen.

Wenn ein Gebrauchstext mit Inhalten, die verstanden werden sollen und die bei den Lesern verankert werden sollen, geschrieben wird, dann ist es sinnvoll, die eigenen Standpunkte zu hinterfragen und andere Standpunkte oder Zugänge zu den Inhalten zuzulassen – oder (besser noch) anzusprechen und „einzuladen".

Durch das Zulassen und Einladen anderer gedanklicher Zugänge, verändert sich auch beim Autor die Sichtweise auf das „allein Richtige". Der Autor wird sozusagen animiert, sein Thema von unterschiedlichen Perspektiven aus zu betrachten. Wie sieht das Thema aus, wenn man über den Pol des Vertrauens, der Zugewandtheit, der Zuversicht in das Thema einsteigt? Was verändert sich, wenn man stattdessen über den Pol der Ordnung auf das Thema schaut? Die Effekte, die sich aus dieser Vorgehensweise ergeben, sind vielfältig und hochspannend. Nicht nur für die Leserin, sondern auch und gerade für den Autor, der dadurch eine Horizonterweiterung auf das Thema erlebt.

Die SySt-Glaubenspolaritäten-Arbeit (GPA) wie Matthias Varga von Kibéd sie lehrt, spannt also einen Raum auf. Durch die Bezeichnung von drei Polen ergibt sich eine Triade, ein Dreieck, das es erlaubt, Werte syntaktisch zu betrachten.[10] Über die drei Pol-Positionen kann man den Raum der Möglichkeiten betrachten, ohne dass ein Pol eine Sonderstellung einnimmt. Es gibt im GPA-Schema keine Höherrangigkeit eines Pols gegenüber einem anderen. So entsteht (laut Prof. Matthias Varga von Kibéd) eine „Multiperspektivität". Es ist also möglich ein Thema in seinem Kontext von dreierlei Gesichtspunkten aus zu sehen.

Das Dreieck und der sich daraus ergebende Raum, die Triade der Pole, ist Kulturen übergreifend vorhanden. Die Dreiheit ist eine so wesentliche Idee, dass sie sich in vielen Kulturen wiederfindet. Sobald zu einer Themenwelt drei Blickwinkel auftauchen, wird der Raum der Möglichkeiten geöffnet. Deshalb ist die Zahl „Drei" auch in so vielen Kulturen eine „heilige" Zahl. Man denke beispielsweise an die Dreieinigkeit Gottes.

Die Dreiheit lädt ein zu einer permanenten Verschiebung von Sichtweisen. Das kann jeder leicht selbst erleben, wenn man mit zwei Freunden in Urlaub fährt. Es entsteht ein ständiges Abgleichen von Wünschen und Werten, von Ideen und Entscheidungen.

So gründet auch die Yoga-Philosophie auf drei Basis-Yoga-Formen:

- Jnana (Erkenntnis, Einsicht, Unterscheidungsfähigkeit)
- Bhakti (Liebe, Mitgefühl, Sehnen)
- Karma (Handlung, Verantwortung, Pflicht)

Von diesen leiten sich die GPA-Pole ab. Sie spannen einen Raum auf zwischen

- Vertrauen
- Erkenntnis
- Ordnung

---

10 Unter Syntax (altgriechisch für „Ordnung, Reihenfolge") versteht man allgemein ein Regelsystem zwischen unterschiedlichen Punkten, Daten oder Zeichen. Es geht in unserem Zusammenhang also um die reine Struktur von Werten und nicht um deren Interpretation.

6.2 Drei Pole

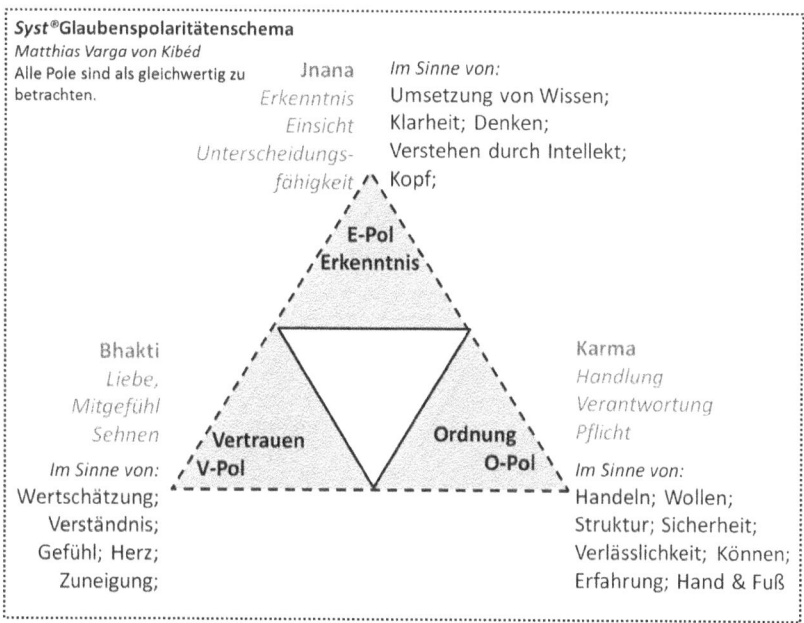

Bild 6.1 Das Glaubenspolaritäten-Dreieck
Quelle: Eigene Darstellung/pr-competence

6.2 Drei Pole: drei unterschiedliche Zugangsbereiche der Zielgruppe

Es ist durchaus möglich, andere Sichtweisen auf das eigene Thema „einzuladen". Nimmt man ein beliebiges Thema (z. B. die Frage nach der Altersvorsorge) und betrachtet es mit Hilfe des GPA-Dreiecks, so erkennt man, dass dieses Thema aus mindestens drei unterschiedlichen Blickwinkeln betrachtet werden kann. (siehe Bild 6.2)

Für jeden Menschen gibt es einen „bevorzugten Zugangspol" zu der Welt oder zu einem Thema. Zwar können viele Menschen die Welt eines Themas durch mehr als eine Tür betreten, doch einer dieser Zugänge wird in aller Regel als der „einfachste" wahrgenommen. Nachdem der Texter nicht wissen kann, über welchen Zugang eine Leserin die Welt des Themas gerne betritt, ist es hilfreich alle drei Pole „abzuwandern" und aus allen Sichtweisen, die speziellen Fragen zu stellen und zu beantworten.

6 Prinzipien des Textzugangs für die Leser

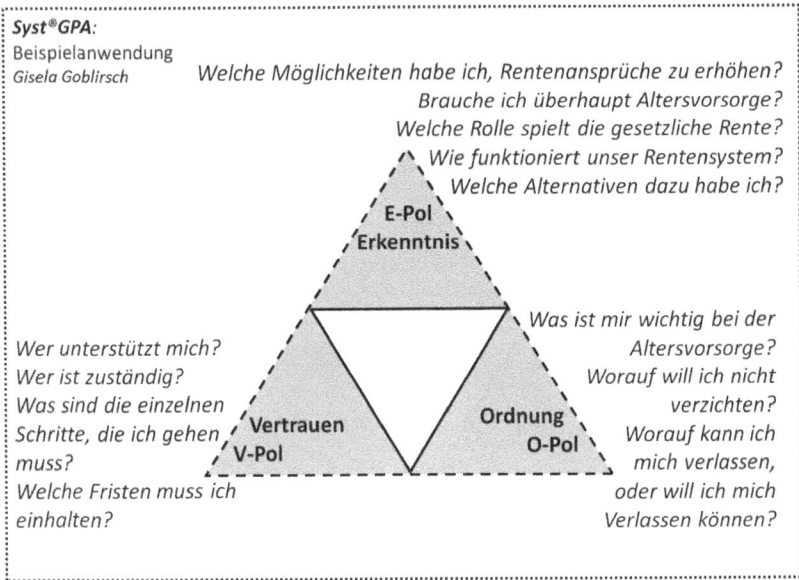

Bild 6.2 Anwendung des GPA-Schemas
Quelle: Eigene Darstellung

Das spielt vor allem dort eine Rolle, wo sich der Leser seinen Zugang selbst wählen kann: Beispielsweise auf Websites, in Flyern oder Broschüren. Auch die Pressearbeit sollte die Multiperspektivität befördern, um den Journalisten einen einfachen Zugang zu dem Thema zu ermöglichen. Auch für Reportagen eignet sich das Schema, um ein wirkliches, von allen Lesern zu verstehendes Gesamtbild eines Themas aufzubauen. (Dazu mehr in den folgenden Kapiteln.)

Die Kanäle der Information sollten so bestückt werden, dass ein User oder eine Leserin selbst darüber entscheiden kann, durch welche der drei Türen sie sich das Thema erschließen wollen. Das ist ganz besonders wichtig, wenn die Information durchaus komplex erscheint, oder ein Thema aufgegriffen wird, das in höchstem Maße von persönlichem Empfinden abhängig ist. Solche Themenfelder findet man im Kunstbereich, in der Politik, im Bereich von Beratung und Coaching (wo Vertrauen und Zutrauen einen hohen Stellenwert hat) aber auch die Zusammenhänge in der Wirtschaft oder der Wissenschaft sind so komplex, dass sich der Zugang über verschiedene GPA-Pole anbietet. Letztlich gibt es für die Nutzung des GPA-Schemas keine wirkliche Einschränkung.

6.3 Die drei Pole des Textzugangs – in einem Textbeispiel

Die folgende Anwendungsdarstellung zeigt, wie man Angebote aus dem Kreativbereich (Kunst) für potentielle Käufer schriftlich aufbereiten kann. Dabei kann es sich in der Durchführung sehr wohl um einen Pressetext handeln, aber auch um einen Text für Websites oder Flyer oder Broschüren. Die Herangehensweise richtet sich direkt nach dem GPA-Schema und öffnet auf diese Weise den Zugang zu etwas Kompliziertem über drei Wege.

Die Idee, die dahinter steckt, ist, dass der Käufer im Kunstmarkt auf unterschiedliche Weise zur Kunst findet. Während der rein emotionale Käufer am Werk selbst das größte Interesse hat, wird der Kunstsammler auf die Hintergründe und das Umfeld des Künstlers schauen. Der Mäzen wiederum ist eher am Menschen hinter dem Kunstwerk interessiert. Alle drei Zielgruppen sollten jedoch einen gleichwertigen Zugang bekommen.

Der O-Pol bezieht sich auf Struktur und Ordnung – in diesem Fall auf das abfragbare Wissen hinter einem Kunstwerk. Die Inhalte, die aus Sicht des O-Pols dargestellt werden können, beziehen sich entsprechend:
- auf das handwerkliche Wissen (wie wird etwas hergestellt),
- auf das Material (welche Materialien werden weshalb verwendet),
- auf die Kunsttheorie oder Historie hinter dem Werk,
- oder wie das Werk in eine Reihe ähnlicher Werke einzugliedern ist.

Wer Struktur und Ordnung als beruhigenden sicheren Rahmen empfindet, der will wissen,
- wo die Künstlerin gelernt hat,
- welche Ausstellungen sie bestückt hat,
- wie der Werdegang war
- wie ihr Werk in die Kunstgeschichte einzubinden ist

All dies sind Informationen, die Ordnung ins künstlerische Chaos bringen.

In den Text übersetzt, könnten die folgenden Textanfänge hilfreich sein. Dabei ist zu beachten, dass sie sowohl aus Sicht der Künstler (z. B. als Zitate) oder aus Sicht des Berichterstatters formuliert werden können.

1. Um die gewünschte Wirkung zu erzielen, muss der Künstler ... (es folgt die Darstellung der handwerklichen Arbeit)
2. Die gewählte Technik ist folgende ...

3. Das Material spielt für die von mir gewünschte Wirkung, folgende Rolle ...
4. Unter Verwendung von A in Verbindung mit B ergibt sich der folgende Effekt ...
5. Die Ausbildung des Künstlers bei XY hat dazu beigetragen, dass er heute ... ausdrücken/herstellen kann.
6. Experimentell zu arbeiten, heißt für mich (es folgen die Arbeitsschritte) ...
7. Der Künstler lässt in seinem Material/Technik zu, dass ... geschieht.

Der V-Pol bietet die Sichtweise der Persönlichkeit und des persönlichen Empfindens, des „Sich-Einlassens" auf etwas Ungewöhnliches, Neues. Das kann sich – je nach Standort des Schreibenden – entweder auf die Berichterstatterin selbst (Zuschauerempfinden) oder aber auch auf den Künstler (Eigenempfinden) beziehen. Über dieses Tor in die Welt der Kunst, bekommt der Leser jedenfalls:
- Persönliche Ansichten
- Innere Überzeugungen
- Zu- oder Abgewandtheiten von etwas Bestimmtem
- Persönliches Empfinden
- Starke persönliche Bindungen
- Innenweltansichten
- Philosophie/Ethik/Grundsätze

Dieser Zugang ist sehr stark personenbezogen. Die Leser nehmen also die Kunst wahr als eine Einheit mit dem Künstler selbst. Der Zugang zum Kunstwerk erschließt sich über den Zugang der damit verbundenen Personen. (Künstler, Schüler des Künstlers, Berichterstatterin, etc.) Insofern wird der Weg zum Kunstwerk sozusagen durch einen Kanal erschlossen.

In den Text übersetzt, könnten die folgenden Textanfänge hilfreich sein. Dabei ist zu beachten, dass sie sowohl aus Sicht der Künstler (z. B. als Zitate) oder aus Sicht des Berichterstatters formuliert werden können.
1. Ich betrachte die Welt/mein Leben und sehe/denke/fühle, dass ...
2. Mein Bemühung um ... gründet sich auf folgende Erlebnisse ...
3. Die Sicherheit, in dem, was ich tue, bekomme ich durch folgende Überlegungen ...
4. Der Grund weshalb ich überhaupt künstlerisch arbeite, liegt in/an ...
5. Die Fragen, die sich durch meine Arbeit ausdrücken, bewegen mich, weil ...

6.3 Die drei Pole des Textzugangs – in einem Textbeispiel

Der E-Pol bietet den Zugang zum Kunstwerk über die Erkenntnis. Der Leserin ist in diesem Fall eher an der Erweiterung ihres Horizonts gelegen. Sobald die Neugier oder der Wissensdurst der Leser eine Verbindung braucht zwischen der eigenen Lebens- und Erkenntniswelt und den zusätzlichen Inputs durch das, was das Kunstwerk liefern kann, ist die Zugang zum Werk über den E-Pol die geeignete Form. Von hier erschließen sich:
- Persönliche Veränderung und Entwicklung
- Interpretationswelten
- Persönliche Bereicherung durch Künstler und Werk
- Zusammenhänge, die man vorher so nicht gesehen hätte
- Ein neues Weltverständnis

Hilfreiche Satzanfänge könnten lauten:
1. Um einen Zugang zu dieser Arbeit zu bekommen, sollte man zurückgreifen auf ... (Philosophie, Vorbilder, Religion, Ethik etc)
2. Verglichen mit ... (berühmtes Vorbild)... steht der Künstler an einer Schwelle zu ...
3. Wenn man sich mit diesem (Material/Technik) beschäftigt, eröffnet sich ...
4. Ein spannender Zugang zu dieser Arbeit zeigt sich, wenn man ... (Vergleichsarbeiten) betrachtet.
5. Es ist überraschend, zu erkennen, dass diese Arbeit sich so grundlegend von ... unterscheidet, weil ...

Im Folgenden soll ein Beispieltext zeigen, wie die Textmodule (beispielsweise für einen Ausstellungstext) zusammengestellt werden können. Das Interessante daran ist, dass die Module, die sich sehr speziell auf die GPA-Pole ausrichten, als unterstützende Ausstellungstafeln dienen, aber auch gleichzeitig als Pressemitteilung versandt werden können, in Kataloge eingebaut oder bei Retrospektiven wiederverwendet werden können. Dabei spielt es keine Rolle in welcher Reihenfolge die Module Verwendung finden. Sie sind ebenso gut als einzelne, geschlossene Texte verwendbar.

Beispiel

Text aus Sicht des O-Pols

Sarah B. stammt aus der Ukraine und lebt seit 20 Jahren in Berlin. Sie gehört dort zu den führenden Künstlerinnen der „New-Nature-Art"-Bewegung.

Die „New-Nature-Art" ist eine Kunstrichtung, die mit Materialmix aus der Natur arbeitet. Jede Veredelungsform der Farbe, des Trägermaterials oder anderer Bestandteile der Werke sind verpönt. So hat sich die Bewegung zurückbesonnen auf das klassische Farbenextrahieren aus organischen und anorganischen Stoffen, die per Hand und mit einfachsten Mitteln von jedem Künstler selbst hergestellt werden.

Sarah B. hat sich auf die Verwendung von Flechtarbeiten mit Naturfasern aus Rinden und Wolle spezialisiert. Ihre Arbeiten bilden Reliefe auf einer Schicht aus Stein und Wurzelwerk. Die Großformatigen Arbeiten – meist im Format 80 x 150 cm – richten sich nicht nur an die Augen, sondern haben auch olfaktorische Aufgaben. Sie geben in die Räume, in denen sie ausgestellt werden, als Duftspeicher den Geruch der Natur ab.

Folgende Auszeichnungen hat Sarah B. bereits erhalten:
- Kunstpreis der Stadt Minsk 1999
- Förderpreis der Biennale 2002
- Nachwuchspreis der Stadt Budapest 2003
- ...

Ihre Ausbildung verlief:
- Studium der Kunst in ...
- Meisterklassen bei ...

Arbeiten in Sammelausstellungen:
- A/B/C

Einzelausstellungen:
- A/B/C

Text aus Sicht des V-Pols
„Vielleicht betrachte ich die Welt völlig weltfremd". Dieser Satz der Künstlerin wird häufig zitiert. Doch wie kam er zustande? „Wenn ich die Welt als eine Einheit betrachte, in der Zeit in der wir heute leben, dann will ich sie nicht durch die Augen des heutigen Menschen sehen", sagt Sarah B. Die Menschen sind ihr heute zu sehr in einer Konsumhaltung verhaftet. „Man meint Dinge zu benötigen, von denen sich jemand ausgedacht hat, dass damit ein Geschäft zu machen ist", so B. 99 Prozent dessen, was angeblich ein „must have" ist, braucht wirklich niemand, meint die Künstlerin. „Was wir wirklich brauchen, ist eine intakte Natur. Aus ihr lässt sich alles herstellen, was zum Leben nötig ist. Doch mit dieser Sicht bin ich eher weltfremd." Die Natur ist Sarahs Antrieb und gleichzeitig das Material aus dem ihre Werke bestehen. „Und wenn sie verrotten, dann sind sie wieder Natur. Es ist ein Kreislauf. Das will ich zeigen."

Text aus Sicht des E-Pols
Sie wollte etwas zur Diskussion über diese Ressourcenverschwendung beitragen, meint die Künstlerin, doch die Gabe des Redens sei ihr eher nicht gegeben. „Also

habe ich zu dem gegriffen, was ich leisten kann: Ich stelle mit aller einfachsten handwerklichen Mitteln Gegenstände her, die die Menschen zum Denken bewegen sollen. Wer vor einem meiner Werke tief einatmet, saugt automatisch ein, was Natur bietet. Es ist nicht viel – aber ein Diskussionsbeitrag."

Damit steht die Künstlerin in einer langen Tradition von Künstlern. Die Verbindung von Mensch und Natur haben Unmengen von Künstlern beschrieben. Aus unterschiedlichsten Blickwinkeln und mit unterschiedlichsten Kunstgriffen. Vor rund 500 Jahren war es Giuseppe Archimboldo, der Gesichter aus Früchten und Gemüse zusammensetzte – allerdings nur auf Leinwand und mit Hilfe von Pinsel und Farbe ...

Wie gesagt bildet das SySt-GPA lediglich Zugangskanäle, Tore in eine Themenwelt ab. Man kann diese Tore entweder „pur" als Module hintereinander hängen, man kann sie aber auch mit anderen Textsystemen verbinden. Und gezielt Informationen und Aussagen aus allen drei Polen beispielsweise in das Schneckensystem einbauen. Der Zugang über die GPA-Pole kann auch als Metastruktur verwendet werden, beispielsweise beim Aufbau von Flyern oder Websites. Jedenfalls eröffnet das GPA-Schema den Raum, um möglichst viele Leserinnen und Leser einzuladen, den Text zu erkunden und sich eine eigene Sichtweise dadurch aufzubauen.

Überzeugende Flyertexte – aufgebaut nach den drei Polen 7

Zusammenfassung

Konzeptionelle Überlegungen sind für die Flyerumsetzung unbedingt nötig. Sie erfahren in diesem Kapitel, welche Hilfestellungen durch das SySt-GPA-Schema gegeben sind und lernen das EFF-Trapez kennen, das sich mit Charakteristika der Flyergestaltung beschäftigt.

Schlüsselwörter

Werbung · Call-to-action · Appell · konversionsorientiertes Schreiben · GPA-Schema · Eff-Trapez · Flyergestaltung · Bezugsareale · Fun-Areal · Facts-Areal · Ego-Areal · Meta-Schablone · Mikrobereich

Ob ein Flyer, ein Faltblatt oder eine kleine Broschüre funktioniert oder nicht, hängt von der Einheit zwischen Faltung, Farben, Bilderwelt und Text ab. Es gibt einige gute Fachbücher zum Thema Flyergestaltung. Im vorliegenden Buch geht es mir jedoch um das Konzipieren und Texten. Dabei sind ein paar Überlegungen nötig, um sinnvolle und zielführende Flyertexte schreiben zu können.

Rund sechs Milliarden Euro werden jährlich alleine in Deutschland für den Druck von Flyern ausgegeben. Unklar ist, ob damit das Gesamtprodukt oder nur der Druck gemeint ist. Tatsache bleibt: Es ist viel Geld für Fliegende Blätter! Ein Großteil dieser Summe wird vermutlich nicht für den Druck, sondern für das Konzept und das Layout ausgegeben werden. Zu Recht, denn ohne ein gutes Konzept kann auch der beste Texter, Layouter oder Printdesigner nicht viel ausrichten.

Das Konzept wiederum muss diversen Ansprüchen genügen. Dazu sollte man sich überlegen, dass es Verbindungen gibt, zwischen Anbieter, Angebot und Flyer. Das Werbeprodukt muss korrelieren[11] sowohl mit dem Thema, das damit beworben wird, als auch mit der Zielgruppe, die darauf angesprochen werden soll. Und natürlich sollte der Flyer auch die Handschrift des Werbenden tragen, damit das Angebot zweifelsfrei mit dem Anbieter in Verbindung gebracht werden kann. Welche Teilbereiche hier eine Rolle spielen, soll die folgende Grafik verdeutlichen.

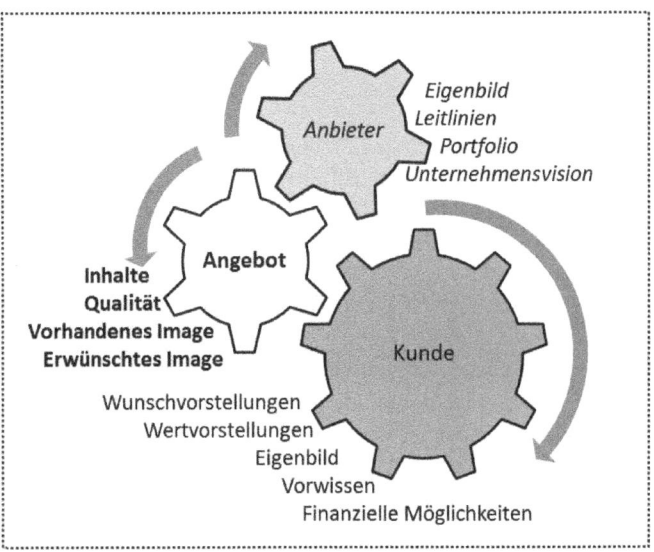

Bild 7.1 Zusammenhang zwischen Anbieter, Angebot und Kunde
Quelle: Eigene Darstellung/pr-competence

---

11 Eine Korrelation (correlatio für „Wechselbeziehung") beschreibt eine Beziehung zwischen zwei oder mehreren Merkmalen, Ereignissen, Zuständen oder Funktionen. Zwischen Merkmalen, Ereignissen oder Zuständen braucht keine kausale Beziehung zu bestehen: manche Elemente eines Systems beeinflussen sich gegenseitig nicht; oder es besteht eine stochastische (= vom Zufall beeinflusste) Beziehung zwischen ihnen. Eine Korrelation beschreibt keine Ursache-Wirkungs-Beziehung in die eine und/oder andere Richtung, d. h. aus einem starken Zusammenhang folgt nicht, dass es auch eine eindeutige Ursache-Wirkungs-Beziehung gibt. In der Presse werden Korrelationen oft in einer Weise berichtet, die eine direkte Kausalität suggeriert, obwohl eine Gemengelage direkter und indirekter Zusammenhänge besteht. [[Quelle: https://de.wikipedia.org/wiki/Korrelation]]

Ein guter Flyer schafft es, die Charakteristika von Angebot, Anbieter und Kunden zu verschmelzen. Doch das ist anspruchsvoll. Denn von der Papierqualität über das Farbschema, über den Charakter des Angebots und die dahintersteckende Idee der Faltung bis hin zur Wahl des Gesamtformats (abhängig von der Art des Vertriebs) und der Eingängigkeit der Texte sollte alles mit allen in der Grafik beschriebenen Kriterien übereinstimmen – oder ihnen zumindest nicht explizit widersprechen. Ein Hochglanz-DIN-A-4-Flyer im Wickelfalz zur Bewerbung der Attraktionen in einem Vergnügungspark ist ebenso wenig zielführend wie ein scheckkartengroßer Leporello aus Recyclingpapier, um eine klassische Konzertreihe in einem Barockschloss zu bewerben. Ein DIN-A-lang-Wickelfalz-Flyer ist nicht das richtige Produkt, um eine Tagung von innovativen Querdenkern oder Game-Entwicklern zu bewerben. Mit anderen Worten: Der Charakter des Printprodukts muss dem entsprechen, was Anbieter, Kunde und Angebot verbindet.

Selbstverständlich spielt die Bilderwelt in einem Faltblatt eine große Rolle, denn Bilder sagen in kürzerer Zeit mehr aus über ein Thema, als Worte es vermögen. Bilder sind Augenblicke der Gesamtwahrnehmung, Worte dagegen spannen langsam ein eigenes Feld des Bewusstwerdens auf. Bilder schaffen es, eine Aussage zu verkürzen und gleichzeitig komplexer werden zu lassen. Das macht die Magie der Bilder aus. Und deshalb sollten bei einem Flyer Profis die Bilderwelt entwickeln und konzeptionieren. Denn über die Bilder kann man Emotionen steuern – vor allem dann, wenn sie zielgerichtet exemplarisch für eine Hauptaussage des Flyers stehen.

7.1 Unterschiedliches Publikum für den Inhalt empfänglich machen

Jenseits aller Abgrenzung und Korrelationen zwischen den oben beschriebenen Merkmalen gilt für den Text die Idee der „wertungsfreien Zugänge" zum Thema an sich. „Wertungsfrei" bedeutet, dass die Sicht des Senders eines Angebots nicht zwangsläufig die Sicht der Kunden auf dieses Angebot spiegeln muss.

Und obwohl die Anbieterin möglicherweise ihre Sicht der Dinge im Flyer lesen möchte, kann genau diese „allein richtige" Sicht auf das Thema oder das Produkt der Grund sein, weshalb nur 30 Prozent der möglichen Kunden darauf zugreifen. Das sind diejenigen, welche die Welt des Themas aus dem gleichen GPA-Pol betrachten, wie die Anbieterin. 60 Prozent der möglichen Kunden sind eventuell nicht gewillt den Text zu lesen, weil sie den ihnen gemäßen Zugang nicht finden.

Man kann es gar nicht oft genug sagen: „Das einzig Richtige" gibt es nicht. Es gibt lediglich einen Zugang zum Thema, welcher der angesprochenen Zielperson als „in ihren Kontext passend" erscheint. Es wäre dementsprechend sinnvoll, die Hemmschwellen in das Thema hinein möglichst gering zu halten und Zugänge anzubieten, die möglichst viele potentielle Kunden einladen zu lesen und sich mit dem Thema zu beschäftigen. Der Texter sollte also die Aufgabe übernehmen, aus seinem Auftraggeber mit Hilfe sinnvoller Fragen, sehr detailreich alle Aussagen zum Thema oder Angebot des Flyers herauszuholen. Ausgehend von den drei GPA-Polen zielen die Fragen des Textprofis auf die ordnende Struktur im Thema, auf die Bereiche des Themas, die geeignet sind, um Vertrauen dazu zu fassen oder auf die Bereiche des Themas die der persönlichen Weiterentwicklung des Kunden dienlich sind.[12]

Für eine solche Darstellung des Themas ist es tatsächlich unerheblich, wie die mögliche Kundin aussieht und welches Vorwissen, welches Eigenbild und welche Wertvorstellungen sie hat. Auch die finanziellen Möglichkeiten spielen dafür keine Rolle. Weder das Alter noch die soziale Stellung. All das spielt keine entscheidende Rolle für den Text – wenn er mit Hilfe des GPA-Schemas aufgebaut wird.

Die wesentliche Rolle bei einem GPA-Textschema spielt dagegen die Leserlichkeit[13] also der optische Aufbau der Texte innerhalb des Flyers. Hier bestehen Unterschiede – je nachdem von welchem Blickwinkel aus sie geschrieben wurden.

Sehr oft finden sich in einem Flyer Unmengen von Aufzählungszeichen, Punkte, Striche, Pfeile – Aufzählungen aller Art. Eine solche Optik ist einem Missverständnis zu verdanken. Dahinter steckt oft die irrige Annahme, ein Faltblatt sei „nur" eine Art Überblick über ein Thema. Ganz viel müsse da aufgelistet sein, verbunden mit möglichst wenig Text (denn die Leser hätten ja keine Zeit). Ein verhängnisvoller Fehler! Wer keine Zeit hat, liest gar nicht.

Wer zu einem Flyer greift, den interessiert das Thema. Hat also das Produkt bereits die Hürde des Wahrnehmens überwunden (Größe, Farbe, Alleinstellungsmerkmale zwischen tausend anderen Flyern) und erscheint er dem potenziellen Kunden so attraktiv, dass das Thema überhaupt realisiert wird, dann erst greifen die Mittel des Textens!

---

12 In diesem Sinne beweist das SySt-Glaubenspolaritätenschema (GPA) dass es als „Metaformat" (lt. Insa Sparrer in: Systemische Strukturaufstellungen, Carl-Auer-Verlag) nutzbar ist und sich dafür eignet, einem Thema in einer Weise zu nähern, die keinen Nutzer ausschließt.

13 vgl. Hamburger Verständlichkeitskonzept (Bild 1.1)

7.1 Unterschiedliches Publikum für den Inhalt empfänglich machen

Erst dann, wenn der Kunde den Flyer bereits in der Hand hält, wirkt das, was in diesem Kapitel eine Rolle spielt. Und selbst da (meine journalistische Seele protestiert bei dieser Aussage) gilt die alte Faustregel: Layout vor Inhalt! Erst entscheidet das Auge, dann erst das Gehirn.

Das führt dazu, dass die Inhalte, die den GPA-Polen zugeordnet sind, entsprechend „verpackt" werden müssen, damit die Leserin schon alleine über die Optik des Textes den ihr gemäßen Zugang finden kann.

Der Inhalt, der sich aus der Sicht des O-Pols darbietet, muss deutlich strukturierter (ordentlicher, prägnanter) aussehen als der Rest des Textes. Die Klarheit der Aussage muss sofort gegeben sein. Die Fülle des Inhalts sollte sofort überblickt werden können. Folglich braucht diese Sichtweise des Ordnungs-Pols Aufzählungszeichen, Ikons, vielleicht sogar die Darstellung des Inhalts als Grafik oder Mindmap, um Zusammenhänge auf einen Blick erfassen zu können.

Jener Teil des Inhalts, der sich auf den **Zugang über den V-Pol** bezieht, braucht eine weiche, geschmeidige, „langsamere" optische Form. Ein guter längerer Fließtext, einladend unterteilt, unterstützt diese Sichtweise.

Und sobald ein Kunde vom **Pol der Erkenntnis** den Zugang zum Thema sucht, braucht er auch optisch die Darbietung von Erkenntnis und Verarbeitung des Themas. In der Regel zeigen sich die Erkenntnisse in Kernsätzen, guten Überschriften, kernigen Zusammenfassungen und einer durchdachten Grafik zur Bebilderung. Optisch muss völlig klar sein, was an diesem Text Kernaussagen sind und was als Hintergrundinformation verstanden werden soll. Das zeigt sich in Kästen und Einrückungen.

▶ In einem Faltblatt kann alleine schon die Art, wie der Text optisch strukturiert ist, die unterschiedlichen Zugänge durch die GPA-Pole darstellen. Das folgende Bild fasst die unterschiedlichen optischen Strukturen zusammen.

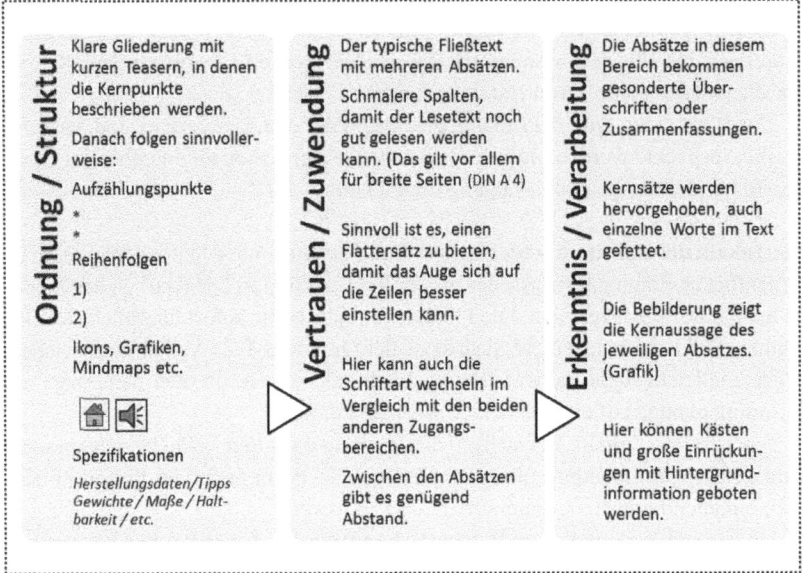

Bild 7.2 Flyer - Inhalt und Struktur
Quelle: Eigene Darstellung/pr-competence

7.2 Die Charakterschwerpunkte: Ego – Fun – Facts

Haben Sie auch schon einmal einen Flyer in der Hand gehabt und wollten sich zu einem Yogakurs anmelden? Einfach nur mal so. Weil Sie nicht genau wussten, was Yoga ist und Sie in das Thema hineinschnuppern wollten, Erfahrungen sammeln und einfach ein bisschen körperliche Entspannung erleben wollten? Und dann finden Sie einen in Rosa und Grün gehaltenen Flyer (Wickelfalz) aus Hochglanzpapier und eine Ausschreibung, die lautet:

Dieser Kurs führt Sie mit Ihrem inneren Erleben zusammen.

Die ganze Wahrnehmungsvielfalt des eigenen Körpers erleben, mit Hilfe tiefer sinnlicher Erfahrung durch Körperübungen und Körperwahrnehmungsübungen. Gemeinsam verbessern wir die Flexibilität ihres Körpers sowie seine Geschmeidigkeit. Sanfte Bewegungen vertiefen die Selbstwahrnehmung. Sie lernen, Ihren inneren Bewegungstendenzen zu folgen, so wie es Ihrer Natur entspricht. Einige Übungen führen wir alleine, andere mit einem Partner durch.

7.2 Die Charakterschwerpunkte: Ego – Fun – Facts

Daneben mehrere Bilder einer jungen Frau mit extrem biegsamem Körper in geradezu verstörenden Verrenkungen vor wallenden Tüchern.
Mal ehrlich. Würden Sie diesen Kurs besuchen, wenn Sie keine Ahnung haben von Yoga, über 50 Jahre alt sind und deutliches Übergewicht mit sich tragen? Ich nicht! Das klingt einfach zu intim, zu „schräg" – besonders die Sequenz mit den Partnerübungen. Der Effekt daraus: Dieser Kurs hat eine potentielle Kundin verloren, weil zu viele Irritationen entstehen und ich eher an einem Kurs „Wie kann ich das Wissen und die Übungen in meinen Alltag integrieren und was kann ich daraus machen" interessiert gewesen wäre.
Also stellt sich die Frage: Wie hätte man/frau mich denn ködern können?

Vor über 20 Jahren, als mir der Zugang über das GPA-Schema noch fremd war, unterrichtete ich bereits „Flyer-Konzept". Damals richtete ich das Augenmerk zunächst weniger auf den Text, als vielmehr auf den Grundcharakter eines Printproduktes.
Ausgehend von dem Wissen, dass Kunden nie aus rein intellektuellen Überlegungen eine Kaufentscheidung treffen (was für die Werbung keineswegs eine neue Erkenntnis darstellt), hatte ich die Idee, das Gesamtprodukt „Flyer" müsse einen klaren Charakter haben, um an die emotionalen Bedürfnisse der Zielgruppe andocken zu können. Dabei spielen das Thema und der Inhalt des Faltblatts zunächst eine untergeordnete Rolle.

Insgesamt gesehen bietet sich auch bei dieser Überlegung der Zugang über drei unterschiedliche Wesenszüge und Empfindungsbereiche an. Das *EFF-Trapez* zeigt exemplarisch die drei wesentlichen Bezugsareale[14] zu einem Thema und deren Verbindungsmöglichkeiten zueinander:

---

14 Unter Bezugsareal verstehe ich das Feld, aus dem heraus eine Person Bezüge zu ihrer Umwelt herstellt. Ein neugieriger, offener Mensch, wird an alle Bereiche des Lebens offen und neugierig herangehen, so wie ein vorsichtiger Mensch bei allem Vorsicht walten lassen wird. Das hat – im Gegensatz zu dem GPA-Schema – nichts mit Glaubenssätzen oder anerzogenen Prozessen zu tun. Es spiegelt lediglich die Art und Weise der innersten Charakterzüge wider.

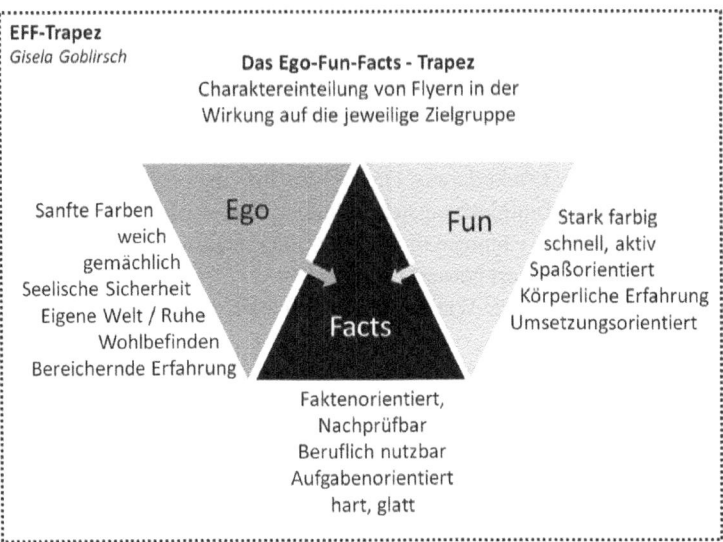

Bild 7.3 Flyer – Das EFF-Trapez
Quelle: Eigene Darstellung, 1995

Zu jedem Thema, egal wie es lautet, gibt es zwangsläufig Daten und Fakten, an denen die Leser eines Flyers interessiert sind. Im EFF-Trapez bilden diese *Fakten* das Kernstück des Flyers. Ein Faltblatt ohne Fakten ist kein Flyer, sondern eine Zumutung. Wie umfangreich diese Daten sein müssen, liegt am Thema, das durch den Flyer verständlich werden soll.

Nun gibt es zwei weitere Bezugsareale, die jeweils mit den Fakten kombinierbar sind: Das Fun-Areal und das Ego-Areal. Das *Fun-Areal* bildet den Bezug jener Menschen zum Thema ab, die mit Neugier, mit Spaß und der Erwartung von Aktivität an das Thema herangehen. Für sie sind Bewegung und Beweglichkeit des Flyers, spielerische Faltungen, ein handliches Format mit starken Farben attraktiv.

Diejenigen, die einen Flyer vom *Ego-Areal* aus betrachten, reagieren auf ruhigere, sanfte Farben, haptisch angenehmes, weiches und strukturiert wirkendes Papier und auf größere Formate. Das Spielerische der Faltung ist eher zweitrangig. Allerdings sollte die Faltung edel wirken (beispielsweise in Ausführung als Altarfalz oder edler Leporello).

Die Beschreibungen der Fun- und Ego-Areale zeigt, dass es vermutlich nicht zielführend ist, die beiden Grundcharaktere in einem Flyer mischen zu wollen.

7.2 Die Charakterschwerpunkte: Ego – Fun – Facts

Um der Frage zuvorzukommen: Ja. Es ist möglich ein Faltblatt alleine über das Facts-Areal zu bedienen. Bei der Aufbauanleitung zu einem Wandregal mag das auch zielführend sein. Wenn man jedoch möchte, dass die Kundin zu Anbieter und Angebot Vertrauen aufbaut und somit eine Anbieter-Kundenbeziehung entsteht, ist die reine Faktenebene nicht geeignet. Zum Vergleich das wunderbare Zitat von Loriot: „Ein Leben ohne Mops ist möglich, aber sinnlos."[15]

Natürlich ist es ein Unterschied, ob ein Flyer zur Bewerbung eines Spaßbades dient oder ob er ein Kursangebot oder eine Druckerpresse bewirbt. Doch es ergeben sich in außerordentlich vielen Themen völlig neue gedankliche Ansätze, wenn man sich überlegt, wie man das gleiche Angebot anders formulieren könnte, um eine neue Zielgruppe oder ein deutlich anderes Klientel dafür zu begeistern. Hier zwei Beispiele des gleichen Yogakurses[16], formuliert einmal für Kundinnen aus dem Ego-Areal und ein andermal für Kunden aus dem Fun-Areal.

Beispiel

Beispiel „Ego-Areal"
Dieser Kurs bietet „Vielseitigkeit ohne zu überfordern".
Für diejenigen, die sich mühelos bewegen wollen, die die gesamte Wahrnehmungsvielfalt ihres Körpers erleben wollen, bietet der Kurs ein breites Spektrum an Körperübungen und Körperwahrnehmungsübungen. Aus den unterschiedlichsten Schulen der Körperbeherrschung und Körperwahrnehmung habe ich für Sie Übungssequenzen zusammengestellt, die die gesamte strukturelle Stabilität des Körpers unterstützen. Die Übungen schulen das Gleichgewicht, die Flexibilität des Körpers und verbessern die Haltung. Sanfte Bewegungen aus dem Tái Chi Gong vertiefen die Selbstwahrnehmung. Sie lernen, Ihren inneren Bewegungstendenzen zu folgen, so wie es Ihrer Natur entspricht.

---

15 Ich überlasse es dem geneigten Leser, der geneigten Leserin, den Zusammenhang mit der Kernaussage des Abschnitts selbst zu finden.
16 Einige Bestandteile dieses Textes stammen von einer Kursausschreibung der vhs Haar. Ich habe mir erlaubt den Text für die Beispielanwendung umzuschreiben. Er entspricht inhaltlich nicht mehr dem Ursprungstext. Sollten fachliche Fehler dabei entstanden sein, bitte ich um Nachsicht.

Inhalte:
- X
- X
- X

Beispiel „Fun-Areal"
Überforderung ist out – Vielseitigkeit ist angesagt
Der Körper ist ein Wahrnehmungskünstler. **Bauchgefühl entsteht nicht nur im Bauch, sondern in jeder Faser des Körpers.** Für alle die das Präzisionsinstrument „Körper" schärfen wollen, habe ich ein breites Spektrum an Körperwahrnehmungsübungen zusammengestellt. **Aus unterschiedlichsten asiatischen und indischen Yogaschulen entstand ein komplexes Ganzkörperprogramm.**
Die Effekte:
Stabilität für die Körperstruktur
Training des Gleichgewichtssinns
Entwicklung der Körperelastizität
Eine Vertiefung der Körperwahrnehmung wird angeregt und man entwickelt eine sehr viel klarere Körperhaltung, die sich aus Bewusstsein speist. Mühelose Eleganz ist die Folge der systematischen Asana-Praxis. Wecken Sie den Panther in sich.
Inhalte:......
Quelle: Eigene Darstellung/Rohinhalte: vhs Haar

In dieses Beispiel eingebunden sind bereits zielgruppenspezifische Satzlängen, optische Struktur sowie eine entsprechende Wortwahl. Zur Ansprache der Fun-orientierten Klientel eignen sich kürzere Sätze besser als längere. Deshalb sind in diesem Beispiel die Eingangs- und Abschluss-Sätze deutlich kurz gehalten. Die Überschrift ist schlagwortartig angelegt. Außerdem wurden im FUN-Text gezielt die wesentlichen Aussagen gefettet hervorgehoben. Sie ermöglichen es, den Inhalt der Ausschreibung zu verstehen, ohne den ganzen Text lesen zu müssen. Was die Wortwahl angeht, so enthält der Fun-Text mehr technische Begriffe, die insgesamt härter wirken, als die sensiblere Variante des Ego-Textes.[17]

Wenn man das EFF-Trapez als Dreieck darstellt und es dem GPA-Schema zuordnet, ergeben sich erstaunliche Überschneidungen. Sie legen nahe, dass die Eingangstüren in die Welt eines Themas tatsächlich aus vielen Blickwinkeln ähnlich zugänglich sind.

---

17 Beispielsweise: Faser, Präzisionsinstrument, Ganzkörperprogramm, Eleganz

Der große Unterschied zwischen beiden Schemata liegt in der Tatsache, dass das GPA-Schema eine Welt in der Komplexität aller Blickwinkel darzustellen im Stande ist, denn es richtet sich auf den Text (Inhalt der Aussagen) aus.

Das EFF-Trapez dagegen richtet sich auf den ersten Eindruck eines Flyers aus, weshalb hier eine Verbindung zwischen Fun-Areal und Ego-Areal praktisch nicht möglich ist. Hier spielen Farben, Formen, Faltung etc. die entscheidende Rolle. Verfolgt man allerdings das Ziel, das Thema „Yoga" den unterschiedlichsten Zielgruppen nahezubringen, so kann man auch innerhalb eines Fun-Flyers (oder eines Ego-Flyers) Textsequenzen aus allen drei Bereichen des GPA-Schemas verwenden.

Bild 7.4   Flyer - GPA plus EFF-Trapez
Quelle: Eigene Darstellung/pr-competence

7.3 Wie Konzept und Text zusammenhängen

Grundsätzlich eignen sich für die Einladung möglichst vieler Leserinnen zu einem Thema zwei generelle Textvarianten bezüglich eines Faltblatts oder einer (kleinen) Broschüre: Entweder ist die Gesamtkonzeption auf die GPA-Pole (oder die EFF-Areale) ausgerichtet, es gibt also ganze Seiten/Kapitel, die aus dem Blickwinkel eines der drei GPA-Pole (oder Eff-Areale) geschrieben sind. Oder aber die einzelnen Kapitel sind nach fachlichen Gesichtspunkten ausgerichtet und innerhalb der Kapitel oder Seiten werden die drei Ansprachemuster verwendet.

Das SySt-GPA-Format als „Meta-Schablone" ist die erste Variante. Es handelt es sich dabei um die Nutzung des GPA-Schemas über das gesamte Printprodukt. Ein Thema wird also in einem Flyer dargestellt und die einzelnen Seiten des Faltblattes sind nach den Blickwinkeln der GPA-Struktur aufgebaut. Da es unendlich viele Faltungen von Flyern gibt kann ich an dieser Stelle nur an einem Beispiel erklären, warum welcher GPA-Pol auf der jeweiligen Flyerseite Sinn macht.

Beispiel

Der Wickelfalzflyer ist sicherlich das am meisten genutzte Faltblatt. Er ist leicht herzustellen, jeder Printshop bietet ihn an und er ist einfach in der Anwendung. Hier zeigt sich, wie einfach das GPA-Schema als Meta-Schablone genutzt werden kann:

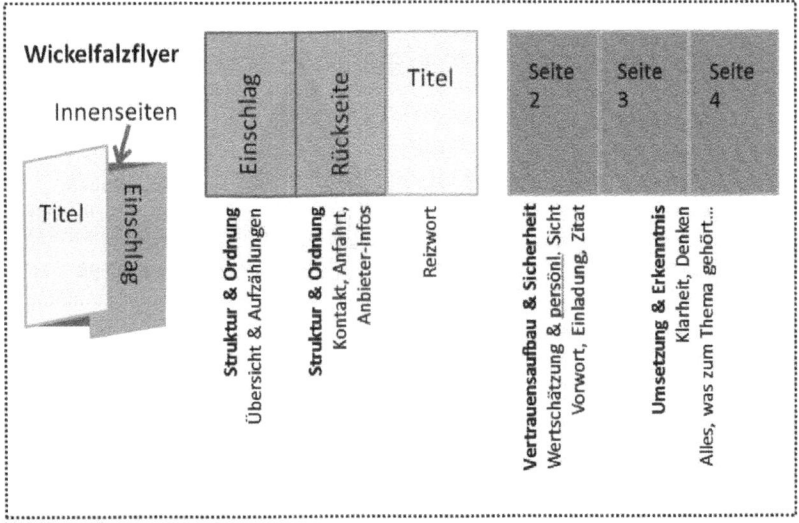

Bild 7.5 Flyer - Beispiel Wickelfalz
Quelle: Eigene Darstellung/pr-competence 2016

Design und Farbigkeit bestimmen das Bezugsareal über das die Zielpersonen zu diesem Flyer greifen sollen. Davon abgesehen braucht die Titelseite nur ein markantes Reizwort, das den Inhalt des Faltblatts zweifelsfrei darlegt. Die Flyer liegen ja perfekt gefaltet aus. Das heißt, der Kunde hat nur die Möglichkeit den ersten Blick über die Titelseite oder auch nur die Rückseite schweifen zu lassen. Sind diese beiden Seiten nicht attraktiv genug, bleibt der Flyer liegen. Sehr oft liegen Flyer mit der Rückseite nach oben auf einer Art „Wühltisch der Flyerlandschaft". Wer also die Rückseite damit vergeudet lediglich seine Kontaktadresse und das Logo dort zu platzieren, hat im Grund bereits 50 Prozent der Chancen verspielt, die der Flyer gehabt hätte. Auf die Rückseite gehört ebenfalls Klarheit und Inhalt!

Die Normalbürgerin nimmt den Flyer in die Hand, wenn ihr das Thema und die Aufmachung attraktiv erscheinen. Der nächste Arbeitsschritt: Sie dreht das Produkt um und betrachtet die Rückseite. Erst danach wird das Faltblatt geöffnet. Die Denkschritte dabei sind folgende:
1. Oh. Schön.
2. Interessant
3. Aha, das also steckt dahinter

Bisher hat die potenzielle Kundin aber noch keinen Grund eine Entscheidung zu treffen. Sie schlägt also den Flyer auf und sieht gleichzeitig die linke Innenseite (2) sowie die Einschlagseite. Jetzt sollte eine Verbindung aufgebaut werden. Und nachdem Verbindungen – wie mehrfach erwähnt – leichter zu Menschen als zu Angeboten aufgebaut werden, sollte sich eine Person, mit ihrer Ansicht, ihren Aussagen und ihrem Gesicht auf der Seite 2 zeigen.

Gleichzeitig sollte aber ein Überblick über das Thema gegeben werden, denn nur wenn man sich auskennt, will man weiter ins Thema eintauchen. Die Einschlagseite gehört also typischerweise zum O-Pol des GPA. Bleibt die Einschlagseite kryptisch in der Aussage oder bietet sie zu viel Lesestoff, werden Kunden eher abgeschreckt als angezogen.

Erst jetzt wird das Blatt ganz geöffnet und es bietet auf den Seiten 3 und 4 Klarheit, Umsetzungsmöglichkeiten und Erkenntnisse zum Thema, flankiert von dem Vertrauenstext auf der linken Außenseite (Seite 2). Dies wäre eine idealtypische Umsetzung des GPA-Schemas in einen Flyer.

Die Nutzung des GPA-Schemas im Mikrobereich ist die andere Variante. Dabei findet sich das GPA-Schema komplett auf allen Seiten wieder. Sinnvoll ist die Mikro-Variante eigentlich nur dann, wenn die Seiten des Printprodukts wirklich großformatig sind und die Texte darauf einen gewissen Umfang besitzen. Wird beispielsweise in einem DIN A 4-großen Hausprospekt für „Betreutes Wohnen" eine Doppelseite konzipiert, so kann es zielführend sein, auf der Doppelseite alle drei Blickwinkel der GPA-Pole darzustellen. Der Teilaspekt „Ärztliche Versorgung im Heim" kann durchaus über die drei GPA-Pole erschlossen werden, so dass jeder Leser einen leichten Zugang zu diesem Teilaspekt findet.

▶ Als Faustregel könnte gelten: Handelt es sich bei dem Flyer oder der Broschüre über ein großformatiges Produkt mit mehreren Seiten, die jeweils ein besonderes Kapitel eines Themas darstellen, so kann es sinnvoll seine, jede Doppelseite mit Text auszustatten, der die Blickwinkel der GPA-Pole widerspiegelt.

Ist das Gesamtprodukt aber eher in Richtung Faltblatt (ohne Heftungen) ausgerichtet, so kann das Produkt ohnehin nur wenig Text aufnehmen. Dann ist es besser, das GPA-Schema als Meta-Schablone über den ganzen Flyer zu legen und ganze Flyerseiten einheitlich nach einem der GPA-Pole zu betexten.

Websites strukturieren und texten mit GPA 8

> **Zusammenfassung**
>
> Auf Webseiten müssen sich Nutzer schnell orientieren können: Ist das die Information, die ich suche? Wurde diese Webseite für mich geschrieben oder für jemand mit mehr/weniger Vorwissen? Die drei Pole helfen bei dieser Orientierung.

> **Schlüsselwörter**
>
> Website · Navigation · Schreiben fürs Web · Scannen · Skimmen

„Wer nach allen Seiten offen ist, kann nicht ganz dicht sein"[18]. Warum fällt mir dieser Spruch immer dann ein, wenn es um die Gestaltung von Websites geht? Vermutlich weil es zum Wesen der Website gehört, nicht abgeschlossen zu sein. Von überall her zugänglich, ohne feste Lesestruktur. „Dr. Google" wirft die Suchenden mitten in den Text, auf irgendeine Page der Website – meist nicht auf die Homepage, sondern auf eine Unterseite.

Zum Glück sind Web-Nutzer/innen deutlich robuster im Herangehen an ein Thema, als es Print-Leser/innen sind. Vielleicht aber führt genau dieses „mitten in den Text stolpern" vor allem dazu, dass viele Zusammenhänge nicht mehr wahrgenommen werden und sich dadurch falsche Bilder im Kopf festsetzen. Wie kann man Texte so gestalten, dass alle Suchende genau den Zugang dazu gewinnen, der für sie passt?

---

18 Angeblich ein Zitat von Tucholski, was jedoch bisher nicht nachgewiesen wurde. Immerhin: Es klingt gut!

▶ Informationen innerhalb einer Website haben klare Zusammenhänge. Doch ist unvorhersehbar, auf welchen Wegen die Nutzer zu der für sie relevanten Information gelangen. Gemeint ist: man kann nicht davon ausgehen, dass Nutzerinnen über die Homepage (Startseite) der Website den Suchprozess starten.
Die fehlende Linearität des Mediums sollte also durch eine gut durchdachte Struktur und entsprechende Texte aufgefangen werden, denn Webnutzer sind keine „Leser" im herkömmlichen Sinn.

8.1 Texte in der Mikro- und Makrostruktur aufeinander abstimmen

Scanner, Skimmer, Leser – die Webkultur ist vielfältig[19] und die Anforderungen an Struktur und Text steigen. Auf den Websites des Netzes fischen unterschiedlichste Nutzer. Drei Typologien von Informationssuchern konnten bisher eingegrenzt werden: scannende, skimmende und lesende Nutzer. Dabei wandelt sich die Person während des Leseprozesses. Aus dem Scanner wird der Skimmer und im besten Fall der Leser. Den „Leser" muss man sich also verdienen, indem man ihn möglichst schon als Scanner an den Beitrag fesselt.

Gehen wir davon aus, dass eine Nutzerin über die Stichwortsuche im Netz zur Website gelangt. Egal wo sie innerhalb der Website landet: Sie wird zunächst scannen. Also versuchen herauszufischen, um was es geht und ob das, was sie findet, mit dem übereinstimmt, was sie sucht.

Das Scannen dient der Orientierung. Hat der Text das Scannen positiv überstanden, sucht der Nutzer in aller Regel nach den Kernaussagen innerhalb des Textes: Er skimmt. Er möchte also die relevante Information schnell im Zusammenhang erfassen können. Ist auch das gelungen, sucht der Nutzer in der Tiefe des Textes weiter. Jetzt geht es um die Hintergründe eines Themas und dafür folgt er den Links, die mehr Information, spezifischer und detailgenauer bieten.

---

19 *Weiterführende Literatur*: Cognitive Strategy Research: Educational Applications. Springer Science & Business Media, 2012; Handbook of Intelligence: Evolutionary Theory, Historical Perspective, and Current Concepts. Springer, 2014; Content Area Reading: A Heuristic Approach. LiteracyLeaders, 1990; Förderung des Textverstehens. Prüfung der differentiellen Wirksamkeit eines strategieorientierten Unterrichtsprogramms. Kovac, Hamburg 2006

8.1 Texte in der Mikro- und Makrostruktur aufeinander abstimmen

	Scannen	Skimmen	Lesen
Der Nutzer möchte.......	den Text schnell bewerten können (relevant für mich, oder nicht?).	relevante Neuigkeiten und Aussagen, wichtige Inhalte finden und sortieren können.	einen Text vollständig lesen. (Nicht alleine die Fakten, sondern Zusammenhänge und Erklärungen sind wichtig.)
Das Lesetempo liegt bei.....	> 1000 Worte / min	> 500 Worte/min	> 250 Worte/min
Was wird aufgenommen?	Hervorstechende Info; prägnante Bilder; Überschriften; Links; Weißraum lenkt das Auge und hat deshalb besondere Bedeutung.	Info-Elemente: Listen, Tabellen; Grafiken, kleine Textkästen; Fettgedrucktes; Absätze	Der gesamte Text – nicht nur die Fakten, sondern auch Zusammenhänge, sprachliche Eigenheiten; Verbindungen von Wort/Bild
Verortung im GPA-Schema	Ordnungs-Pol (Überblick soll entstehen)	Erkenntnis-Pol (Wissensaufbau wird betrieben.)	Vertrauens-Pol (Nutzbarkeit im eigenen Umfeld wird geprüft.)

Bild 8.1 Scannen – skimmen – lesen
Quelle: Eigene Darstellung

Um den Scanner einzufangen, bedarf es einiger Tricks aus Struktur, Technik, Layout/Design und Text. Generell sollte sich der Techniker zu Suchmaschinenoptimierung so weit auskennen, dass der User nicht irgendwo im verlinkten Text landet, sondern dort, wo es ihm möglich ist, aus verschiedenen Angeboten schnell das für ihn relevante zu wählen.

Das bedeutet für die Struktur, dass der Einstieg in diverse Themenfelder mit möglichst wenig Augenbewegung oder Scrollbewegung möglich ist. Ob das nun im Verzeichnisbaum oder im Kacheldesign geschieht ist Geschmackssache. Der Vorteil des Kacheldesigns liegt auf der Hand: Kacheln sind Bildträger und damit ist ein wesentlicher Faktor der Aufmerksamkeitsbindung – das Bild – bereits erfüllt. Die Kachel selbst definiert sich – wie auch die Titelseite eines Flyers – über einige Reizworte, die ausreichen, um der Userin einen ersten Anhaltspunkt zur Relevanz zu geben.

Bild 8.2   Website – Scannbare Strukturen
Quelle: Eigene Darstellung, Bilder: Conny Thörmer; www.conny-thoermer.net

An diesem Beispiel wird deutlich: Es geht ums Schreiben – aber um unterschiedliche Aspekte daraus. Der User kann schnell entscheiden, welcher Aspekt für ihn relevant sein könnte. Die Anordnung ist sehr schematisch, die einzelnen Bild/Textblöcke sind deutlich voneinander getrennt. Der Weißraum wird zum optischen Strukturgeber. Ein typischer Einstieg für Scanner. Gerade deshalb sind Sites, die zwar das Muster Bild/Teasertext abbilden, aber keine klare Struktur in diesem Muster einhalten, für die User problematisch. Typische Layoutfehler: unterschiedlich große Bilder kombiniert mit Teasertexten, die unterschiedliche Längen aufweisen. Wird der Teasertext zu lang und setzt sich beispielsweise unterhalb eines Bildes fort, gerät die gesamte Scan-Struktur durcheinander. Je klarer an dieser Stelle ein Layout eingehalten wird, das den Überblick wirklich gewährleistet, desto leichter findet sich die Userin zurecht. Insofern sind farbliche Unterlegungen, die die Zusammengehörigkeit von Bild und Text eindeutig darstellen, tatsächlich von Vorteil.

8.1 Texte in der Mikro- und Makrostruktur aufeinander abstimmen

An diesem Bild ist exemplarisch bereits das SySt-GPA-Schema[20] verwirklicht: Das Bild in Verbindung zum Text bietet einen emotionalen Reiz, eine gefühlsmäßige Annäherung. In der Überschrift ist die Erkenntnis aus dem Thema zusammengefasst und die Unterzeile zeigt, wie man genau dorthin kommt. Somit sind die Zugangspole von Vertrauen/Gefühl, Erkenntnis sowie Ordnung/Handeln abgedeckt. Hier zeigt sich das GPA in der Mikrostruktur einzelner Seitenmodule.

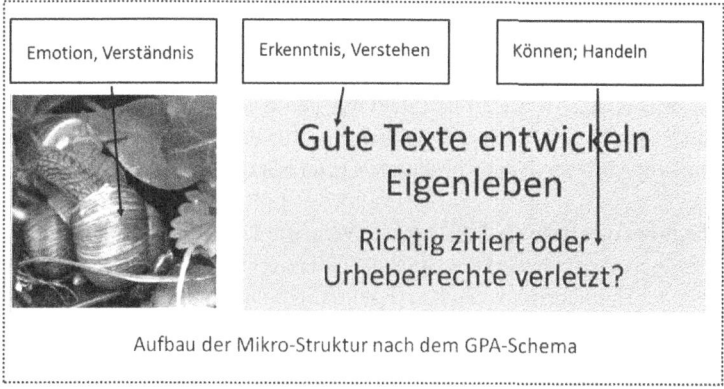

Bild 8.3 Website - Teaser nach GPA
Quelle: Eigene Darstellung, Bild: Conny Thörmer; www.conny-thoermer.net

Zum Skimmer entwickelt sich der Scanner, wenn diese Eingangssequenz spannend und erhellend genug war. Er sucht sich also die entsprechende Kachel und erwartet dahinter genügend Information, um die Kernaussagen des Teilthemas (Aspekts) aufnehmen zu können. Der nächste Klick sollte also die Erkenntnis fördern.

Nachdem nun in der Regel ein längerer Text geboten wird, sollten die Kernaussagen des Textes für den Skimmer leicht erreichbar sein. Das geht über eine strukturelle oder/und optische Aufbereitung des Inhalts.

Dieses Buch bietet eine klare strukturelle Darbietung für Skimmer: Jeder einzelne Absatz beginnt mit einem Satz, dessen Fettdruck die relevanten Reizworte des Absatzes abbildet. So kann sich die Skimmerin schnell durch die einzelnen

---

20 Siehe Kapitel 6 und 7 zum Glaubenspolaritätenschema nach Matthias Varga von Kibéd

Abschnitte hangeln, ohne dabei jeden Absatz wirklich lesen zu müssen. Der Fettdruck fängt das Auge und vereinfacht die Aufnahme der Kerninformation.

Eine andere Möglichkeit bietet sich in der Fettung einzelner Kernzeilen innerhalb des Textes. Dies wäre die einfachste aller Möglichkeiten, denn der Text könnte dann ohne Berücksichtigung von Abschnittslängen (also ohne Rücksicht auf die Aufteilung der Informationstiefe zu einzelnen Themen) geradewegs durchgeschrieben werden. Im Nachhinein kann der Autor dann die wesentlichen Aussagen im Text fetten.

Nachteil dieser Methode ist es jedoch, dass es dem Leser überlassen bleibt, mühselig zu ergründen, wo innerhalb des Fließtextes die inhaltliche Hinführung an die Kernaussage zu finden ist. Steht der Fettdruck am Ende einer logischen Kette oder am Anfang? Wesentlich einfacher für den Leser erscheint die klare Aufteilung in Absätze, deren Kernaussage grundsätzlich am Anfang zu finden ist.

Zwischenüberschriften sind der klarste Weg, um Erkenntnis zu gewinnen. Die Zwischenüberschrift gliedert den Fließtext und ist optisch so herausgehoben (meist im Fett- oder Halbfettdruck, als Kursivschrift oder als Auszeichnungsschrift mit unterschiedlicher Schrifttype), dass das Auge automatisch von Zwischenüberschrift zu Zwischenüberschrift springen kann. Wesentlicher Bestandteil der optischen Orientierung ist der Weißraum, der die Zwischenüberschrift zum darüber endenden Abschnitt abgrenzt. Im Print kosten Weißraum und Zwischenüberschrift deutlich Platz. Im Web ist dieser Aspekt „Platz" jedoch irrelevant.

Bei einer Gliederung mit Hilfe von Zwischenüberschriften gibt es sogar die Möglichkeit mit den wenigen Zeilen eine zusammenhängende Geschichte zu erzählen. Die Zeilen nehmen dann aufeinander Bezug und führen den Skimmer durch den gesamten Text, so dass sich ein schlüssiges Bild ergibt, ohne dass eine einzige Zeile des Fließtextes gelesen werden müsste.

Zwischenüberschriften eignen sich hervorragend dazu, den gesamten Text „nacherzählen" zu können. Sie bilden verdichtet den Inhalt ab, der weitergegeben werden kann – sind sozusagen die Maggiwürfel des Inhalts.

Beispiel

Beispiel einer „Geschichte", zusammengesetzt aus Zwischenüberschriften anhand des bisher vorliegenden Textes in diesem Kapitel.
- Scanner, Skimmer, Leser – die Webkultur ist vielfältig
- Wer den Scanner nicht erreicht, verliert den Leser!
- Der User muss seinen relevanten Aspekt schnell finden können.

- Deshalb gilt: Schon der Teaser folgt dem GPA-Schema!
- Weshalb sich der Scanner zum Skimmer wandelt.
- Bestes Beispiel: Die Skimm-Struktur in diesem Buch
- Und Zwischenüberschriften sind doch besser!

Quelle: Eigene Darstellung

Und es gibt natürlich die Kästen, hervorgehobene Exzerpte aus einem Abschnitt, die entweder als Teaser dem jeweiligen Abschnitt vorgeschaltet oder aber als Abstracts am jeweiligen Kapitelende zu finden sind. Die Zusammenfassung am Kapitelende ist im Netz nicht ratsam. Denn die Art des Lesens im Netz fordert die unmittelbare Verbindung zwischen Kernaussage und weiterführendem Text. Möglich ist es jedoch, anstatt der Zwischenüberschriften gestaltete Teaser vor den Abschnitt zu setzen. Allerdings ist das nur dann sinnvoll, wenn die Abschnitte eine gewisse Ausführlichkeit haben, also eine Textlänge folgt, die den separaten Teaser rechtfertigt. Bei allen komplexen Texten ist das eine Möglichkeit der Darstellung.

Fachtexte und Texte mit komplexen Zusammenhängen samt etwaigen Verlinkungen innerhalb des Textes in eine tiefere Erklärungsebene, rechtfertigen sogar eine kleine Seitenspalte in der die wesentlichen Aussagen des Haupttextes gesondert dargestellt werden. Diese Reminiszenz an klassische Fachbücher erschwert jedoch die Darstellung des Textes auf mobilen Endgeräten. Allerdings dürfte es kaum jemanden geben, der versucht komplexe Fachtexte auf dem Smartphone zu lesen.

▶ Der „Erkenntnispol" des GPA wird über Zwischenüberschriften oder Fettungen zu Beginn eines Absatzes abgebildet. Daraus folgt, dass im einzelnen Abschnitt nun der Vertrauens-Pol berücksichtigt werden sollte.

Der Zugang zum Text über den Vertrauens-Pol eröffnet sich, wenn der Leser, an dem „Warum" hinter der Kernaussage interessiert ist. Idealerweise folgt also auf die Zwischenüberschrift ein Fließtext (und keine Aufzählung). Der Fließtext bietet die Möglichkeit, den Themenaspekt in seiner Gesamtheit zu beleuchten. Zusammenhänge können dargestellt werden, der Aspekt kann aus unterschiedlichen Perspektiven beleuchtet werden. Die Leserin kann nun eine eigene Beziehung zu diesem Aspekt aufbauen und ihn gegebenenfalls in eigene Werke oder Diskussionen einfügen. Der Inhalt wird sozusagen als Puzzlestück der eigenen Gedanken und Aussagen in anderen Zusammenhängen wiederverwendet. Damit wäre die Inhaltstiefe bestmöglich an den Mann, die Frau, gebracht. Gleichzeitig hat sich eine Bindung zwischen Leser und Inhalt entwickelt. Emotionen und eigene Vorstellungen werden dadurch freigesetzt und der Inhalt wird dauerhaft ins Gedächtnis aufgenommen.

▶ Die Mikro-Struktur des gesamten Page-Bündels folgt dem Aufbau des GPA-Schemas.
- Dies beginnt bei der Übersicht (anhand der Teaser) (Bild 8.2)
- Entwickelt sich über die inhaltlichen Kernaussagen (Zwischenüberschriften etc.)
- Und endet in der Struktur der Fließtexte.

Einen besseren Weg, über Text möglichst viele Leser zu erreichen gibt es nicht.

8.2 Das GPA für den generellen Aufbau von Websites

Betrachtet man die Website als Ganzes, so bietet es sich an, insgesamt den Zugang zu Thema, Aspekten, Autoren, Seitenbetreiber etc. mit Hilfe des SySt-GPA-Schemas aufzubauen. Das ist dann von Bedeutung, wenn eine Website unterschiedlichste Zielgruppen oder Zielpersonen mit unterschiedlichen Schwerpunkten ansprechen soll. Am besten lässt sich das anhand eines Beispiels erklären:

Nehmen wir die Website eines freien Journalisten, der sie als Blog betreibt und sich als inhaltlich sauber arbeitender, versierter Journalist mit Spezialisierung auf einen Themenkomplex darstellen will. Noch sind Blogs kein wirklich lohnendes Geschäft. Noch muss sich die freie Journalistin auch als Dienstleisterin für interessierte Auftraggeber darstellen. Der Themenkomplex alleine genügt (noch) nicht, um damit Geld zu verdienen. Von dieser Situation ausgehend möchte ich betrachten, warum immer noch zu wenige freie Kolleginnen und Kollegen mit ihrer Site erfolgreich sind.

„Ein guter Blog hat mit gutem Inhalt zu tun. Er muss lebendig sein, vielfältig, gut recherchiert – einfach den Nerv des Publikums treffen", das höre ich immer wieder und es ist nicht von der Hand zu weisen, dass ein guter Blog Fans anzieht. Betrachtet man Schreiben als das was es ist – nämlich ein Zwitter aus Dienstleistung und Kunst – dann muss ein guter Blog, eine gute Website allerdings noch mehr bieten. Auf der Website sollte nicht nur der Weg über die Texte als einziges Einstiegsportal geboten werden, denn es gibt viele Nutzer, die viel mehr über den Menschen hinter den Worten erfahren wollen. Sobald ich als Leserin einen Eindruck gewonnen habe, wer der Mensch ist, der da bloggt, kann ich seine Aussagen deutlich besser einordnen. Das macht es mir wiederum leichter, die Aussagen in Relation zu setzen und mir dadurch meine eigene Meinung zu bilden. Wenn ich dagegen nicht weiß, wer hinter einem Blog steckt, fehlt mir ein wichtiges Puzzleteilchen dazu, mit dem Inhalt gut umzugehen. Und mehr noch: ich beginne, den

8.2 Das GPA für den generellen Aufbau von Websites

Kernaussagen der Website zu misstrauen. Der Mensch spielt grundsätzlich eine große Rolle – besonders in Verbindung mit dem, was er tut. Eine journalistische Grundregel besagt, dass man Geschichten über Menschen erzählen soll – keine Abhandlungen über ein Thema. Ich frage mich, wieso so viele Journalisten genau das, was sie täglich erarbeiten, nicht direkt auch auf sich und ihr Tun anwenden.

Texte bestehen eben nicht nur aus Inhalt, sondern auch aus demjenigen, der den Inhalt bearbeitet. Für viele Leser ist es wichtig zu wissen, wie der Mensch hinter dem Text tickt. Welche Voraussetzungen bringt er mit? Welche Grundeinstellungen zu Politik oder zum Thema selbst hat die Autorin? Wieso beschäftigt sie das Thema so sehr? Leser, die sich aus dem GPA-Pol des „Vertrauens" (V-Pol) einem Blog nähern, werden oft enttäuscht. Journalisten verstecken sich viel zu oft hinter ihrem Ergebnis, anstatt transparent zu machen, wie sie dazu gekommen sind und was sie bewogen hat, sich damit zu beschäftigen. Die Journalistin als Mensch, der die Welt mit seinen eigenen Augen anschaut, wird oftmals nicht greifbar. Doch die Journalistin betreibt den Blog oder ihre Website ja auch, um sich zu zeigen.

Das gilt übrigens für zwei weitere Berufsgruppen in besonderem Maße: Künstler und Berater, also Menschen, die etwas schaffen, was zunächst unerklärlich oder schwer fassbar erscheint. Diese beiden Berufsgruppen sollten bei ihren Websites ganz besonders darauf achten, dass die Menschen hinter dem Angebot möglichst deutlich werden. Bei Künstlern vereinfacht dies die Interpretation der gezeigten Werke und bei Beratern kann der potentielle Kunde nur dann entscheiden, ob er ihm oder ihr Vertrauen entgegenbringen will.

Beispiel

Die Fragen, die sich ein User stellt, wenn er die Website aus der Perspektive des V-Pols betrachtet, lauten z. B.:
- Wer ist der Anbieter dieser Information/Site?
- Welchen Stellenwert hat für ihn oder sie das behandelte Thema?
- Wie sieht der Mensch hinter den Worten aus?
- Welche Kraft treibt ihn/sie an und was ist ihm/ihr wichtig?
- Welche Leidenschaften gibt es noch – außerhalb des Themensektors?

Quelle: Eigene Darstellung

Die typische Rubrik lautet „about me", „Über mich/uns", „Unsere Philosophie" etc. Was jedoch dahinter zu finden ist, sind fast immer leere Phrasen, Worthülsen und ein schwammiges Bild, das abbildet, wie der jeweilige Autor sich gerne sehen möchte. Das, was die Leser wirklich interessiert, bleibt verborgen.

Das kommt möglicherweise daher, dass nur wenige Menschen wirkliche Übereinstimmungen zwischen Eigen- und Fremdbild erreichen. Ein Tipp an dieser Stelle: Stellen Sie sich einem Interviewpartner. Lassen Sie sich ausfragen zu den Punkten, die Ihre Person ausmachen und seien Sie gespannt, wie dieser Interviewpartner Sie anschließend beschreibt. Oft kommen dadurch höchst spannende und tiefgründige Aussagen und Bilder zustande.

Sich selbst durch fremde Augen anzuschauen ist fast immer erhellend und zeigt einem auch, wie das Gegenüber seine Meinung bildet. Es kann keinesfalls schaden, die fremde Sicht in die eigenen Überlegungen einzubeziehen. Verstärkt wird die Wirkung der Zugewandtheit und des Vertrauensaufbaus dann, wenn ein solches Interview reich bebildert ist oder wenn sogar die Stimme der Bloggerin zu hören ist. Jede Stimme charakterisiert den Sprecher. An der Stimme hängen Modulation, Mundart und auch Emotionen. Sie sind im Podcast zielgerichtet einsetzbar und erzeugen eine deutlich engere Verbindung zwischen User und Anbieter. Es gibt genügend Studien, die darauf hinweisen, dass beispielsweise Mundart beim Zuhörer ein Gefühl der Ehrlichkeit, der Authentizität, erzeugt. Dabei ist es nicht unerheblich, ob die Mundart nur wie ein Hauch über der Stimme liegt, oder breit gesprochen wird.

Je tiefer der Dialekt, desto unverblümter und transparenter erscheinen dem Zuhörer die Aussagen und Inhalte. Allerdings darf man nicht vergessen, dass Dialekt den Hörer geradezu dazu auffordert, die Sprecherin in eine lange etablierte und sorgsam gepflegte „Schublade" zu stecken. Der Umgang mit Dialekt sollte also ausprobiert und gezielt eingesetzt werden.

▶ Auch Videos können an dieser Stelle eingesetzt werden. In solchen Videos aus Sicht des V-Pols ist es wichtig, dass nicht thematische Inhalte vermittelt werden, sondern wirklich die persönliche Sicht des Sprechers auf übergeordnete Kernaussagen im Vordergrund steht. Videos sollten – gerade weil sie einen sehr direkten Blick zulassen – niemals von Laien gestaltet werden. Ein unprofessionelles Video setzt sich mit all den Unzulänglichkeiten im Gedächtnis der User fest. Das wiederum färbt sehr deutlich auf die Bewertung der Person und deren komplettes Angebot ab.

Betrachtet eine Userin die Website oder den Blog aus dem von ihr bevorzugten Ordnungspol (O-Pol), so möchte sie schnell einen Überblick gewinnen. Sie will in der Regel wissen, welche Themen behandelt werden, welcher Zusammenhang zwischen den Themen besteht, wie der Autor die Themen aufbereitet und woher er sein Handwerkszeug nimmt. Der schnelle Überblick, die klare Struktur und das Wissen über Zusammenhänge spielen für diese Art der Userin dann eine große Rolle.

8.2 Das GPA für den generellen Aufbau von Websites

Alles, was nachprüfbar ist, jeder Abschluss, jede Fortbildung in Verbindung mit dem dargestellten Inhalt, jede Aufzählung der erhaltenen Auszeichnungen, jede Darstellung des mitarbeitenden Umfeldes (mit all der dort liegenden Fachkompetenz) ist jetzt wichtig. Dabei geht es nicht darum lange zu beschreiben, woher die Mitarbeiter kommen und was an ihnen bemerkenswert ist, sondern einfach nur die geballte Kompetenz vor Augen zu führen.

Die Aufgabe dieser Website-Bereiche besteht darin, einen Schnellzugriff zu gestatten auf alles, was etwas über die Qualität des Kerninhalts auszusagen vermag. Der Überblick ist also eine Art Medizinschrank mit vielen Schubladen, wo die Essenz der ganzen Website schön übersichtlich auffindbar ist.

Dementsprechend gehören in diese Kategorie Rubriken wie „Meine Themen", „Archiv", „Ausbildung", „Referenzen", „Kompetenzen", „Portfolio" etc. Solche Rubriken sollten so gestaltet sein, dass sie ohne zu scrollen den gesamten Inhalt auf einem Screen darbieten. Das geht in aller Regel nur dann, wenn Aufzählungszeichen benutzt werden und die Textmenge deutlich reduziert ist. Daraus ergibt sich die Anforderung, in nur zwei bis drei Sätzen die Kernaussagen zur jeweiligen Rubrik darzulegen, bzw. die wirklichen Highlights aus der Masse der Aufzählungen herauszuheben und mit einer direkten Botschaft an den User zu versehen.

Beispiel

Auszeichnungen:
Für Reportagen bin ich mehrfach ausgezeichnet worden. Auf eine dieser Auszeichnungen bin besonders stolz. 2016 gewann meine dreiteilige Reportage über das „Leben geflüchteter Frauen in Deutschland" den xxx-Preis. Diese Reportage vereint meine Kernpunkte: Geschichten über Gesellschaft aufzuspüren und diese Themen handwerklich einwandfrei, spannend und komplex zu erzählen.
- xxx-Preis des Journalistenverbandes 2016 „Thema …"
- Xy-Preis der Stadt Hanau 2009 „Thema …"
- Auszeichnung der Sparkasse W-Stadt 2007 „Thema …"
- Journalists-Award 2007 „Thema …"

Portfolio:
- Reportagen zu den Themen …
- Interviews mit den Ehefrauen deutscher Politiker …
- Features zu den Themen X, Y, Z
- Übersetzung von Daten aus statistischen Erhebungen in Grafiken (Themen …)
- Glossen …

Quelle: Eigene Darstellung

Der Erkenntnis-Pol führt eine Userin direkt in die inhaltlichen Themen, die den Blog oder die Website bestimmen. Nicht der Autor oder seine Fähigkeiten, sein Portfolio oder seine Qualität ist für diese User von Interesse. Sie sind in erster Linie daran interessiert, den Inhalt, die Themen, die Geschichten selbst zu lesen und für sich zu adaptieren oder zu kritisieren.

Die einzige Kunst besteht für den Autor darin, dem jeweiligen Thema einen solchen Teaser vorauszustellen, dass die Userin für sich erkennen kann, warum dieses Thema sie direkt etwas angeht.

Die Fragen, die sich in Bezug auf die Themen ergeben, lauten in der Regel:

- Was kann/soll ich mit dieser Information anfangen?
- Was geht mich das Thema überhaupt an?
- Wozu soll ich die Information aufnahmen und behalten?
- Kann ich aus diesem Text etwas für mich Wesentliches exzerpieren?

Wird ein Blog oder eine Website also nach Themen angelegt, ist es sinnvoll zu jedem Thema einen Teaser zu schalten. Weniger klug ist es, Blogeinträge einfach nach Datum zu sortieren, denn niemand sucht nach einem bestimmten Datum – sondern immer nach einem bestimmten Inhalt.

Betrachtet man die Zugänge zu der Website oder dem Blog so ergibt sich folgendes Bild:

8.2 Das GPA für den generellen Aufbau von Websites

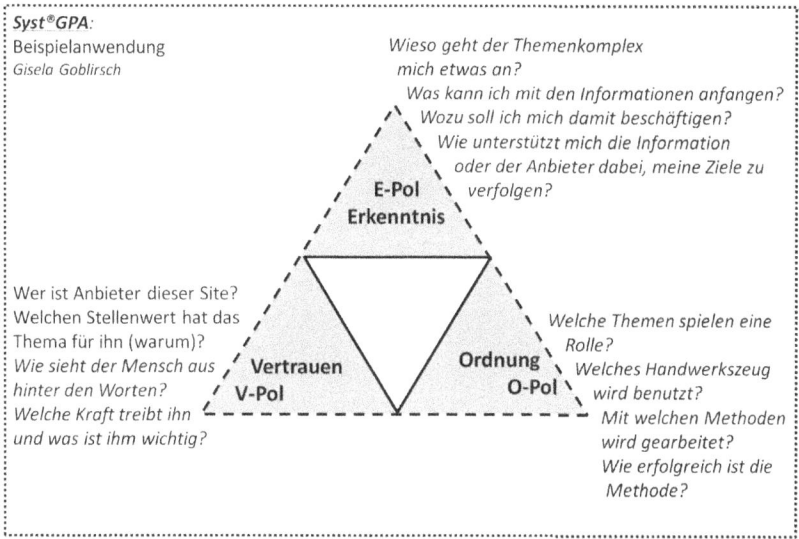

Bild 8.4 Aufbau von Blogs nach GPA-Schema
Quelle: Eigene Darstellung

Die Idee hinter dem GPA-Schema: Machen wir es unseren Lesern oder Usern einfach, einen Weg in unsere Welt zu finden. Egal durch welchen Pol sie diese Welt betreten, sie sollten jederzeit die Chance haben, weitere Türen zu öffnen, neue Perspektiven einzunehmen und daraus Erkenntnisse gewinnen. Das GPA-Schema hilft dabei.

GPA als Reportage-Werkzeug 9

Zusammenfassung

Wie können einzelne Sequenzen der Reportage so gestaltet werden, dass nicht nur ein buntes nettes Bild aus dem Text entsteht, sondern tiefere Inhalte und erinnerungswürdige Aussagen beim Leser haften bleiben? Das Kapitel zeigt, wie Datenjournalismus, Storytelling und Reportage verbunden sind, und welche zusätzlichen Aufgaben die Reportage übernehmen kann.

Schlüsselwörter

Reportage · Roter Faden · Meinungsäußerung · Transferleistung · Toleranz · Storytelling · Datenjournalismus

Reportagen sind die Kirschen auf der Torte des Journalismus. Der Trend zum „Storytelling" – innerhalb eines Mediums, aber auch crossmedial – ist ein Zeichen dafür, dass Texte und text- oder zahlenbasierte Information in zunehmendem Maße an Attraktivität gewinnen, sobald es den Lesern möglich ist, die Information als ein bestehenden Bild im Gedächtnis zu verankern. Neben der Rohinformation gewinnt also auch die „Verpackung" an Bedeutung.

Verpackung ist alles, was zusätzliche Gedanken- und Vorstellungsanker anbietet und somit einen emotionellen Zugang zur Rohinformation öffnet. Nicht umsonst verlangen die einschlägigen Journalismusbücher den „Spannungsbogen" innerhalb der Reportage. So zum Beispiel den Einstieg über sinnliche Beschreibungen von Situationen (hören, riechen, schmecken, fühlen) und den Aufbau von Information durch die Beschreibung der Situation. Ohne platt wirken zu wollen, drängt sich mir an dieser Stelle der Satz auf: „Das Ganze ist mehr als die Summe seiner Teile".

9.1 Von Storytelling, Datenjournalismus und Reportagen

In die gleiche Richtung tendieren auch die in Grafiken umgesetzten statistischen Daten. Die Anschaulichkeit der von offiziellen Stellen gelieferten Daten steigt, sobald die Daten in Relation zu einer anderen Einheit (Zeit, Vergleichsdaten, Raum) gesetzt werden. Aus dieser Ecke stammen die hervorragend umgesetzten Bilder des Datenjournalismus in den Magazinen der führenden deutschen Zeitungen. Aktuelle Zahlen sind hier häufig verbunden mit einer räumlichen oder zeitlichen Zusatzinformation. Das Ganze wird dann in ein Bild verwandelt, das sich in seiner Komplexität so spannend liest, dass die Leserin zusätzlich eigene Gedanken und Ideen dort einspeisen kann. Die Grafik wirkt im wahrsten Sinne des Wortes „anregend".

Was ist besonders an der Darstellung der Verbreitung des Namens „Marlen" in Deutschland? Zahlen, die das statistische Landes- oder Bundesamt zuhauf im statistischen Jahrbuch veröffentlicht, sind oftmals in ihrer Komplexität nicht verstehbar, wenn sich niemand die Mühe macht, sie anschaulich darzustellen und Relationen dazu zu finden. Und natürlich wird auf einer Grafik deutlich, dass ca. 30jährige Frauen mit dem Namen „Marlen" eher in den östlichen Bundesländern zu finden sind. Das führt direkt zur Frage „Warum" und darauf kann nur die Historie eine Antwort geben. Diese Antwort wird durch die grafische Darstellung der Frage begreifbar und im Gedächtnis speicherbar. Die gelieferte Grafik ist das Bild, das mit Emotion verbunden werden kann. [21]

Jenseits der bildlichen Darstellung ist es auch die Aufgabe des Storytellings, mit reinen Worten Bilder zu erzeugen. Informationen werden in eine Geschichte eingewoben und dadurch emotional greifbar. Der Inhalt einer Aussage bekommt einen definierten Ablauf – eine Art Filmsequenz, die das Erleben eines Inhalts möglich macht. Die Werbung setzt seit Jahren dieses Mittel ein.

Dabei geschieht es jedoch hin und wieder, dass die erzählte Geschichte derart faszinierend ist, dass die eigentliche Aussage irgendwie verloren geht. Die Geschichten werden weitererzählt, die Hauptaussagen bleiben auf der Strecke. Gutes Storytelling erzählt also eine Geschichte, die berührt, fasziniert – aber eben auch absolut das ausdrückt, was weit über Firmen- oder Markennamen hinausgeht: ein Lebensgefühl, ein persönlicher Anker für die Zielgruppen.

---

21 Vgl. Kapitel 3

9.1 Von Storytelling, Datenjournalismus und Reportagen

Beispiel

Fast jeder kennt die Filmsequenz der Werbung eines großen LWK-Motorenherstellers. Jean-Claude van Damm steht tiefenentspannt im Vollspagat zwischen zwei fahrenden Trucks. Gute Story. Aber was war die Kernaussage? Könnten Sie Hersteller und Kernaussage aus dem Ärmel schütteln?

Ein großer Baumarkt dagegen passte die Kernaussagen: „Statement abgeben durch Selbermachen" in eine geniale Geschichtenwelt ein. „Sag es mit deinem Projekt" hieß das Motto der Storytelling-Sequenzen. Und jeder Zuschauer weiß, um welchen Baumarkt es sich handelt.

Quelle: Eigene Darstellung

Das Storytelling verankert also Kernaussagen durch Gefühle, Bilder und Geschichten, die kurz genug sind, um die Kernaussage darzustellen – sie aber möglichst nicht überlagern. Deshalb eignet sich Storytelling auch so hervorragend für die Werbung. Sowohl im Fernsehbereich als auch im Hörfunk spielen Geschichten inzwischen die tragende Rolle innerhalb der Werbung.

Im Print und allen textbasierten – auch journalistischen – Informationskanälen greifen Redaktionen in zunehmendem Maße auf die Illustration zu, um aus Erzählungen leichtverständliche Geschichten zu machen. Gut recherchierte Geschichten werden mit einer besonderen Art der Illustration kombiniert. Zeitliche Abläufe beispielsweise können sehr viel spannender rekonstruiert werden, wenn die darin aktiven Protagonisten durch Illustrationen nach Art eines Comics begleitet werden. So versuchen Berichte aus der Vergangenheit, Einzelaussagen und nackte Zahlen möglichst unterhaltsam einen Weg zum Leser zu finden. Snapchat-Geschichten sind eine direkte Folge aus dem Versuch Aussagen in leichte Kost zu überführen.

Die Reportage dagegen braucht keine Tricks, keine zusätzlichen Attraktionen. Die Reportage verfügt per se über ein lebendiges, spannendes, changierendes[22] Wesen. Es liegt am Aufbau des Textes, dass Kernaussagen und Emotionen als Gesamtbild aufgenommen und gespeichert werden. Eine Reportage ist von der Struktur her vergleichbar mit einer gewachsenen Kristallstruktur: Nach außen geschlossen und innen vielgestaltig und reflektierend.

---

22 Changieren (altfranz. wechseln, tauschen, verändern) bezeichnet verschiedene Arten von Übergängen. Es handelt sich dabei um unmittelbare, ineinander übergehende Veränderungen oder Wechsel.

Die geschlossene Außenhaut entsteht, indem man sich Gedanken darüber macht, welche Kernaussagen durch die Reportage transportiert werden sollen. Diese Kernaussagen, Charakteristika des Themas, sollen durchgängig erlebbar werden. Das heißt, dass jede Situation, die beschrieben wird, durch die Brille der einmal festgelegten Kernaussagen betrachtet werden sollte.

Nun könnte man einwenden, dass also ein vorher festgelegtes Bild nur untermauert wird, dass also Reportagen sehr manipulativ eingesetzt werden können und sogar den offenen Blick auf das Thema verstellen können. Ja. Das ist so. Natürlich sind Reportagen in einer gewissen Weise manipulativ. Gerade weil sie so lebendig und bildreich Situationen beschreiben.

Aber die Gefahr der Scheuklappen verringert sich deutlich, wenn der Journalist während der Recherche einfach nur die Augen und Ohren offenhält, sammelt und den Eindrücken folgt, die sich ihm bieten. Am Ende einer Reise oder einer Veranstaltung, die reportagenartig begleitet werden soll, steht in jedem Fall der persönliche Eindruck des Autors. Erst wenn dieser Eindruck innerlich verarbeitet und auf wenige Kernaussagen reduziert wurde, kann eine wirklich stringente Reportage geschrieben werden. Wer einfach schreibt, was er sieht, der bietet einen bunten Strauß beliebiger Eindrücke und verschenkt die Chance, Verständnis für ein Thema zu wecken. Die bunte Vielfalt alleine ist kein Beweis journalistischer Arbeit.

9.1 Von Storytelling, Datenjournalismus und Reportagen

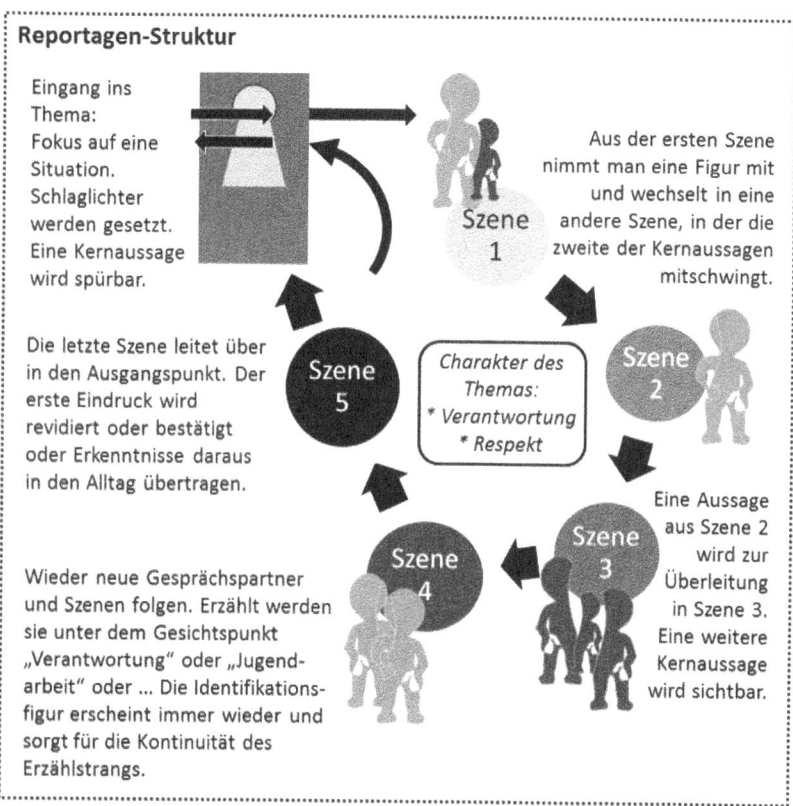

Bild 9.1 Die Struktur der Reportage
Quelle: Eigene Darstellung

Das folgende Beispiel soll zeigen, wie Kernaussagen und Themen miteinander verknüpft werden können. In jeder Szene kommt die Kernaussage „Verantwortung übernehmen" zum Tragen, obwohl die Beispiele dafür sehr unterschiedlich sind. Das Thema ist vordergründig die Darstellung eines Tages auf einem Segelflugplatz. Segelfliegen und Verantwortung haben also miteinander zu tun und werden in unterschiedlichen Szenen gezeigt. Für diejenigen, die die Erkenntnis aus dem Artikel schnell gewinnen wollen, werden die Zwischenüberschriften so angelegt, dass der Erkenntnisgewinn auch dann entsteht, wenn der Artikel selbst nicht vollständig gelesen wird. Die letzte Zwischenüberschrift bietet einen Transfer vom Segelflugplatz in die Gesellschaft. **Insofern hat die ganze Reportage tatsächlich einen tieferen Sinn,** denn es geht eben nicht nur darum den schönen Sport „Segelfliegen" zu beschreiben, sondern hinter die Kulissen zu blicken und einen Gesamtblick auch für diejenigen Leserinnen zu bieten, die nicht unbedingt eine Begeisterung für diesen Sport entwickeln wollen. An diesem Beispiel wird deutlich, dass die unterschiedlichsten Bilder und Beschreibungen es möglich machen, hinter dem Text eine klar umrissene Kernaussage zu erkennen.

Um sich immer wieder zu vergegenwärtigen, welcher der drei Pole des SySt-GPA hier angesprochen oder „bedient" wird, ist auch diese Information in den Anmerkungen hinterlegt.

Beispiel

Eingang ins Thema/Blick durch das Schlüsselloch auf eine kleine Szenerie/(Zugang über den Vertrauenspol mit Einführung der Protagonisten)/Szenerie: Freiheit und Langsamkeit/Kernaussage: „Verantwortung übernehmen"

Nein, die Finger bluten noch nicht. Sind aber kurz davor. Lothar steht seelenruhig auf freiem Feld neben seinem Werkzeugkoffer. Viele Hektar Grasfläche dehnen sich rund um ihn herum aus. Nicht weit entfernt grasen wollige Bündel mit schwarzen Beinen und schwarzen Köpfen. Aus dem kurzen Gras schlängeln sich zwei metallene Schlangen an Lothars Beinen hoch. Die eine hat er sich unter die Achsel geklemmt, die andere hält er in der Hand, während er konzentriert mit Hilfe einer Zange dabei ist, dieses Metallkabel in einzelne Stränge aufzuspalten. Lother spleißt. Das heißt er verbindet zwei gerissene Enden eines Windenseils wieder miteinander. Und zwar so kunstvoll, dass es hinterher wieder ein Segelflugzeug in die Luft hieven kann.

(Bedienung des Ordnungspols mit Zahlen und Daten)

Gut 200 bis 400 kg wiegt so ein motorloses Flugzeug, je nach Bauart. Dazu kommt das Lebendgewicht im Cockpit. Bei einem Doppelsitzer muss das Seil also rund 600 Kilo aushalten. Und der Spleiß hält das wirklich? Schließlich hängen Leben daran. „Klar", meint Hanna, die Flugschülerin, die neben Lothar im Gras liegt.

(Bedienung des Erkenntnispols mit einer Gesamtaussage zum Thema „Segelflug" in Form einer Zwischenüberschrift)

Segelflug hat mit Entschleunigung zu tun

Zweite Szene: Einbindung der Eingangssequenz in einen größeren Zusammenhang

Laienhaft ausgedrückt flicht der Windenfahrer wieder einen stabilen Zopf, der umso stabiler wird, je mehr Zugkraft an den Enden wirkt. Das Metall wird mit spezieller Flechttechnik verbunden. Und das ist nicht ganz einfach, braucht Übung, Kraft und vor allem Ruhe. Rund 100 Meter entfernt steht eine gelbschwarz angemalte Segelflugwinde, ein großer LKW mit den Seiltrommeln am Kühler. Gegenüber, am anderen Ende des grasbedeckten Flugplatzes, etwa 800 Meter entfernt, befinden sich rund 20 Flugzeuge samt Piloten, Startpersonal, Zuschauer, Gäste. Alle warten.

Protagonistin 2 mit impliziter Kernaussage „Verantwortung übernehmen" und kommentarartige Einbindung der Autorin (Bedienung des Vertrauenspols)

„Wer fliegen will muss warten lernen", grinst Hanna. Ehrlich gesagt hätte ich etwas anderes erwartet. Ich dachte immer, dass wer fliegen will, fliegen lernen müsse. „Im Ernst – Hektik ist gefährlich. Und alles was du tust musst du echt konzentriert tun. Denn Sicherheit geht vor Schnelligkeit", sagt Hanna, die seit drei Jahren hier auf dem Flugplatz praktisch zuhause ist. Den Flugschein PPLC hat sie schon lange. Heute muss sie „Hand- und Spanndienste" leisten und dient den anderen Piloten als Lepofahrerin. Ihre Aufgabe besteht darin, die Windenseile, die die Flugzeuge in den Himmel ziehen, von der Winde zum Startplatz zu befördern. Dazu gibt es den Lepo, das Seilfahrzeug, das mit einem „Geweih" ausgestattet ist, an das die beiden Windenseile angehängt werden. Deshalb fährt sie seit drei Jahren auch Auto, obwohl sie gerademal 17 Jahre alt ist. Das mit der „Sicherheit vor Schnelligkeit" scheint allerdings nur partiell zu gelten, denn Hanna donnert mit ihrem Lepo, kaum sind die Seile repariert und aufgelegt, in einer Geschwindigkeit die Rasenbahn zum Start hinunter, dass dem Beifahrer der Morgenkaffee wieder hochkommt. Ok. Ich hab übertrieben. Aber 20 kmh auf Wiese fühlen sich an wie 300 kmh auf Autobahn.

(Bedienung des Erkenntnispols: Zwischenüberschrift zum Thema „Segelflug")

Flugbetrieb ist eine Choreographie von Präzision

Dritte Szene: Abläufe werden gezeigt. (Bedienung des Ordnungspols)

Auf jeden Fall kommen die Seile sicher am Start an. Und dann steigen in schneller Folge die Segelflugzeuge in den Himmel. Immer die gleich Prozedur: Pilot inspiziert die tragenden Teile seines Flugzeugs, schnallt den Fallschirm um, setzt sich ins Cockpit, schließt die Haube. Ein Helfer klinkt das Zugseil samt „Vorseil" in die Bugkupplung. Die Startleiter probieren Funk, schreiben Pilot und Startzeit in eine Kladde, melden den Start zur Winde und geben die Freigabe. Der Tragflächenhalter bringt das Flugzeug in die Ausgangsposition. Langsam und vorsichtig zieht die Winde das Seil straff. Handzeichen. Blick zum Start. Ab geht's. Der Tragflächenhalter spurtet ein paar Meter neben dem Flugzeug her, lässt die Tragfläche los, sobald die Maschine stabil rollt. Und dann steigen die weißen Vögel mit den eleganten Schwingen ins Blau des Himmels. Das Windenseil wird in 600 Metern Höhe ausgeklinkt und schwebt an einem Minifallschirm zurück zur Erde.

Protagonist 1 erscheint wieder; implizite Kernaussage „Konzentration"

Kluge Windenfahrer ziehen das Seil in der richtigen Geschwindigkeit zu sich heran, bevor es den Boden berührt. Schleift das Seil über viele Meter am Boden entlang, besteht die Gefahr, dass der Windenfahrer seinen gemütlichen Sitzplatz verlassen und das Seil irgendwo in der Umgebung aufsammeln muss, wenn es sich im Gras oder im Buschwerk verfangen hat. Lothar erklärt lapidar: „Entweder konzentrierst du dich oder du gehst suchen. Die Faulen konzentrieren sich lieber." Und schon macht er seine Winde fertig zum nächsten Start. Start um Start, Stunde um Stunde. Bei tragender Thermik geht das bis in die Abendstunden.

Vierte Szene: Neuer Inhalt; Thema Kommunikation; implizite Kernaussage „Verantwortung für eigenes Handeln übernehmen"

„Um einen Segelflieger in den Himmel zu bringen braucht man mindestens vier Helfer. Und man muss sie wirklich mit Freundlichkeit und Respekt behandeln, sonst hockt man schnell samt seinem Vogel am Boden und kommt nicht weg." Martina, die für den Flugbetrieb an diesem Tag zuständig ist, widmet sich als Ausbildungsleiterin der Bildungsstätte nicht nur dem Fachwissen, das die Flugschüler lernen müssen, sondern gerne auch der Qualität der Kommunikation. „Kommunikation im Flugbetrieb ist reglementiert und klaren Abläufen unterworfen. Aber Kommunikation im gesellschaftlichen Miteinander ist eine sehr viel komplexere Angelegenheit", erklärt sie. „Da müssen die Flugschüler aller Altersklassen oft noch viel lernen." Ihr Blick folgt einem Flugschüler mittleren Alters, der sich nachmittags mit dem Flugleiter ein weithin hörbares verbales Gefecht geliefert hatte. Offenbar war die Startliste geschlossen worden, bevor er noch einen Start absolvieren konnte. Als der Startleiter dann schließlich noch einen Start genehmigt hatte, waren leider weder der Windenfahrer noch der Tragflächenhalter auffindbar. „Typischer Fall von Gruppenerziehung", sagt Hanna und grinst „Hätte er einfach ‚Bitte' gesagt ...".

(Bedienung des Erkenntnispols: Zwischenüberschrift zum Thema Segelfliegen; plus Transfer zur Kernaussage)

Der Flugplatz erzieht zur Eigenverantwortung

Fünfte Szene: beginnend mit Hintergrundinformation (Ordnungspol). Danach Protagonistin 2 mit Kernaussage „Eigenverantwortung" und „Zusammenhalt"

In der Freizeit-Fliegerei gibt es fast keine Hierarchien. Jeder muss mit anpacken, jeder ist auf den anderen angewiesen und muss sich in das Gefüge des Flugplatzes einpassen. Wer eine Aufgabe hat, erledigt sie in der Regel mit Konzentration. Alle anderen erkennen das an. Nicht die Rolle oder das Alter, sondern die Aufgabe definiert hier, wer das Sagen hat. Das setzt sich sogar fort, wenn der Flugbetrieb längst eingestellt ist und die Flieger in Richtung Hangar gezogen werden.
„Am Himmel ist man mit sich allein. Fast geräuschlos. Und man will am liebsten immer oben bleiben. Das ist einfach eine Welt nur für sich selbst", schwärmt Hanna. Dabei ist sie heute gar nicht in die Luft gekommen. Trotzdem schwingt sie durchaus zufrieden den Putzlappen und säubert gerade mit Hingabe die leuchtend weißen Tragflächen eines Flugzeugs. Putzstunde bevor die Segler in den Hangar eingeräumt werden. Alle helfen mit, denn am nächsten Morgen sollen die Flieger schnellstens wieder startbereit sein. An der Westseite des Hangars unter blutroter Abendsonne liegen allerdings ein paar jüngere Schüler faul im Gras und verzweifeln am Versuch ein stabiles Netz für ihre Smartphones zu erwischen. „Das ist die gerechte Strafe", kichert Hanna, „denn hier am Flugplatz ist das Netz megaschlecht. Da gibt's nur eine Ecke mit gutem Empfang. Bin gespannt, wann sie die finden." Sie macht nicht den Eindruck, als wollte sie diese essentielle Information freiwillig weitergeben.

Sechste Szene: Inhalt „Entschleunigung und Miteinander" und Überleitung zur Kernaussage „Respekt und Verantwortung"

Abendessen im großen Speisesaal. Müdigkeit macht sich breit. Der berühmte tote Punkt nach vielen Stunden unter heißer Sonne und dem Wind auf freiem Feld. Doch lange hält die Stille nicht an. Irgendwelche fleißigen Hände haben ein großes Lagerfeuer aufgebaut, um das sich in der Dunkelheit Piloten, Fluglehrer, Flugschüler und Gäste versammeln. Die Flammen lodern hoch. Die Faszination „Feuer" tut ihre Wirkung. Tatsächlich findet sich hier, was ich schon vor Jahrzehnten verloren glaubte: Leute, die miteinander singen. Irgendwer klopft auf Kochlöffeln den Takt. Rundum sitzen oder lehnen Gestalten. Vom Feuer gespenstisch erleuchtet, lösen sie sich fast auf in der umgebenden Dunkelheit. Nur die Stimmen durchdringen die Nacht. „Einer spielt immer Gitarre. Manchmal sind auch noch andere Instrumente dabei", erzählt Roger und beobachtet die sprühenden Funken. Roger kommt seit zehn Jahren jeden Sommer für drei Wochen hierher. Das ist seine Auszeit von einem Job, über den er nicht reden will.

(Bedienung des Erkenntnispols: Zwischenüberschrift zum Thema „Segelflug und Gesellschaft")

Augenhöhe statt Statusdenken

Siebte Szene: beginnend mit Hintergrundinformation (Ordnungspol). Danach Protagonistin 2 mit Kernaussage „Eigenverantwortung" und „Miteinander/ Respekt bekommt man nicht geschenkt"

Er ist nicht der Einzige, der seinen Status nicht auf dem Präsentierteller vor sich herträgt. Da gibt es viele. Status ist Nebensache bei den Segelfliegern. Nur wenn man direkt nachfragt, bekommt man mit, dass da neben dem Gymnasiasten eine Ärztin sitzt, neben dem Bundeswehrsoldaten der Flugkapitän einer großen Fluglinie. Der Chefmaschinist eines Kreuzfahrtschiffes diskutiert mit einer Kindergärtnerin und einem Pfleger über Thermik, eine Fluglotsin aus Langen bei Frankfurt unterhält sich über Tagespolitik mit einem knapp 80jährigen emeritierten Professor, einem Busfahrer und einem Schüler.

Persönliche Meinung der Autorin. Hier bezieht sie Stellung zu den Kernaussagen ihres Artikels. (Bedienung des Vertrauenspols)

9.1 Von Storytelling, Datenjournalismus und Reportagen

Was diese Gespräche trägt, ist die Offenheit, mit der diskutiert wird. Nachdem viele nicht wissen, was der Gesprächspartner im Job macht, vergessen sie in der Diskussion die Schere im Kopf zu aktivieren. Achtung wird hier allen zuteil. Nur den Respekt, den muss man sich über gute Argumente verdienen. Und zwar egal ob man Maschinist ist oder Professor.

In der Schlusssequenz werden nochmals die beiden Protagonisten Hanna und Lothar mit den Kernaussagen zum Thema in Verbindung gebracht.

„Wenn es irgendetwas gibt, was mir – neben dem Fliegen selbst – in der Segelfliegerei echt etwas bedeutet, dann ist es die Augenhöhe, auf der sich hier alle begegnen", sagt Hanna. „Ich würde mir wünschen, dass das in meinem Alltag überall so wäre. Es geht doch nicht darum, wer du bist, sondern nur darum, was du denkst und machst." Ein verdammt guter Satz für eine 17jährige. Schaut man sich die Situationen auf dem Flugplatz und am Lagerfeuer aber genauer an, wird klar, dass die Augenhöhe zwischen den Flugfans nicht gottgegeben ist. Sie wird immer wieder neu erzeugt und ganz reibungslos geht das auch nicht. Aber es geht. Vor allem, weil die Gemeinschaft Eigenverantwortung positiv fördert und das „Machen" unterstützt.
Und Macher gibt es genug hier auf dem Platz. Am nächsten Morgen schon. Denn dann steht wieder Lothar mit seinem Werkzeugkoffer an der Winde und diesmal leiden die Finger eines Neulings an einem Stück Übungsseil. Nein, leicht ist das Spleißen nun wirklich nicht. Aber der Junge gibt nicht auf. „Hilft alles nichts", sagt Lothar und rührt selbst keinen Finger. „Das müssen alle lernen. Da müssen sie alle durch."
Quelle: Eigene Darstellung

Gute Reportagen changieren. Das Wort drückt prägnant aus, was die Reportage ausmacht. Gute Reportagen changieren in den Inhalten. Das heißt – grob übersetzt – dass Inhalte und wichtige Aussagen zu dem Thema im besten Fall nicht platt hingeschrieben werden, sondern dass sie durchscheinen in jeder möglichen Situation. Sie werden nicht explizit ausgeführt, sondern (und das ist das Besondere) sie zeigen sich in den einzelnen Sequenzen der Reportage.

Das oben gezeigte Beispiel zum Thema Segelfliegen beschäftigt sich nicht mit der Schönheit des Fliegens. Natürlich lässt sich die Geschichte auch ganz anders erzählen, doch das Fliegen hat in diesem Fall nur untergeordnete Bedeutung. Eigentlich wollte ich über Sportarten schreiben. Und eigentlich hat mich damals Fliegen interessiert. Bis ich bemerkte, dass die Sportarten die Sportler formen. Die

Ausübung des Sports und das gesellschaftliche Umfeld, in dem Sport betrieben wird, formen diejenigen, die sich dem Sport hingeben. Also macht der Sport die Menschen – oder ist es so, dass Menschen den Sport wählen, der ihnen gemäß ist? Was unterscheidet die Sportarten und welche Eigenheiten lassen sich erkennen? So wurde aus einer Reportage zum Thema Fliegen eine Reportage zum Thema Gesellschaft und Verantwortung.

Die Reportage bietet also die Möglichkeit vordergründig über ein Thema zu schreiben, in der Tiefe jedoch ganz anderen Spuren nachzugehen. Und wenn diese Spuren changierend sichtbar werden. Dann ist eine Reportage wirklich gelungen.

9.2 Die Reportagemodule nach GPA-Ideenmuster aufbauen

Die Idee des GPA-Schemas lässt sich für Reportagen wunderbar nutzen. Es eignet sich schon deshalb so gut, weil die Bildhaftigkeit der Beschreibungen grundsätzlich das Eintauchen der Leser in die Geschichte über den Pol des Vertrauens eröffnet. Jede Situations- oder Szenenbeschreibung triggert die Vorstellungskraft und die Phantasie der Leser, wodurch ein gefühlsmäßiger Zugang zum Thema geschaffen wird.[23]

Im Gegensatz zu anderen Texten und Anwendungen (wie beispielsweise für Websites) sollten bei der Reportage keine klaren Trennungen zwischen den GPA-Polen gemacht werden. Während man bei anderen Anwendungen des Schemas den Einstieg für Leser und User erleichtern will, dient das GPA in der Reportage lediglich der Abrundung einzelner Reportage-Szenen. Kontrolliert man die einzelnen dargestellten Szenen nach GPA-Muster, so sollte jede Szene [24] alle drei GPA-Pole abdecken.

In aller Regel sind Reportagen längere Texte. Die Leserin einer Reportage weiß beim ersten Blick, dass sie sich auf einen erzählerischen Text einlässt und wird ihn auch nur lesen, wenn sie die entsprechende Zeit dafür erübrigen kann. Es hat also keinen Sinn die Zugangsschwellen zu diesem Epos zu senken, indem man bewusste Zugänge über die GPA-Pole anbietet. Um aber die Leserin am Text zu halten – in Unkenntnis der von ihr präferierten Zugangspole – sollte jede Sequenz mindestens zwei Pole abdecken. Besser noch: alle drei.

---

23 Vgl. Kapitel 6 Das Glaubenspolaritäten-Schema nach SyS (Varga/Sparrer)
24 Vgl. Bild 9.1 „Schema der Reportage"

9.2 Die Reportagemodule nach GPA-Ideenmuster aufbauen

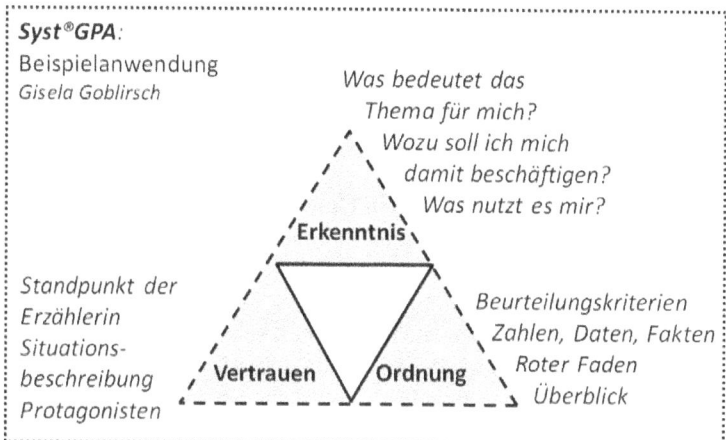

Bild 9.2 Reportage - GPA-Zugänge
Quelle: Eigene Darstellung

Der Pol des Vertrauens kann innerhalb einer Szene beispielsweise dadurch angesprochen werden, dass die Autorin in einzelnen Bemerkungen und Nebensätzen ihre persönliche Einstellung zum Thema sichtbar werden lässt. Dadurch schafft die Autorin eine Ebene auf der die Leser ihre eigene Meinung gegenüberstellen können. Man könnte sagen, die persönlichen Aussagen der Autorin sind eine Einladung an die Leser, sich ihren Standpunkt dazu selbst zu wählen. Sobald eine Beziehung zwischen Leser und Autor entsteht – dabei ist es irrelevant, ob beide einer Meinung sind – ist der gefühlsmäßige Zugang zu einem Thema bereits eröffnet. Ähnliche Beziehungen lassen sich selbstverständlich auch zwischen Lesern und Protagonisten herstellen. Ein Protagonist wird umso greifbarer, je mehr Mimik, Gestik und Gedanken dieser Person beschrieben werden. Dazu gehören auch Gedanken und Aussagen, Mimik und Gestik, die nicht glattpoliert und politisch korrekt sind. Gerade wenn ein Protagonist als komplexe Person dargestellt wird, dient das der Lebendigkeit der Reportage und die Leser finden verschiedenste Ansatzpunkte, um ihre eigenen Gedanken daran festzumachen.

Doch auch die Ordnung, der Überblick, die verlässlichen Zahlen und Daten sollten in der Reportage vorhanden sein. Wenn ein Leser vom Pol der Ordnung ins Thema einsteigt, muss er Aussagen finden, die nachprüfbar und verlässlich sind. Für solche Leser ist es wichtig, Zahlen, Daten und Fakten anzubieten, die in einem späteren Gespräch als „harte" Fakten wiedergegeben werden können. Das spielt bei politischen oder wirtschaftlichen Reportagen eine herausragende Rolle, ist aber auch bei allen anderen Sorten von Reportagen wirklich relevant. Diese verlässlichen Fakten vermitteln den Lesern das Gefühl von Sicherheit: Die Autorin scheint sich wirklich gut auszukennen.

Mit den gelieferten Zahlen lassen sich Gespräche und Diskussionen über das Thema unterfüttern. Finden die Ordnungsliebhaber zusätzlich einen klaren roten Faden im Text und können sie Kernaussagen leicht erschließen – weil sie beispielsweise in Zwischenüberschriften hinterlegt sind – so werden sie der Reportage aufgeschlossen gegenüberstehen und die Inhalte weitertragen können.

Eine gute Reportage ist deshalb immer mit Rechercheaufwand verbunden, der weit über die Begleitung des aktuellen Geschehens hinausgeht. An dieser Stelle sei auch bemerkt, dass gerade harte Zahlen oder Daten, die im Gespräch fallen, nicht veröffentlicht werden sollen, wenn sie nicht aus einer zweiten Quelle gestützt werden. Gesprächspartner können sich immer irren oder haben vielleicht einen persönlichen Grund Zahlen zu nennen, die nicht der Realität entsprechen.

Tun sich in diesem Fall Gräben oder Ungereimtheiten auf, so sollte man die belastbaren Zahlen nennen. Möglicherweise stützt die Interpretation der Zahlen durch den Gesprächspartner vor Ort eine essentielle Aussage der gesamten Reportage. Dann sollten die beiden Zahlen nicht nur nebeneinander gestellt, sondern auch mit dem Grundthema verbunden werden. Dies wäre in jedem Fall eine Steilvorlage für die Autorin, der eigenen Meinung durch eigene Aussagen etwas Raum zu geben.

Was bedeutet dieses Thema für mich? Das wäre eine klare Leserfrage aus dem Blickwinkel des Erkenntnispols. Über eine Reportage Erkenntnisse zu schaffen, ist wohl die tatsächlich schwierigste Aufgabe des Autors. Zum einen sollte man sich immer bewusst sein, dass die Leser eigenständig denken wollen, zum anderen sollten dann aber die Beschreibungen der Situationen so gewählt sein, dass Erkenntnisse auch möglich werden.

Das bedeutet für den Journalisten, Zusammenhänge darzustellen, die möglicherweise nur dann sichtbar werden, wenn die reine Reportage verlassen wird. Es sollten also auch Hintergründe und Querverweise auf Ereignisse und Gegebenheiten außerhalb des Reportage-Ereignisses geliefert werden. Die Profis schaffen es meist, einen Zeitzeugen oder Gesprächspartner aufzutreiben, der solche Zusammenhänge darstellen kann. Sehr oft findet man die Personen, die sozusagen Transferleistung für den Leser erledigen, im mittelbaren Umfeld des Themas. Wenn dort niemand greifbar ist, hat es sich bewährt, in der entsprechenden Literatur des Gebietes oder der Themas zu suchen. Der Aussage einer Person einen Ausschnitt aus der

9.2 Die Reportagemodule nach GPA-Ideenmuster aufbauen

Literatur gegenüberzustellen, erleichtert es vielen Lesern zu verstehen und für sich selbst Erkenntnisse zu generieren. Bleibt eine Reportage stecken zwischen verlässlichen Zahlen und schönen Szenenbeschreibungen, hat sie den wesentlichen journalistischen Auftrag tatsächlich nicht erfüllt.

▶ Jede einzelne Szene einer Reportage, die es wert ist, beschrieben zu werden, sollte inhaltlich alle drei Pole des GPA durchwandern. Die Leser sollten die Möglichkeit bekommen, in eine Szene einzutauchen und einen persönlichen emotionalen Bezug dazu herzustellen.

Gleichzeitig muss jede Szene Zahlen, Daten und Fakten liefern. Denn ohne diese Information, die weitergegeben werden kann, verliert der Text deutlich an Attraktivität für alle Liebhaber von Struktur und Ordnung.

Aus dem geschilderten Erlebnis jedoch eine Transferleistung für sich selbst zu generieren, ist oft nicht einfach. Deshalb sollten die Autoren immer auch eine Transferleistung anbieten. Hilfreich dafür sind Gesprächspartner, die Zusammenhänge herstellen, oder aber Literaturzitate, aus denen man (in Verbindung mit der geschilderten Szene) relevante Erkenntnisse gewinnen kann.

10 Unterschiedliche Textzugänge ermöglichen – oder: Wie das Tetralemma verhindert, dass Leser sich bevormundet fühlen

> **Zusammenfassung**
>
> Der Schreibprozess ist eine Mischung aus Assoziation und Technik. Wie man beides gezielt ansteuern kann, erklärt dieses Kapitel. Das Tetralemma und der sich daran orientierende Schreibprozess führen zur ausgeglichenen Wahrnehmung aller Interessen (Allparteilichkeit), zur Entdeckung von relevanten und irrelevanten Aussagen und zu einer lösungsorientierten Grundhaltung.

> **Schlüsselwörter**
>
> Liquid Journalism · Tetralemma · Trennungsregel · Glaubwürdigkeit · Schreibprozess · Systematik · Assoziation

Nicht alle Texte sind einfach nur witzig oder amüsant oder leicht zu genießen – geschweige denn leicht zu schreiben. Das liegt allerdings keineswegs in der Schwierigkeit des Schreibens, sondern in der Entwicklung eines Standpunktes oder tragfähigen persönlichen Basis, die das Schreiben überhaupt erst möglich machen. Die Herausforderung für den Qualitätsjournalismus liegt in der ausgeglichenen Wahrnehmung aller Interessen (Allparteilichkeit) bei der Darstellung von Themen. Wie leicht ist es, eine Meinung zu haben und diese Meinung unterschwellig zu transportieren. In den vergangenen 20 Jahren hat sich eine bedauerliche Mixtur aus Berichterstattung und Kommentar in vielen Medien in besonderem Maße in der Lokalberichterstattung breit gemacht. Die ehemals so strikte Trennung zwischen dem, was man selbst denkt und meint und dem, was man beobachten und recherchieren kann wurde aufgelöst. Und erschreckend viele Medienvertreter verschwenden noch heute keinen Gedanken daran, dass unklare Texte und die Vermischung von

Meinung und Berichterstattung zu genau dem Wort geführt hat, das 2016 in aller Munde war: „Lügenpresse".

Die Medien sind angreifbar geworden, weil sie viel zu häufig und viel zu polemisch angegriffen haben. Auch weil ein unverständliches Maß an Überheblichkeit und persönlichem Moralempfinden in sehr vielen Beiträgen zu spüren war. Was mir (der Journalistin) ehrlich und wahr erscheint, soll auch für alle anderen gelten. Und der Zweck heiligt bekanntlich die Mittel. „Dinge müssen beim Namen genannt werden", das habe ich in Diskussionen sehr häufig gehört. Ist auch richtig so. Aber das heißt nicht, dass es mir – selbst wenn ich mich als Gatekeeperin betrachte – erlaubt sein kann, den Dingen die Namen zu geben, die ich in meinem Moralsystem als gottgegeben ansehe. [25]

Der Mechanismus, die Auflagenzahlen durch möglichst emotionalisierte Darstellung von Sachverhalten in die Höhe zu treiben, hat die Medien jetzt eingeholt. Viele Medien leben davon, dass die Befriedigung von Sensationsgier die Recherche beeinflusst. Oft werden Stories aufbereitet, indem Nebenaspekte zu Hauptaspekten hochstilisiert werden. Menschen und Schicksale werden breitgetreten und vernichtet – ohne Verantwortungsbewusstsein und ohne Blick auf die Effekte in der Gesellschaft. Das Resultat ist eine Zersplitterung dessen, was als „Urvertrauen" jedem Menschen mitgegeben ist. Fairness, Verständnis, Zugewandtheit – Fehlanzeige! Nachtreten ist angesagt.

Es ist ein Faktum, dass die überwiegende Anzahl der Leserinnen und Leser lieber den einfachen Weg gehen und sich die Meinung „machen lassen". Doch wer nur danach schielt, verliert diese Nutzer wieder, denn für den Journalismus gilt das gleiche wie für den Verrat: „Man liebt den Verrat, aber nicht den Verräter".

Analog dazu trifft es auch die PR-Texter. Public Relation wird in einen Topf geworfen mit Werbung und Reklame. Empfehler werden gekauft. Das Netz vereinfacht es, künstliche Empfehler zu bauen und sprechen zu lassen. Die PR-Texte

---

25 Davon nehme ich ganz klar jene Aussagen und Darstellungen aus, die sich auf nachweisliche Lügen beziehen. Gesellschaftsrelevante Lügen, die schamlos in die Welt entlassen werden und als Wahrheit hingestellt, müssen ans Licht gebracht werden. Die Aufgabe der Presse ist es, für die Gesellschaft tatsächlich das Regulativ darzustellen und nachzuweisen, wenn Lügen – gerade im politischen oder wirtschaftlichen Umfeld – ausgesprochen werden. Dies hat jedoch mit handwerklicher Sorgfalt zu tun und nicht mit persönlichem Moralempfinden. Die Lüge muss dargestellt werden. Die Bewertung der Lüge jedoch gehört in einen Kommentar oder muss der Leserin überlassen werden.

Unterschiedliche Textzugänge ermöglichen – oder: Wie das Tetralemma verhindert, dass Leser sich bevormundet fühlen

10

> **Zusammenfassung**
>
> Der Schreibprozess ist eine Mischung aus Assoziation und Technik. Wie man beides gezielt ansteuern kann, erklärt dieses Kapitel. Das Tetralemma und der sich daran orientierende Schreibprozess führen zur ausgeglichenen Wahrnehmung aller Interessen (Allparteilichkeit), zur Entdeckung von relevanten und irrelevanten Aussagen und zu einer lösungsorientierten Grundhaltung.

> **Schlüsselwörter**
>
> Liquid Journalism · Tetralemma · Trennungsregel · Glaubwürdigkeit · Schreibprozess · Systematik · Assoziation

Nicht alle Texte sind einfach nur witzig oder amüsant oder leicht zu genießen – geschweige denn leicht zu schreiben. Das liegt allerdings keineswegs in der Schwierigkeit des Schreibens, sondern in der Entwicklung eines Standpunktes oder tragfähigen persönlichen Basis, die das Schreiben überhaupt erst möglich machen. Die Herausforderung für den Qualitätsjournalismus liegt in der ausgeglichenen Wahrnehmung aller Interessen (Allparteilichkeit) bei der Darstellung von Themen. Wie leicht ist es, eine Meinung zu haben und diese Meinung unterschwellig zu transportieren. In den vergangenen 20 Jahren hat sich eine bedauerliche Mixtur aus Berichterstattung und Kommentar in vielen Medien in besonderem Maße in der Lokalberichterstattung breit gemacht. Die ehemals so strikte Trennung zwischen dem, was man selbst denkt und meint und dem, was man beobachten und recherchieren kann wurde aufgelöst. Und erschreckend viele Medienvertreter verschwenden noch heute keinen Gedanken daran, dass unklare Texte und die Vermischung von

Meinung und Berichterstattung zu genau dem Wort geführt hat, das 2016 in aller Munde war: „Lügenpresse".

Die Medien sind angreifbar geworden, weil sie viel zu häufig und viel zu polemisch angegriffen haben. Auch weil ein unverständliches Maß an Überheblichkeit und persönlichem Moralempfinden in sehr vielen Beiträgen zu spüren war. Was mir (der Journalistin) ehrlich und wahr erscheint, soll auch für alle anderen gelten. Und der Zweck heiligt bekanntlich die Mittel. „Dinge müssen beim Namen genannt werden", das habe ich in Diskussionen sehr häufig gehört. Ist auch richtig so. Aber das heißt nicht, dass es mir – selbst wenn ich mich als Gatekeeperin betrachte – erlaubt sein kann, den Dingen die Namen zu geben, die ich in meinem Moralsystem als gottgegeben ansehe. [25]

Der Mechanismus, die Auflagenzahlen durch möglichst emotionalisierte Darstellung von Sachverhalten in die Höhe zu treiben, hat die Medien jetzt eingeholt. Viele Medien leben davon, dass die Befriedigung von Sensationsgier die Recherche beeinflusst. Oft werden Stories aufbereitet, indem Nebenaspekte zu Hauptaspekten hochstilisiert werden. Menschen und Schicksale werden breitgetreten und vernichtet – ohne Verantwortungsbewusstsein und ohne Blick auf die Effekte in der Gesellschaft. Das Resultat ist eine Zersplitterung dessen, was als „Urvertrauen" jedem Menschen mitgegeben ist. Fairness, Verständnis, Zugewandtheit – Fehlanzeige! Nachtreten ist angesagt.

Es ist ein Faktum, dass die überwiegende Anzahl der Leserinnen und Leser lieber den einfachen Weg gehen und sich die Meinung „machen lassen". Doch wer nur danach schielt, verliert diese Nutzer wieder, denn für den Journalismus gilt das gleiche wie für den Verrat: „Man liebt den Verrat, aber nicht den Verräter".

Analog dazu trifft es auch die PR-Texter. Public Relation wird in einen Topf geworfen mit Werbung und Reklame. Empfehler werden gekauft. Das Netz vereinfacht es, künstliche Empfehler zu bauen und sprechen zu lassen. Die PR-Texte

---

25 Davon nehme ich ganz klar jene Aussagen und Darstellungen aus, die sich auf nachweisliche Lügen beziehen. Gesellschaftsrelevante Lügen, die schamlos in die Welt entlassen werden und als Wahrheit hingestellt, müssen ans Licht gebracht werden. Die Aufgabe der Presse ist es, für die Gesellschaft tatsächlich das Regulativ darzustellen und nachzuweisen, wenn Lügen – gerade im politischen oder wirtschaftlichen Umfeld – ausgesprochen werden. Dies hat jedoch mit handwerklicher Sorgfalt zu tun und nicht mit persönlichem Moralempfinden. Die Lüge muss dargestellt werden. Die Bewertung der Lüge jedoch gehört in einen Kommentar oder muss der Leserin überlassen werden.

werden zu Lobhudeleien auf Unternehmen und Produkte. Der Effekt? Misstrauen. „Die lügen doch sowieso alle".

Der Verlust der Ehrlichkeit, die unbedingte Gier danach, Kontrolle auszuüben und die Medienmacher zu beeinflussen, fördert genau dieses Misstrauen bei den Nutzern und Leserinnen. Mit anderen Worten: Das System korrumpiert sich selbst, höhlt sich von innen aus. Es destabilisiert sich. Und das trifft sowohl den Journalismus als auch die PR.

10.1 Zugang zu Ideen und offenen Fragen: das Tetralemma

Der Journalismus und die Journalismuslehre haben auf die geschilderten Vorgänge mehrere Antworten: Immer auch die Gegenseite zu Wort kommen lassen. Information und Meinung trennen (1. Trennungsregel), redaktionellen Inhalt und Werbung trennen (2. Trennungsregel). Einen Schritt weiter gehen bedeutet: Wie kann man ein Thema ausgewogen darstellen? Wohin gehört eine Lösungsidee oder eine Meinung dazu?

Hier hilft die systemische Grammatik[26]. Das Tetralemma von Matthias Varga von Kibéd, das im SySt-Insitut in München gelehrt wird, kann zur Ideenfindung, als Kreativitätstechnik, als Form für Essays oder Hintergrundgeschichten oder für die Entwicklung der eigenen Persönlichkeit herangezogen werden. Dieses gedankliche System ist so umfassend einsetzbar, dass es sich lohnt, sich mit dem Format des Tetralemmas in seiner puren Form zu beschäftigen.

Tetralemma statt Dilemma:[27] Das Tetralemma ist eine Form der Lösungsfindung und/oder Erörterung. Es ermöglicht aus einem Zwiespalt, einem „Dilemma", einer scheinbaren oder tatsächlichen Unvereinbarkeit zweier konträrer Aussagen oder Grundannahmen, herauszutreten und neue Sichtweisen auf ein Thema einzunehmen. *Tetra* ist griechisch und bedeutet „vier". Das Tetralemma ist eine „grammatische" Figur logischer Zusammenhänge, basierend auf der indischen Logik.

Aristoteles als Vater der klassischen europäischen Logik ging davon aus, dass eine Aussage entweder wahr oder falsch sein müsse.[28] Der logische Schluss daraus

---

26 Ich beziehe mich auf die stringente systemische Grammatik von Prof. Matthias Varga von Kibéd
27 Tetra = vier; Lemma = Annahme, Voraussetzung
28 Vgl. Prinzip der Zweiwertigkeit; (https://de.wikipedia.org/wiki/Prinzip_der_Zweiwertigkeit); Achtung: diese Aussage ist stark verkürzt dargestellt.

war, dass mindestens einer von zwei Kontrahenten in einem Streit falsch liegen müsse oder falsche Anteile in seiner Sichtweise enthalten sein müssten. Also wurde im „Dilemma" diskutiert, gekämpft und sich aufgerieben. Wirklich weiter kommt man mit dieser Vorgehensweise nicht, denn sie führt dazu, dass die Gegensätze zementiert werden, anstatt eventuelle Gemeinsamkeiten anerkannt und genutzt. Auch der Gedanke, dass beide Gesprächspartner lügen oder sich teilweise irren könnten, wird im System der Zweiwertigkeit nicht wirklich wahrgenommen.

Der indische Philosoph Nagarjuna, Vordenker des Mahayana-Buddhismus, erkannte, dass eine Aussage vier mögliche Wahrheitsmomente beinhalten könnte:

1. **Wahr** (als absolute Größe)
2. **Falsch** (als absolute Größe)
3. **Wahr UND falsch**/Sowohl wahr als auch falsch/Erst wahr, dann aber falsch etc.
4. **Weder wahr noch falsch** (Im Sinne von „irrelevant in einem Kontext" oder „unzulässig als Aussage an sich" oder „Der Kontext erfordert eine ganz andere Sichtweise" oder „Der bisher gegebene Kontext spielt keine tatsächliche Rolle" etc.)

Diese vier möglichen Momente treffen natürlich auch zu, wenn es nicht um die „Wahrheit" geht. Jede andere Erörterung – beispielsweise das Ringen um „Meinung A" und „Meinung B" – kann denselben Prozessen folgen. Inhaltlich neutraler und deshalb umfassend einsetzbar ist daher die Bezeichnung der vier Positionen wie folgt: [29]

1. **Das Eine** (A)
2. **Das Andere** (B)
3. **Beides** (im Sinne von A UND B/A neben B /A als Teil von B/Mischung aus A und B/in Zeitfolge erst A dann B etc.)
4. **Keines von Beidem** (im Sinne von Unverhältnismäßigkeit zwischen den Positionen/Irrelevanz im Kontext; etc.)[30]

---

29 Vgl. https://de.wikipedia.org/wiki/Tetralemma_(Strukturaufstellung); Diese allumfassende Einteilung haben der Wissenschaftslogiker Prof. Matthias Varga von Kibéd und seine Frau, die Psychologin Insa Sparrer für ihre Aufstellungsarbeit entwickelt.
30 Die Positionen 3 und 4 hießen ursprünglich „Das Eine und das Andere" bzw. „Das Eine nicht und das Andere nicht". Im SySt--Institut wurde daraus „Beides" – wobei es viele Formen davon geben kann – und „Keines von Beidem" (was sich wiederum auf alle möglichen Formen von „Beides" bezieht).

Nagarjuna fügte dem Tetralemma noch eine vierfache Verneinung hinzu, die als Kritik allen anderen Positionen gegenübergesetzt ist. Matthias Varga von Kibéd hat diese „Fünfte" weiterentwickelt und neu definiert. Sie ist nun eine „Nichtposition". Das heißt, sie nimmt gegenüber allen anderen Positionen eine tiefe Skepsis ein. Sie misstraut den Erkenntnissen aus den vier genannten Positionen und ist sogar so „skeptisch", dass sie sich selbst in Frage stellt. Insofern ist diese moderne Form der „Fünften" das intellektuell Unverständliche, der Zufall oder was auch sonst noch dazu beitragen kann, das Dilemma zu lösen. Deshalb trägt sie die etwas sperrige Bezeichnung:

5. **All dies nicht – und selbst DAS nicht.**[31]

An dieser Stelle erkennen sich vielleicht die einen oder anderen Leser dieses Buches wieder. „Was dürfen wir denn dann noch schreiben, wenn wir allem misstrauen? Muss ich mir selbst misstrauen in dem, was ich tue? Wo stehe ich eigentlich in Bezug auf das Thema, das ich bearbeite? Und was geschieht, wenn ich allen Positionen misstraue und dann sogar meinem eigenen Denken? Zugegeben, dieser Gedanke kann zu großen Selbstzweifeln führen. Doch wer sich diesem Gedanken stellt, findet seine eigene Basis und ist sich dieser Basis auch sehr deutlich bewusst. Das ist natürlich mit Arbeit und dem Willen der Erkenntnissuche verbunden und deshalb durchaus nicht leicht. Aber: Solche Gedankengänge sind der Tod jeder Überheblichkeit, jeder Besserwisserei oder des Glaubens an die eigene unumstößliche Wahrheit.

Nimmt man nun diese Tetralemma-Figur, die weit über das „Dilemma" hinausgeht, so fällt auf, dass sie zu einer Erweiterung des Lösungsraumes beiträgt. Aus einer Linie zwischen zwei Punkten (einem „Nur A" oder „Nur B") wird ein „A" – oder „B"- oder „Beides" – oder „Keines von Beidem" – plus „Alles darüber hinaus". Zur Verdeutlichung folgt zunächst die Darstellung des Dilemmas.

Benutzt man das Dilemma als Diskussionsgrundlage, so entsteht relativ schnell ein Wettbewerb, wer die besseren Argumente habe. Es geht dann also nicht darum, eine tragbare Lösung für beide Seiten zu finden, sondern darum wer den „Sieg" über den jeweils anderen erringen kann. Das wiederum führt in den meisten Fällen

---

31 Vgl. Insa Sparrer, Matthias Varga von Kibéd: Ganz im Gegenteil, Tetralemmaarbeit und andere Grundformen Systemischer Strukturaufstellungen, Heidelberg 2009; Fritz B. Simon, Matthias Varga von Kibéd: Wieslocher Dialog, Tetralemma, Konstruktivismus und Strukturaufstellungen, Aachen 2008

zu einer Zementierung der eigenen Meinung. Aus einem solchen Gespräch oder einer solchen Betrachtung eines Themas entstehen immer „Sieger" und „Verlierer". Ich gestatte mir die provokante Frage, wie tragfähig eine Lösung wohl sein kann, wenn es einen Verlierer gibt? Das ist der Moment, in dem ein „Gegner des errungenen Sieges" geboren wird. Mit anderen Worten: Der nächste Konflikt ist vorprogrammiert.

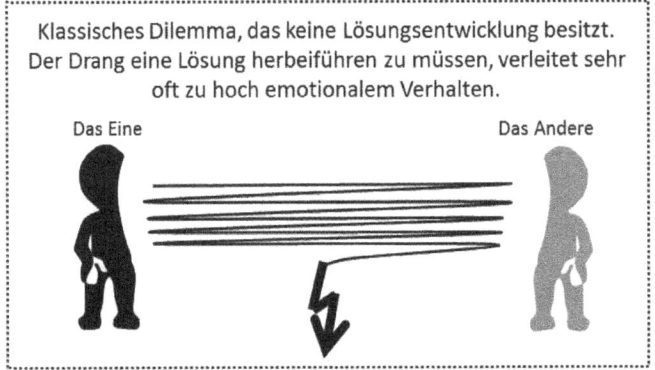

Bild 10.1 Klassisches Dilemma - zwei Ansichten prallen aufeinander
Quelle: Eigene Darstellung

In der nun folgenden Grafik sieht man die Entwicklung eines Tetralemmas. Besonders interessant ist es, möglichst viele Formen von „Beides" zu entwickeln. Es gibt Möglichkeiten der zeitlichen Reihung (zuerst das Eine, dann das Andere), der materiellen Vermischung (das Eine im Körper des Anderen), der Durchdringung (teilweise das Eine und teilweise das Andere), der Priorisierung (das Eine vor dem Hintergrund des Anderen), paradoxe Verbindungen und einige mehr.

Diese Formen von „Beides" sind nicht zu verwechseln mit dem Wort „Kompromiss". Kompromiss impliziert, den Verzicht beider Parteien auf einen Teil ihrer Forderung. Der Kompromiss ist also eine Lösung, bei der es wiederum „Verlierer" gibt. In diesem Fall eben zwei Verlierer. Oft bleibt bei einem Kompromiss ein fader Beigeschmack bei beiden Parteien hängen. Und auch dies ist oft Ausgangspunkt für spätere Angriffe auf diesen Kompromiss.

Die fünfte „Nichtposition" ist übrigens ganz bewusst über den Rahmen der Grafik hinausgezeichnet. Dies soll ein Hinweis darauf sein, dass die „Fünfte" durchaus auch das System verlassen kann und dadurch außenliegende Ideen und

10.1 Zugang zu Ideen und offenen Fragen: das Tetralemma   121

Gedanken in das System einbringt. Hier eine schematische Darstellung dieser Eröffnung des Gedankenraums:

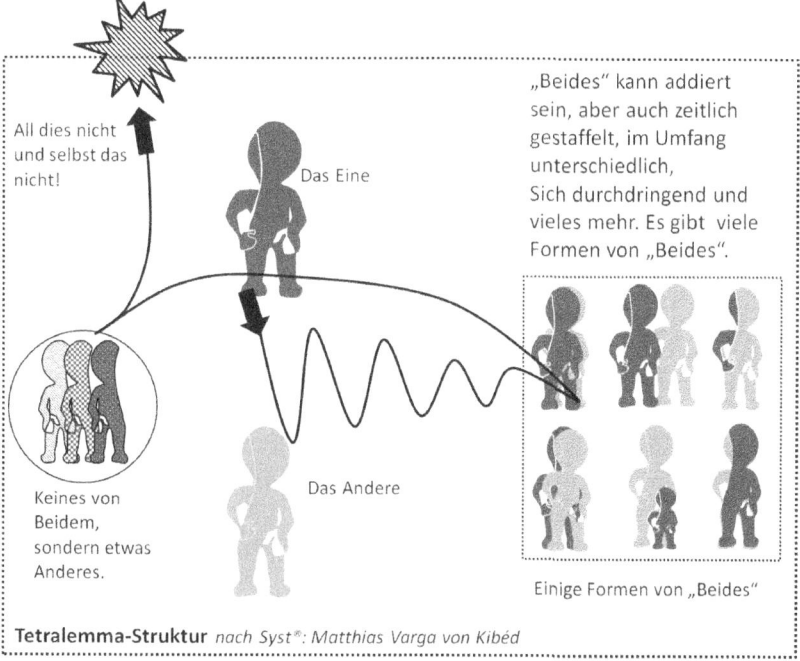

Bild 10.2 Gedankengang des Tetralemmas
Quelle: Eigene Darstellung

Prof. Matthias Varga von Kibéd erklärt die Entstehung und Herleitung des Tetralemmas in einem Video sehr einfach und klar.[32] Hier eine inhaltliche Wiedergabe seiner Gedanken. Das Tetralemma kann (zumindest) in den folgenden drei Kategorien verwendet werden:

---

32 https://www.youtube.com/watch?v=-Uwrz8gzE2E; (abgerufen 30.12.2016): Hervorragende Erklärung zum Tetralemma. Allerdings ist das Video an der Stelle zu Ende, an der die Erklärung zur fünften „Nichtposition" erfolgte. Es fehlt also die Vervollkommnung der vier vorangegangenen Positionen.

- Als Erweiterung des Handlungsspielraumes bei strittigen Fragen (siehe Bild 10.1). Es dient in diesem Sinne der Ideenfindung und der Erkundung des Möglichkeitsraums.
- als Ablaufschema bei dialektischen Prozessen und Konflikten (also als eine Art von Wegweiser oder Roter Faden durch gedankliche Prozesse und damit auch gleich eine Handlungsanleitung für gute Texte beispielsweise für einen Essay) und
- als sehr persönliche Form der Emanzipation von Zwängen (die einem selbst oft nur am Rande bewusst sind. In diesem Bereich führt das Durchschreiten des Tetralemmas zu einer Persönlichkeitsentwicklung).

Um die Erweiterung des Handlungsspielraums zu erklären, bietet Varga von Kibéd folgendes Beispiel:

Beispiel

Wie kann ein Richter bei einem Prozess als gerechter Richter gelten?
Er muss beide Seiten hören (darf also kein vorgefertigtes Urteil haben). Selbst wenn er nach dem Anhören des ersten Prozessbeteiligten zum dem Schluss käme, dass dessen Argument die vollkommene Wahrheit wäre, wäre er kein guter Richter, wenn er den Anderen nicht anhören würde. Er hat beiden Seiten Raum zu geben. (Positionen 1 und 2)
   Er wäre ein schlechter Richter, wenn er davon ausginge, dass unbedingt eine der beiden Seiten alleine Recht haben müsse. Falls er zu keinem Urteil kommen könnte, müsste er ja dann logischerweise losen, wer Recht bekäme. Das wäre keine tragbare Lösung. Es muss also Formen geben, bei denen beide – wenn auch auf unterschiedliche Weise – Recht haben können. Diese Formen von „Beide haben Recht" muss er in Erwägung ziehen. (Position 3)
3) Ein gerechter Richter muss aber auch in Erwägung ziehen, dass vielleicht eine relevante Partei noch nicht gehört wurde, dass also noch jemand herbeigerufen und befragt werden sollte. Der Richter muss in Erwägung ziehen, dass beide Parteien Unrecht haben könnten. (Position 4)
Zitat aus: https://www.youtube.com/watch?v=-Uwrz8gzE2E (abgerufen 30.12.2016)

Für die Kolleginnen und Kollegen der schreibenden Zunft, für Rechercheure und Moderatoren lässt sich aus dem Tetralemma ein Anspruch an die eigene Arbeit entwickeln. Die Grundfrage lautet: „Bin ich ein guter Journalist, wenn ich mit einem fertigen Bild im Kopf – einer Hypothese, die bestätigt werden soll – an eine Geschichte herangehe? Bin ich für die Meinungsbildung in diesem Land zuständig?

10.1 Zugang zu Ideen und offenen Fragen: das Tetralemma

Wenn ja, übe ich diesen Auftrag wirklich gut aus? Bin ich „gerecht" der Sache und den Menschen gegenüber?"

Sobald die eigene Meinung, die eigenen Regeln und eigenen Moralvorstellungen über die Sache gestellt werden, kann man nicht mehr „gerecht" schreiben. Natürlich haben wir Autoren eine eigene Meinung. Das ist vollkommen in Ordnung. Aber bin ich wirklich gut, wenn ich meinen Lesern diese Meinung als allgemeingültige Tatsache unterschiebe? Ist meine Arbeit möglicherweise besser, wenn ich ein Thema aus allen Blickwinkeln betrachte und meine Meinung gesondert in einem Kommentar abgebe? Das hieße Kontrolle abgeben. Das hieße wirklich Meinungsbildung ermöglichen. Das hieße, die Pressefreiheit und die Demokratie ernst nehmen.

Für alle, die publizieren, ist es hilfreich sich mit dem Tetralemma auseinanderzusetzen. Es beeinflusst nicht nur die Art des Schreibens, sondern viel mehr die Art des Denkens. Gemeinhin wird dieser Prozess als „Lernen" bezeichnet.

Folgt man Varga von Kibéd, so ist das Tetralemma ein „Schema zur Veränderung von Bewusstseinszuständen und Einsichten." Keinesfalls nur ein statisches Schema zur Darstellung von etwas Unumstößlichem. Es ist eine Aufforderung, sich auf unterschiedliche Sichtweisen einzulassen. Dadurch erfolgt automatisch eine Veränderung des Bewusstseins. Wenn das Bewusstsein und die Art, Dinge anzuschauen sich aber ändern, während man das Tetralemma durchdenkt, dann kann das Schema nicht „feste" Positionen darstellen. Das Tetralemma bildet also eine fluide, sich bewegende Situation ab.[33]

Angewandter Liquid Journalism: In diesem flüssigen Zustand des Erkenntnis-Prozesses ist es höchst wahrscheinlich, dass zufällige Begegnungen, Zusammentreffen und Assoziationen den entscheidenden Hinweis geben können auf das, was zu einer tragbaren Lösung führt. Die Einbeziehung der fünften „Nichtposition" (All dies nicht, und selbst das nicht) vervollkommnet also die Nutzbarkeit des Tetralemmas, denn sie gibt den vier Standardpositionen die Chance ernstgenommen zu werden, ohne eine übertriebene Wichtigkeit zu erlangen. Die fünfte „Nichtposition" ist das Augenzwinkern, die Leichtigkeit, der AHA-Effekt dieses Schemas.

Übersetzt in die Arbeit von Journalistinnen und PR-Textern heißt das: Sobald man sich die Mühe macht, sämtliche Blickwinkel eines Themas zu erkunden und damit möglichen Positionen der Nutzer eine Chance einzuräumen, steigt die

---

33 Lernen verändert bekanntlich den Menschen. Wer lernt, ist nachher nicht mehr derselbe wie vorher. Analog möchte ich den schönen Satz zitieren: „Achtung: Lernen schadet der Unwissenheit".

Wahrscheinlichkeit, dass man Zufälle und Assoziationen erkennt und mit dem Thema in Verbindung bringen kann. Neue Möglichkeiten tun sich auf. Das kann zu einer Explosion der Innovationskraft führen. Ideen entstehen, neue Wege werden sichtbar und Zusammenhänge erkannt, an die man im normalen Schreiballtag einfach nicht denkt. Das Tetralemma ist ein unglaublich wertvolles Instrument der Innovation und Kreativität.[34]

Und darüber hinaus ist es ein wunderbarer Weg, Texte zu gestalten.

10.2 Leser binden und einbeziehen – oder: die Kraft des Oszillierens

Wenn man das Tetralemma schrittweise betrachtet, so gewinnt man den Eindruck, dass die beiden ersten Positionen praktisch keine Annäherung gestatten. A und B stehen sich konträr gegenüber. Beide Positionen haben gute Argumente und sie leben davon, sich einander nicht anzunähern. An dieser Stelle sei bemerkt, dass sich die ersten Positionen des Tetralemmas nicht notwendigerweise auf zwei beschränken müssen. Das bedeutet, dass sich auch drei oder mehr Positionen gegenüberstehen können. Was sie auszeichnet, ist lediglich die Unterscheidung A (A 1, A2, A3 ...) sind nicht gleich B (B1, B2, B3...) und sie stehen in einem Spannungsverhältnis zueinander.

---

34 Unsere Agentur arbeitet seit vielen Jahren mit den Möglichkeiten, die sich über das Tetralemma anbieten. Als Kreativitätstechnik ist es ebenso nützlich, wie zur Findung von Lösungen in scheinbar unlösbaren Situationen.

10.2 Leser binden und einbeziehen

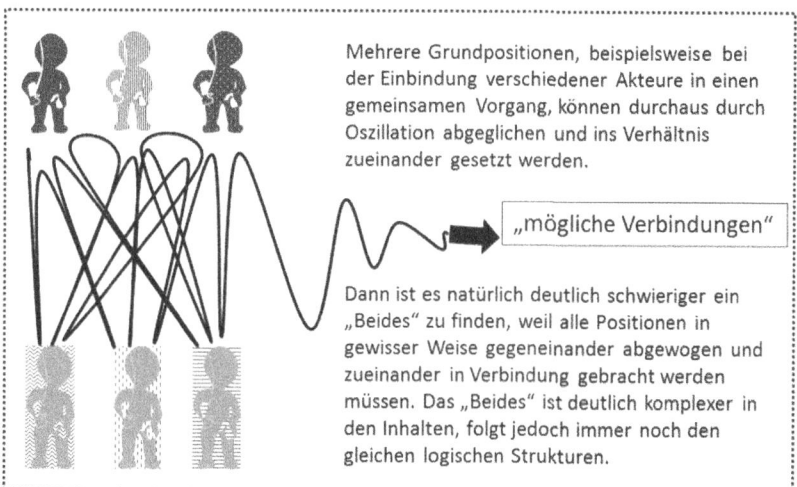

Mehrere Grundpositionen, beispielsweise bei der Einbindung verschiedener Akteure in einen gemeinsamen Vorgang, können durchaus durch Oszillation abgeglichen und ins Verhältnis zueinander gesetzt werden.

„mögliche Verbindungen"

Dann ist es natürlich deutlich schwieriger ein „Beides" zu finden, weil alle Positionen in gewisser Weise gegeneinander abgewogen und zueinander in Verbindung gebracht werden müssen. Das „Beides" ist deutlich komplexer in den Inhalten, folgt jedoch immer noch den gleichen logischen Strukturen.

Bild 10.3 Tetralemma-Arbeit mit mehr als zwei Ausgangspositionen
Quelle: Eigene Darstellung

Das Nichtannähern der Positionen „Das Eine" und „Das Andere" ist ein Garant für Spannung. Spannung, die natürlich auch seitens der Leser eingefordert und honoriert wird. Um also Gedanken anzuregen, ist es für jede Autorin interessant, die Unvereinbarkeit oder scheinbare Unvereinbarkeit zweier Standpunkte darzustellen und zu beleuchten.

Die einfachste Form ist es, den Standpunkt A komplett zu beschreiben und anschließend den Standpunkt B. Doch diese Art der Darstellung erscheint wenig attraktiv und ist vor allem hoch manipulativ, da die als erste präsentierte Meinung das gesamte Bild des Themas dominieren würde. Außerdem macht es nur wenig Spaß sich durch eine komplexe Darstellung zu lesen, um anschließend ein ebenso schlüssiges anderes Bild des Themas aufnehmen zu müssen.

Viel interessanter ist es, wenn einzelne Aspekte aus Standpunkt A und B gegeneinander gestellt werden. Wenn also das gesamte Thema kurz vorgestellt wird, um dann einzelne Aspekte zu vergleichen. Das entspricht in etwa der Wahrnehmung einzelner Tweets oder Messages aus den bekannten Social-Media-Plattformen. Man kann sie gezielt dazu nutzen, die unterschiedlichen Aspekte herauszufiltern. Konzepte des Liquid Journalism versuchen deshalb, die Leser an unterschiedlichen Stellen des Publikationsprozesses einzubinden. Aus Gründen der Fairness sollte dabei möglichst nicht immer die gleiche Seite zuerst beachtet werden. Für die Leser ergibt sich nach dieser Methode ein Geflecht aus unterschiedlichen Aspekten zweier Positionen.

Dieses Oszillieren [35]zwischen zwei oder mehr Positionen regt das Denken an. Die Leser werden animiert, nicht nur einem Gedankengang zu folgen, sondern müssen sich immer wieder mit einem neuen Blickwinkel beschäftigen, was zu einer Veränderung der Anschauung führen kann. Selbst die Beschreibung der unterschiedlichen Aspekte einer Meinung unterliegt beim Oszillieren einem Veränderungsprozess, den man ganz bewusst zulassen bzw. fördern kann. So ist es möglich im Text darzustellen, in welchen Aspekten sich Meinungen beispielsweise deutlich unterscheiden – oder eben annähern. Diese Vorgehensweise unterstützt einerseits die Lösungsfindung bei jenen, die eine Lösung finden sollten, andererseits die Lösungsbereitschaft in einer Gesellschaft, die sehr oft lieber den einfacheren Weg der Spaltung und Abgrenzung zu gehen bereit ist.

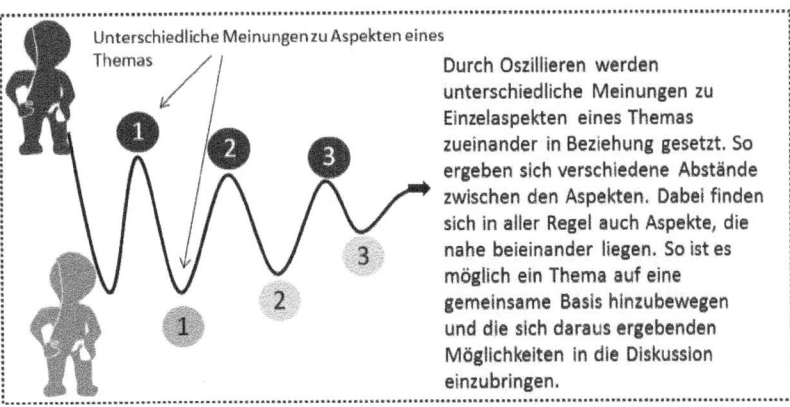

Bild 10.4 Oszillieren als Teil der Lösungsfindung
Quelle: Eigene Darstellung

▶ Zusammengefasst: Das Oszillieren in den Aspekten eines Themas führt zu einer lösungsorientierten Richtung der Berichterstattung, denn sie nimmt die

---

35 Oszillieren steht in diesem Zusammenhang nicht nur für das Schwanken oder Schaukeln zwischen zwei Polen, sondern für den Aspekt des „Sich Veränderns" in der Elementarteilchenphysik. Oszillieren meint: sich verändern während des Schaukelprozesses.

Leser mit und baut Brücken anstatt Gräben aufzureißen. Gerade bei extrem strittigen Themen oder Positionen der Politik, die unvereinbar erscheinen, ist diese Vorgehensweise der Berichterstattung sehr hilfreich. Sie zwingt den Autor nämlich auch dazu, die von ihm (möglicherweise) abgelehnte Position als real exisitierend wahrzunehmen und dieser ungeliebten Position eine Daseinsberechtigung zuzusprechen.

Alleine dieser Gedanke führt schon dazu, dass sich Themen wirklich neutral betrachten lassen. Außerdem wird eine der größten Gefahren vermieden: Die Gefahr, dass Themen der Gesellschaft nur deshalb ausgeblendet werden, weil die falschen Personen sie mit falschem Zungenschlag, falschen Mitteln und falscher Intention propagieren.

10.3 Keines von Beidem – Gedankenspiel mit neuen Kontexten

Die Positionen 3 und 4 im Tetralemma sind „sich gegenseitig ausschließende Positionen". Entweder gibt es ein „Beides" aus zwei Positionen, oder aber es existiert das „Keines von beidem". Hat man die Positionen 1 und 2 auf eine mögliche Form von „Beides" (Position 3) abgeklopft und lässt sich keine solche Form finden, ist die Wahrscheinlichkeit groß, dass sich eine Lösung in der vierten Position (Keines von beidem) zeigt.

Dieser Vermutung geht der Gedanke voraus, dass zwei Positionen, die sich trotz größter Anstrengung nicht vereinbaren lassen, vermutlich aufgrund des Kontextes, in dem man sie betrachtet, unvereinbar sind. Es ist also ein ganz naheliegender Gedanke, den Kontext kritisch zu überdenken. Ist er für die Fragestellung überhaupt relevant? Wird die Frage möglicherweise in einem Zusammenhang gestellt, der beispielsweise zu einer Paradoxie führen muss?

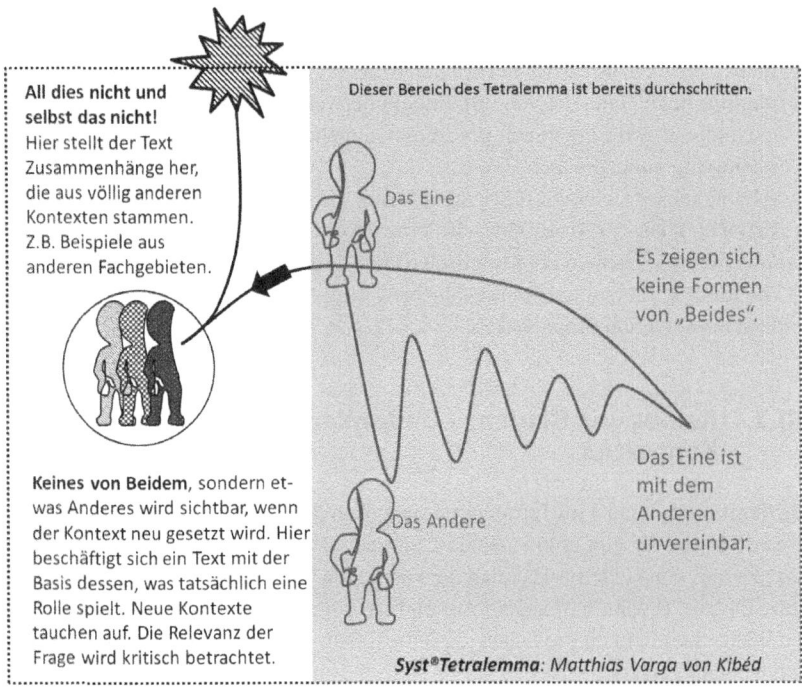

Bild 10.5 Neue Kontexte finden
Quelle: Eigene Darstellung

Beispiel

Nimmt man beispielsweise die Frage nach „Obergrenzen zur Aufnahme von Geflüchteten in einem Land A". So gibt es die

Position A „Keine Obergrenze"

Position B „spezifische Obergrenze".

Position 3 („Beides")

- „eine Obergrenze, aber wir halten sie nicht (um jeden Preis) ein"
- „Eine Obergrenze, aber möglichst hoch"
- „Bis ins Jahr 2020 keine Obergrenze, danach aber schon"
- „Eine Obergrenze sofort, aber nicht mehr im Jahr 2020"
- „Eine Obergrenze in Bundesland A aber nicht in Bundesland B"
- „Eine Obergrenze für den Kontinent im dem Land A liegt"

10.3 Keines von Beidem – Gedankenspiel mit neuen Kontexten

Nachdem nun die Frage „ob Obergrenze oder nicht" im vorliegenden Kontext offenbar nicht lösbar ist – alle Gedanken dieser Art scheinen faule Kompromisse zu sein – ergibt sich die Frage nach einem Kontextwechsel.
In welchem Kontext sprechen wir? Gehen wir davon aus, dass sich Völkerwanderungen von Kontinent X auf Kontinent Y in Gang setzen? Die Diskussion lässt darauf schließen. Denn wenn die Gesellschaft nicht davon ausgehen würde, käme die Diskussion nicht auf. Welche Chancen der Reaktion hat Land A auf Kontinent Y falls sich Menschenmassen in Bewegung setzen? Wenn in diesem Zusammenhang die Angst die Oberhand gewinnt, dann folgt Waffengewalt – was sich wiederum keinesfalls mit dem Verhältnis zu Ethik und Moral in Land A vereinbaren lässt.

In diesem Kontext „Annahme einer Völkerwanderung" ist die Frage nach einer „Obergrenze" schlichtweg die falsche Frage, denn je länger sie öffentlich diskutiert wird, desto tiefer werden Gräben aufgerissen, ohne dass das Problem der möglicherweise überproportionalen Zuwanderung in Land A gelöst werden könnte. Wird die Frage jedoch außerhalb des Kontextes diskutiert, so ist sie irrelevant. Der Wechsel zur vierten Position ist sinnvoll.

Position 4 (Keines von beidem)
Aus den bisherigen Überlegungen ergibt sich zwangsläufig, dass Frage und Kontext nicht zueinander passen. Auf die „falsche" Frage gibt es eben keine richtige Antwort.[36]

Die Position 4 kann sich deshalb entweder mit der Suche nach einem geeigneten Kontext beschäftigen oder aber mit der Suche nach der richtigen Frage im vorgegebenen Kontext. Was aber wäre eine richtige Frage? Hier eine Idee dazu:
- Wie viele Menschen, die ankommen, könnten vermutlich in den Arbeitsmarkt des Landes A eingegliedert werden? (Hier wäre wohl tatsächlich eine Zahl als Antwort ermittelbar, deren Relevanz man diskutieren könnte. Im Zuge dieser Diskussion kämen vermutlich Ansatzpunkte und Lösungsmöglichkeiten für den Arbeitsmarkt heraus.)

Sobald man sich auf die Suche nach dem richtigen Kontext macht, stößt man sehr schnell auf diverse andere Gebiete (Europapolitik, Friedensbemühungen, Entwicklungshilfe etc.), die deutlich mehr Aufmerksamkeit verdienen, als die Frage nach einer „Obergrenze". Hier eröffnen sich für den verantwortungsvollen Journalisten ganze Galaxien interessanter Ansatzpunkte.

Quelle: Eigene Darstellung

---

36 Roman Herzog beschreibt dies im Zusammenhang mit der Frage „ob der 08.Mai 1945 für Deutschland eine Befreiung gewesen sei". Er resümiert: „Ich bin nach wie vor überzeugt, dass die Frage falsch gestellt ist – und auf eine falsche Frage gibt es bekanntlich keine richtige Antwort." Roman Herzog, Jahre der Politik: Erinnerungen, München 2009

10.4 All dies nicht, und selbst DAS nicht – der gestaltete Irrtum

Wie viele Irrtümer haben schon zu herausragenden Erkenntnissen und Erfindungen geführt? Die Wissenschaftsgeschichte ist voll von Zufällen und Irrtümern, von falschen Annahmen, die aufgrund eines Versehens völlig neue Gebiete erschlossen haben. Wie stiefmütterlich[37] gehen wir in diesem Zusammenhang mit dem Zufall, dem Versehen, dem Irrtum um?

Zufälle werden nicht zugelassen. Alles muss perfekt sein. Irrtümer werden bestraft. Wer sich irrt wird oft öffentlich abgekanzelt und in seiner Ehre gekränkt. Doch irren ist menschlich. Und Irren ist mehr als das: es ist notwendig. Der Irrtum ermöglicht es, eingefahrene Denkweisen zu verlassen. Der Zufall ermöglicht es, Zusammenhänge zu erkennen, die man im abgeschlossenen System nicht sieht.

Das fünfte Element (All dies nicht und selbst DAS nicht) des SySt-Tetralemmas[38] gibt im Kontext dieses Buches den Hinweis auf das Gedankenspiel. Bis zur vierten Position kann ein Thema durchaus mit großem Ernst und mit entsprechender Wichtigkeit behandelt werden. Sobald man aber dem Zufall Raum gibt, sobald man Zusammenhänge herstellt, die sehr unkonventionell erscheinen, verlässt man „den Ernst der Sache". Und zwar geschieht dies mit voller Absicht. Das Augenzwinkern, die absurde Idee, das spielerische Element kann in vielen Fällen etwas zum Thema beitragen, was sich zu neuer genialer Gedankenarchitektur entwickeln kann. Wohlgemerkt entfaltet sich diese Position erst dann, wenn die anderen „fluiden" Positionen als existent angenommen wurden.

Im Text taucht die „Fünfte" in jenen Momenten auf, die sich während des Schreibens aufdrängen. Auf einmal kommt ein „blöder" Gedanke und schon springt die Schere im Kopf an. „Das darfst du jetzt nicht denken." „Das gehört nicht zum Thema." „Konzentrier dich auf das Wesentliche." „Das gehört doch nicht hierher." So und ähnlich lauten die Totengräber der „fünften Nichtposition". Wer mit der Schere im Kopf schreibt, wird nie frei werden für neue Ansätze. Schreiben ist ja ein eher impulsiver Vorgang. Das bedeutet, dass permanent gedankliche

---

37 In diesem Sinne traue ich mich unter Missachtung der political correctness dieses „Böse Wort" zu verwenden. Denn auch das Brechen von gesellschaftlichen Normen gehört in die nun zu beschreibende Kategorie. Gleichzeitig bitte meine eigene und alle übrigen liebenswürdigen Stiefmütter um Verzeihung für diese semantische Entgleisung!
38 Vgl. Abb. 10.5

Zusammenhänge hergestellt werden. Dann aber springt der Kontrolleur an, der bestimmte Gedanken und Ideen nicht zulassen will. Ähnlich schlecht ergeht es manchen Leserrückmeldungen oder -mitteilungen. Ein Gedanke kommt selten ohne Zusammenhang zum Thema. Assoziationen sind wunderbare Helfer in einer Gedankenwelt, deren Ausmaße man eigentlich nie wirklich überblickt.

Also sollte der Autor Assoziationen Raum geben. Am besten geschieht das durch Festhalten der Idee – ohne sie unmittelbar in den Text einzubauen. Den Effekt, den man beim Brainstorming bewusst herbeiführt, bekommt man in diesem Fall geschenkt. Solche Geschenke sollte man annehmen – egal, ob sie einem zum Zeitpunkt des Schenkens erwünscht sind oder nicht. Schließlich gibt man der Erbtante ihren Blumenübertopf auch nicht zurück, nur weil man ihn momentan als optische Zumutung empfindet.

Für absurde Quergedanken gilt: Annehmen und erst mal ablegen. Bei Bedarf kann die Autorin ja wieder darauf zurückgreifen. Wer sich mit Kreativitätstechniken auskennt, weiß: Das gesammelte Absurde kann beim nochmaligen Darüberlesen zu genialen Erkenntnissen führen.

Essays, Porträts und Kommentare schreiben – oder: Tetralemma zur Erörterung eines Themas

11

Zusammenfassung

Essay, Porträt und Kommentar sind drei journalistische Darstellungsformen, die die Struktur des Tetralemmas nutzen können. Sie spielen im Journalismus eine große Rolle, doch auch die PR kann sie im Zuge des Storytellings oder auch in der Arbeit mit Testimonials einsetzen. Wie man sich in diesen Darstellungsformen gut zurecht findet, ist Inhalt dieses Kapitels.

Schlüsselwörter

Essay · Porträt · Kommentar · meinungsorientierte Darstellungsform · Storytelling

Das gedankliche Modell des Tetralemmas kann man auf einen einzelnen Beitrag beziehen oder auf ein ganzes Dossier zu einem Thema. Manchmal ist es sinnvoll, sich mit einem „partiellen Tetralemma"[39] zu begnügen. Das ist dann von Interesse, wenn der Haupteffekt darin bestehen soll, ein Thema über mehrere Artikel auszubreiten und eingehend zu bearbeiten.

Journalisten können mit diesem Format ganze Themenwelten abdecken und beschreiben. Die Serie verlangt die Arbeit mit dem partiellen Tetralemma – einfach weil es dem Leser keinen wirklichen Spaß macht, ein Thema innerhalb von fünf Geschichten in der gleichen Art abgehandelt zu lesen. Dabei spielt es eine große Rolle, der „Fünften" so viel Freiraum wie möglich zu geben und sie zuzulassen, wann immer sich eine Gelegenheit bietet. Stilbrüche gehören somit ins Konzept.

---

39 Das moderne Tetralemma nach SySt ist kein Schema, das nur dann sinnvoll wäre, wenn man es in Gänze durchschreitet. Als widerstandsfähiges Metaformat lässt es sich auch partiell nutzen

In der Öffentlichkeitsarbeit kann man das partielle Tetralemma ebenfalls nutzen. Gerade wenn die klassische PR sich im Erzählen von Geschichten wiederfindet und großen Wert auf Glaubwürdigkeit legt, ist das partielle Tetralemma ein gutes Handwerkszeug. Ob und in wie weit die PR-Fachleute die Position von „Beides" oder „Keines von Beidem" in ihre Arbeit einbauen wollen, liegt natürlich an der Grundaussage, die sie mit ihren Geschichten erzählen wollen.

Sogar in der Werbung findet man ziemlich schnell die Nutzung der Position „Beides". Ich nehme Bezug auf das Ei samt Überraschung, auf diverse Shampoos inklusive Conditioner und so fort. Das „Beides" findet lediglich in der PR bisher wenige Freunde. Möglicherweise, weil viele Auftraggeber keinerlei Zweifel in Bezug auf ihr Produkt kommunizieren wollen. Da aber Zweifel „Das eine – oder vielleicht doch lieber das Andere" die gedankliche Aufmerksamkeit binden, wäre diese Art des Geschichtenerzählens gerade für die PR hochinteressant. Denn je öfter und ausführlicher sich ein Mensch mit einem Gedanken beschäftigt, umso aufnahmebereiter ist er für das Thema. Natürlich muss dann auch eine Lösung präsentiert werden, damit die Zielgruppe nicht im Zweifel gefangen bleibt.

11.1 Der Essay in Journalismus und PR

Der Essay ist eine häufig unterschätzte journalistische Darstellungsform. Eckart Klaus Roloff nannte diese Darstellungsform „interpretierend", Wolf Schneider und Paul-Josef Raue „unterhaltend". Die klassische Journalismuslehre ordnet den Essay bei den meinungsorientierten Formen ein. Alles drei scheint eine Rolle zu spielen, doch Meinung allein macht den Essay nicht aus, unterhaltend ist auch ein Witz und interpretierend ist im Grunde alles, was schriftlich festgehalten wird (mit Ausnahme des Telefonbuchs).

Die Wikipedia-Definition erscheint mir wirklich umfassend zu sein, weshalb ich sie an dieser Stelle gerne zitiere. Dieses Zitat ist der Ausgangspunkt für die kommenden Überlegungen:

Beispiel

Aus Wikipedia November 2016:
Die essayistische Methode ist eine experimentelle Art, sich dem Gegenstand der Überlegungen zu nähern und ihn aus verschiedenen Perspektiven zu betrachten.
   Das Wichtigste ist jedoch nicht der Gegenstand der Überlegungen, sondern das Entwickeln der Gedanken vor den Augen des Lesers ...

11.1 Der Essay in Journalismus und PR

> Während der Autor einer wissenschaftlichen Analyse gehalten ist, sein Thema systematisch und umfassend darzustellen, wird ein Essay eher dialektisch verfasst: mit Strenge in der Methodik, nicht aber in der Systematik. Essays sind Denkversuche, Deutungen – unbefangen, oft zufällig scheinend. Damit ein Essay überzeugen kann, sollte er im Gedanken scharf, in der Form klar und im Stil geschmeidig sein.
> Quelle: https://de.wikipedia.org/wiki/Essay

Diese Definition ist gewissermaßen das Sprungbrett für das Tetralemma: Das Entwickeln der Gedanken vor den Augen der Leser. Denn genau dies ist die große Chance des Formats: Gedanken zu entwickeln und ganz experimentell ein Thema aus unterschiedlichen Perspektiven zu betrachten. Die Wikipedia-Definition unterscheidet zwischen systematischem Vorgehen und methodischem Vorgehen. Das Tetralemma ist eine Methode, sich ein Thema zu erschließen. Es stellt ein Format dar, wobei es nicht an genau eine Systematik gebunden ist. Wenn ich im vorhergehenden Kapitel die idealtypische Abfolge des Tetralemmas beschrieben habe, so ist nicht gesagt, dass dies die einzige Art ist, die vier Positionen zu durchschreiten und die „Fünfte" einzuladen, sich am Gedankenprozess zu beteiligen.

Es ist durchaus möglich, die fünf Positionen abzutasten und zu betrachten, ohne einen vorgegebenen Weg einhalten zu müssen. Tatsächlich ist der Weg durch das Tetralemma relativ frei.

Man könnte beispielsweise das Thema anreißen und sich sofort mit dem Gedanken beschäftigen, ob es nicht besser wäre, über dieses Thema in diesem Kontext gar nicht erst zu diskutieren. Dann würde der nächste Schritt erst zu Position „Das Eine" oder „Das Andere" führen. Auch hier wäre eine Reihenfolge nicht vorgegeben. Als nächster plausibler Gedanke würde dann ein „Beides" entwickelt. Und vielleicht käme danach doch noch einmal die „Fünfte" und würde das ganze Thema an sich ad absurdum führen.

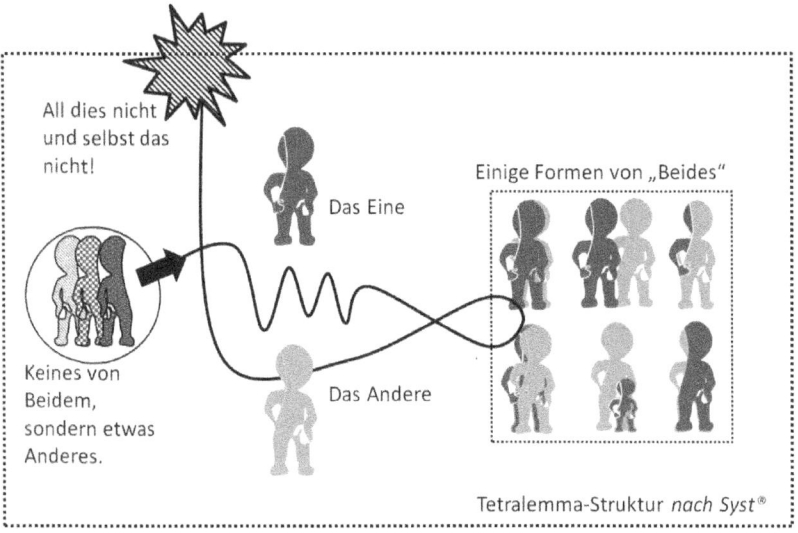

Bild 11.1 Alternative Wege durch das Tetralemma (1)
Quelle: Eigene Darstellung

Diese fünfte „Nichtposition"[40] bildet jene Denkvorgänge ab, die es sehr kreativen Menschen so leicht macht, absurde Ideen zu entwickeln und erst über das Absurde den Weg zum Realen oder Gangbaren zu beschreiten. Deshalb kann die „Fünfte" durchaus auch am Beginn eines Gedankenganges stehen.

Genauso gut könnte das Tetralemma aus der „Beides"-Position heraus begonnen werden, danach würde man das „Eine" und das „Andere" auseinanderdividieren, um vielleicht im Anschluss zu einem „Keines von Beidem" zu kommen. Auch hier wäre die „Fünfte" eingeladen, wieder etwas durcheinander zu bringen. [41]

---

40 Vgl. Kapitel 10
41 Vgl. das folgende Beispiel

11.1 Der Essay in Journalismus und PR

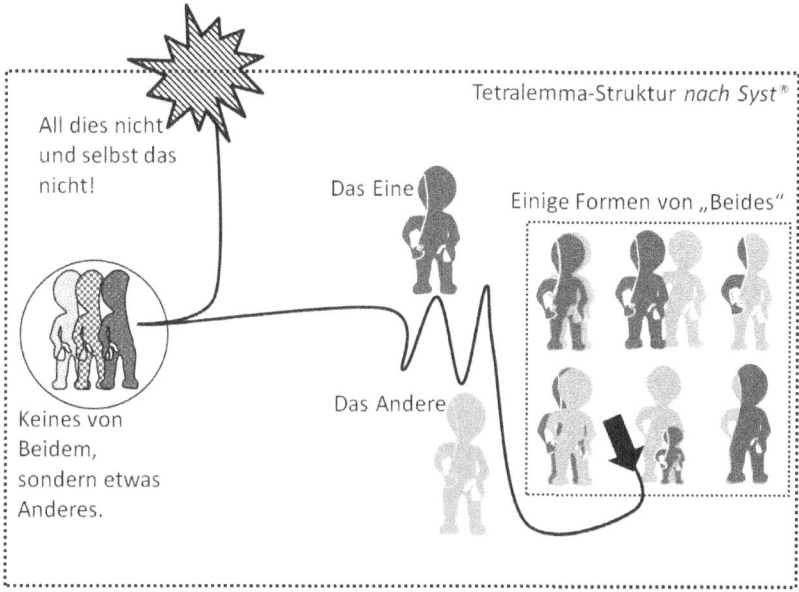

Bild 11.2 Alternative Wege durch das Tetralemma (2)
Quelle: Eigene Darstellung

Egal wie der Weg durch das Tetralemma führt – wichtig ist, dass die Positionen zu ihrem Recht kommen, also die Methodik eingehalten wird. An eine systematische Abarbeitung und Erklärung aller möglichen Kombinationen sollte man nicht denken. Dies wäre ein wissenschaftliches, analytisches Vorgehen und das entbehrt nur allzu oft der für das Lesen notwendigen Attraktivität – wie bereits in der Wikipedia-Definition dargestellt.

Perfektion und Vollständigkeit sind nicht sexy. Das mag daran liegen, dass Leserinnen gerne selber denken. Ich erinnere an die Attraktivität der „Unvollständigkeit" in den genialen Kabarettprogrammen des unvergessenen Dieter Hildebrandt. Hildebrandt war ein Meister des Weglassens. Halbsätze, Andeutungen und die entsprechende Mimik zwangen sein Publikum dazu selber weiter zu denken: „Nur eins ist jetzt noch unklar, hat er mit Helmut Schmidt – oder hat er nicht …?"[42]

---
42 In einer Scheibenwischersendung von 1980 zum Verhältnis zwischen Helmut Schmidt und Ronald Regan, nachdem Regan Präsident der USA geworden war.

Für viele Leser und Zuschauer ist es deutlich interessanter, Gedanken selbst weiterzuspinnen, als sich alles bis zum bitteren Ende vorkauen zu lassen.[43] Wer sich einem Essay aussetzt, wer sich die Zeit nimmt, einem Essay zu folgen, der ist in aller Regel auch jemand, der gerne selber denkt. Entsprechend wäre eine ausführliche und umfassende Abarbeitung aller im Tetralemma möglichen Varianten ganz sicher das Ende des attraktiven Essays.

Vielleicht lässt sich der offene Umgang mit den Positionen des Tetralemmas am besten durch ein Beispiel demonstrieren. Hier geht es um den menschlichen Umgang miteinander.

Beispiel

Ein „Hundeleben"
Der Essay beginnt mit der Vorstellung des Themas. Jedenfalls wird ein Thema aufgeworfen, von dem die Leser annehmen, es sei das generelle Thema des Essays.

Der Satz eines irischen Gentlemans will mir nicht aus dem Kopf gehen. Als dieser zum wiederholten Male seinem jaulenden Scotchterrier die Tür der Teestube im Yeatstower (Irland) geöffnet hatte – der Hund jaulte im Freien ebenso ausgiebig wie im Inneren der Teestube – bemerkte er meinen etwas erstaunten Blick und eröffnete das Gespräch mit den Worten „Over a long periode, I thought I'd trained my dog. In fact he trained me!" Dieser Ausspruch drängt sich mir auf, wenn ich beobachte, wie Menschen mit ihren Haustieren umgehen. Tatsache: Menschen und ihre Haustiere gehen eine höchst seltsame Beziehung ein. Sie ist getragen vom gegenseitigen Wunsch den jeweils anderen Part gefügig zu machen.

Das Beides spielt zunächst die führende Rolle.

Mensch und Tier leben in Symbiose – zumindest, was felltragende Tiere angeht. Bei Vögeln gilt eher ein Verhältnis von Aufziehspielzeug zu Kleinkind: Steckst du oben Wasser und Futter rein, macht es Pieps. Diese Art von menschlicher Dominanz gegenüber anderen Lebewesen verbietet sich, denn es degradiert das Lebewesen zu einer Sache. So sieht das ja auch unsere derzeitige Rechtsauffassung. Tiere sind Dinge, über die man verfügen kann.

---

43 Ja, gut: es gibt auch die Comedy-Liebhaber, die jede Pointe bis zum Schluss vorgespielt haben wollen. Am besten noch mit Erklärung. Doch diese Art der Konsumenten würde vermutlich auch nie freiwillig einen Essay lesen.

Fellträger (egal ob aus der Hunde-, Katzen- oder Nagerfraktion stammend) berühren die Seele. Fellträger sind Familienmitglieder und werden auch so behandelt. Wobei sich dabei oft zeigt, dass sie innerhalb dieses Systems eine geradezu einzigartige Rolle einnehmen. Katzen sind ohnehin kleine Könige im Reich der Menschen, denn nur solche Menschen, die eine gewisse Eigenständigkeit ihrer Mitbewohner zu ertragen bereit sind, entscheiden sich zur Haltung einer Katze.

Hunde dagegen sind ein Zerrspiegel ihrer Umgebung. Der dominante Herr sucht sich den Underdog. Die einsame Rentnerin sucht sich einen Hausgenossen und Körperkontaktpfleger. Die Mutter sucht sich einen lebhaften Spielkameraden für die Kinder ... Alle suchen jemanden, der benutzbar ist, der still erträgt und nicht zu viel Schmutz macht. Aber dafür bekommt das Tier ja auch etwas: Zuneigung, Liebe (was immer die Menschen darunter verstehen), Futter und eine zugewiesene Rolle in einem System. Also sollten alle zufrieden sein.

Jetzt differenziert der Text in „Das Eine" (Menschen profitieren) und „Das Andere" (Tiere leiden)

Es drängt mich dazu, mich zu outen: Ich mag keine Haustiere. Ich mag sehr wohl Tiere. Ich mag sie sogar dermaßen, dass ich ihnen kein Leben als Haustier wünsche. Tiere gehören in die Freiheit. Sie sollten nicht von Menschen benutzt werden. Zu egal was! Ich finde Haustiere putzig und streichle sie gern. Manchmal freue ich mich sogar über die obligatorischen Katzen- oder Hundevideos auf Facebook. Da darf man mal ganz ungeniert jemandem bei der Verrichtung diverser Werke zuschauen, ohne dass Moral, Ethik oder Datenschutz eine Rolle spielen. Und gleichzeitig bemitleide ich sie, weil sie nicht in der ihnen gemäßen Umgebung leben dürfen, weil man ihnen die Schnauzen oder Läufe oder die Fellmenge so gezüchtet hat, dass sie in der Freiheit nicht überleben könnten. Auch weil sie seelische Krüppel geworden sind und ihre Instinkte verlieren mussten, um für den Menschen benutzbar zu sein. Kein Tier sollte Mitleid nötig haben!

Andererseits profitieren die Fellträger natürlich von der Situation. Es würde wohl nur einen Bruchteil der Hunde oder Katzen geben, wenn sie frei leben müssten. Und das Leben in einem Haushalt kann durchaus entspannend sein – wenn man sich als Haustier gegen seine Herrschaft durchzusetzen weiß. Seien wir ehrlich – die überwiegende Mehrzahl der Tiere kann sich hervorragend gegen ihre Futterlieferanten durchsetzen!

Die Vierte Position wird in diesem Fall in Frageform bedient und eröffnet einen völlig anderen Aspekt des Themas.

Manchmal frage ich mich, wie sich die Gesellschaft entwickeln würde, wenn es keine Haustier-Mensch-Beziehung gäbe? Würden wir uns wieder gegenseitig Zuneigung entgegenbringen. Würden wir Zeit damit verbringen, miteinander spazieren zu gehen? Wäre unsere Vorliebe für gesellschaftliche Rollen noch ausgeprägter – hätten wir beispielsweise ein Kastensystem, wie die Inder? Oder würden wir uns gegenseitig so züchten, dass wir nützlich und brauchbar würden? Würden wir unsere Wut aneinander auslassen? Würden wir einander ein wenig mehr dominieren und versuchen, einander an die Leine nehmen?

Das Fünfte Element (Augenzwinkern, Humor) nimmt Einfluss auf den Gedankengang.

Alles wäre denkbar. Das einzige Undenkbare: Womit würden wir wohl Facebook bestücken, um den Voyeurismus zu bedienen – so völlig ohne Katzenvideos?

Quelle: Eigene Darstellung

Der Essay eignet sich sehr gut, um PR-Texte zu komplexen Zusammenhänge zu gestalten. Das gesamte Umfeld von Therapeuten, Coaches und Beratern, Moderatoren oder Begleitern von Change-Prozessen kann den Essay als Darstellungsform nutzen. Ob eine Beratung gelingt, hat damit zu tun, inwieweit sich Berater/Coach und Klient verstehen. Klienten brauchen keine All- oder Besserwisser, sondern Menschen, mit deren Hilfe sie die nächsten Schritte bewältigen können. Und je besser die Klienten den Gedankengängen der Berater und Coaches folgen können, umso eher ist ein positives Ergebnis zu erwarten.

Der PR-Text kann also ein relevantes Thema aufgreifen und die Adressaten auf eine Gedankenreise durch das Thema einladen. Gerade wenn Klienten oder Kunden vor großen Entscheidungen stehen, ist die Darstellung der Möglichkeiten in Form des Essays gewinnbringend. Beispielsweise kann das Thema „Nachfolgeregelung" mit folgenden Überlegungen als Essay verpackt werden:

1. **Einführung ins Thema**: Nachfolge bedeutet, dass alles bleibt wie es ist – nur mit einer anderen Person an der Spitze. Kann das gut gehen?
2. **„Das Eine"**: Was würde geschehen, wenn alles so bliebe?
3. **„Das Andere"**: Welche Effekte wären zu erwarten, wenn sich plötzlich alles ändern würde?
4. **„Beides"**: Auf was sollte man also bei der Nachfolgeregelung achten, damit die Funktionalität bewahrt bleibt, aber die Zukunftsfähigkeit unterstützt wird?

5. **„Keines von Beidem":** Und angenommen, der oder die designierten Nachfolger dürften sich frei entscheiden (ohne Rücksicht auf die Familientradition), für welchen Beruf würden sie sich entscheiden?
6. **„Die Fünfte":** Welche der Charaktereigenschaften und Neigungen des Nachfolgers wären wohl in welcher Weise im Unternehmen einsetzbar (so dass das ganze System davon profitieren würde)? Oder: an wen haben wir bei all diesen Überlegungen gar nicht gedacht?

Auf einer Website trägt diese Art von Text (gut geschrieben) dazu bei, dass sich Unternehmer mit den wichtigsten Fragen bezüglich ihrer Nachfolgeregelung auseinandersetzen wollen. Eine entsprechende Beratung oder ein Coaching kann auf bereits vorbereitetem Boden stattfinden. Der Essay ist in dieser Form also ein Türöffner für die umfassende Behandlung des Themas innerhalb eines (Familien-) Unternehmens.

11.2 Das Porträt

Mehr noch als der Essay wird das journalistische Porträt spannend, wenn man es durch die Folie des Tetralemmas betrachtet. Porträts sollen Menschen greifbar machen, ihre Werte- und Gedankenwelt offenlegen und dem Porträtierten die Facetten zubilligen, die ein Mensch von sich aus ins Leben einbringt. Das Porträt – egal ob es in Interviewform oder als Fließtext geplant ist – ist ein Abbild eines Menschen zu einem bestimmten Zeitpunkt.

Einem Menschen wirklich nahe kommen zu dürfen ist ein Geschenk. Dieses Geschenk sollte der Autor nicht dadurch entwerten, indem er einer Porträtierten ein plattes Abziehbild ihrer Person spiegelt. Betrachtet man ein Porträtbildnis, so fällt auf, dass ein Künstler immer versucht, die jeweilige Person nicht „flach" darzustellen. Ein Porträtbild lebt von der dritten, manchmal sogar von einer vierten oder fünften Dimension. In der frühen Malerei bedeutete „Porträt" die möglichst schmeichelhafte Abbildung einer Person. Der Betrachter sollte die Person mögen und sie schön finden. Deshalb wurden Antlitze dem gängigen Schönheitsideal angeglichen.

Ich erinnere mich an journalistische Porträts des vergangenen Jahrhunderts, die ziemlich genau diesem Porträtbegriff folgten. Heute findet man solche „Schmeichel-Porträts" noch immer in PR-Texten.

Dann fügten die Maler ihren Porträts Charakter hinzu. Der Charakter der Person sollte sich im Gesicht spiegeln. Und selbst hübscheste Gesichter bekamen plötzlich eine wirkungsvolle Demaskierung. Hass, Neid, Gier, Liebe, Verzweiflung, Einsamkeit, Überheblichkeit ... als dies ließ sich in den Gesichtszügen darstellen. Die großen spanischen Maler waren Meister dieses Faches. Das Porträt wurde zur Versteinerung des Charakters.

Und wieder lässt sich etwas Ähnliches in geschriebenen Porträts auffinden. Menschen werden so porträtiert, dass ein geschlossenes Bild entsteht. Die Person ist dann eben gut oder böse, kann beneidet und gehasst werden. Der Grundcharakter ist festgelegt und wird durch Details gestützt. Doch auch diese Vorgehensweise entwertet das Geschenk des Interviews, denn sie tut so, als wäre die porträtierte Person unveränderlich genau und nur so.

Das Tetralemma hilft dabei, keine festgelegte Maske abzubilden. Dazu muss man allerdings die Methode des Oszillierens[44] gezielt einsetzen. Es gehört beispielsweise dazu eine Aussage eines Interviewpartners in Frage zu stellen, also nach Ausnahmesituationen zu fragen, in denen die Unveränderlichkeit der Erstaussage erschüttert wird.

Beispiel

Person A (Schauspielerin): „Mir war immer wichtig, in eine Rolle wirklich einzutauchen. Sie in allen Einzelheiten verstehen zu lernen. Zu fühlen und zu denken, wie diese Figur fühlt oder denkt."
Interviewer: „Das klingt ziemlich arbeitsaufwändig. Das wird man doch nicht bei jeder Rolle in dieser Tiefe erarbeiten, oder? Ist das jede Rolle wert?"
Jetzt hat die interviewte Person die Gelegenheit, Ausnahmen zu beschreiben, woran in der Regel sichtbar wird, welchen Wert sie welchen Rollen zubilligt, beziehungsweise, wann sie von ihrem „Standardverhalten" abweicht. Egal ob sie abweicht oder nicht, der Charakter wird deutlicher und die Person bekommt dadurch mehr Tiefe und eine gewisse Dreidimensionalität.

Quelle: Eigene Darstellung

Das Oszillieren zwischen „So ist es" und „So ist es nicht" eröffnet den Weg zu „Wann ist es so", Wie verbinden sich die beiden Standpunkte", „Was ist zusätzlich nötig, damit sich die beiden Standpunkte verbinden lassen"... Es entwickeln sich Formen von „Beides" – oder möglicherweise auch Formen von „Keines von

---

44 Vgl. Kapitel 10.2 „Die Kraft des Oszillierens"

11.2 Das Porträt

Beidem". Das bringt inhaltliche Tiefe in das Gespräch und dadurch bekommt die interviewte Person tatsächlich die Gelegenheit, aus der Schablone herauszutreten und als mehrdimensionales Wesen wahrgenommen zu werden.

Nachdem der Weg durch das Tetralemma direkt in einen fluiden Zustand führt[45], schimmert durch das Interview dieser fluide Zustand hindurch. Das Absolute, die (zwangsläufig falsche) Darstellung des Interviewpartners als festgelegte Person mit unveränderbaren Ansichten und Aussagen, wird vermieden.

Sobald man sich mit einer Person in dieser Weise beschäftigt, wird das Interview als echtes Gespräch und nicht mehr als Abfragemodus „Ich frage und du antwortest" empfunden. Das wiederum beeinflusst die Beziehung zwischen Interviewerin und Gesprächspartner: Offenbar hat die Interviewerin tatsächlich Interesse an dem, was ein Anderer zu sagen hat. „Interesse" tritt an Stelle der „Neugier". Es geht jetzt nicht mehr nur darum, vermeintliche unumstößliche Tatsachen wissen zu wollen, sondern um die Art und Weise, wie ein Gesprächspartner mit diesen Tatsachen umgeht. So kann sogar für den Gesprächspartner, der auf Promotiontour für seinen neuen Film geschickt wurde, noch ein wirklich gutes, tiefes Gespräch zustande kommen.

Falls dieses Gespräch in eine zu persönliche, zu ernsthafte Ebene abzugleiten droht und damit die Leichtigkeit eines guten Interviews leidet, ist es ein probates Mittel, Humor einzusetzen, um die „Fünfte" einzuladen, dem Gespräch eine neue Richtung zu geben. Humor, assoziative Ideen zu einer eben geäußerten Aussage oder ähnliche Interventionen, bewirken oft erstaunliche Reaktionen. Die gute Interviewerin lässt diese Reaktionen natürlich zu und begrüßt sie als wunderbare Gelegenheit für neue Gedankenströme.

Wer nun glaubt, das Porträt sei für die PR nicht zu gebrauchen, irrt sich gewaltig. Kaum ein Manager Magazin, kaum eine Branchenzeitschrift kommt ohne Porträts aus. Meist sind es Interviews, die auf der rein fachlichen Ebene geführt werden, doch aus so einem Gespräch kann man viel mehr herausholen als Informationen. Informationen zu Produkten oder Ausrichtungen eines Unternehmens sind wichtig. Deutlich mehr jedoch erreicht man, indem man die interviewte Person als Kraft innerhalb des Unternehmens sichtbar werden lässt. Dabei kommt es weniger auf Charisma an, als vielmehr darauf, dass Investoren und Geschäftspartner eine Verbindung zu dieser Person aufbauen können. Das funktioniert nicht, wenn ein Mensch als strahlende Lichtgestalt dargestellt wird. (Außerdem muss man dazu sagen, dass es sich in den seltensten Fällen wirklich um eine Lichtgestalt handelt.)

---

45 Vgl. Kapitel 10.1

Ein gutes Porträt gründelt im Selbstverständnis der Interviewperson. Es zeigt die Denkweise und die Werte, auf die sich deren Entscheidungen gründen. Gerade Investoren wollen ein gutes Bild der Verantwortlichen eines Unternehmens bekommen. Man investiert selten in Institutionen, sondern immer in Menschen! Wem es gelingt, ein wirklich gutes Interview vorzubereiten, der kann es auch in anspruchsvolle Kanäle einspeisen. Und der Effekt wird nachhaltig sein.

11.3 Der Kommentar

„Kaum eine Darstellungsform ist bei Journalisten so beliebt wie der Kommentar. Bei den einen, weil der Kommentar so geschmeidig in die Berichterstattung integriert werden kann, bei den anderen, weil sie ein farbiges Kästchen mit ihrer Meinung in die Zeitung bekommen." Ein bissiger Facebook-Post aus dem Jahr 2015. Ich habe ihn mir an die Pinnwand gehängt. Eigentlich sollte man Derartiges ja nicht noch im Print verbreiten. Eigentlich. Aber jeder hat ja das Recht, einen Kommentar abzugeben. Und in der überwiegenden Mehrzahl von Kommentaren steckt ein bedenkenswerter Kern.

Artikel 5 unseres Grundgesetzes
Jeder hat das Recht, seine Meinung in Wort, Schrift und Bild frei zu äußern und zu verbreiten und sich aus allgemein zugänglichen Quellen ungehindert zu unterrichten. Die Pressefreiheit und die Freiheit der Berichterstattung durch Rundfunk und Film werden gewährleistet. Eine Zensur findet nicht statt. Diese Rechte finden ihre Schranken in den Vorschriften der allgemeinen Gesetze, den gesetzlichen Bestimmungen zum Schutze der Jugend und in dem Recht der persönlichen Ehre.
Quelle: Grundgesetz der Bundesrepublik Deutschland, Artikel 5

Über die Gefahr der Vermengung von Meinung und Berichterstattung ist in diesem Buch schon einiges gesagt. Wohin es führt, wenn Meinung und Tatsache nicht mehr getrennt werden, sieht man in dem sprechenden Ausdruck „postfaktisches Zeitalter", der dafür steht, dass viele Menschen offensichtlich auf Fakten keinen Wert mehr legen. Behauptungen, Meinungen, Gedankenkonstrukte werden von einigen Menschen veröffentlicht, die sich um Ämter als Vertreter von Völkern bewerben. Wenn sie gewählt werden, mag das daran liegen, dass die Wählerinnen und Wähler es nicht mehr gewohnt sind, zwischen Fakten und Meinung zu unterscheiden.

11.3 Der Kommentar

Die Werbung suggeriert Meinung und Interpretation als Faktum, die PR verkauft häufig Meinung als Tatsache beziehungsweise schaltet sogenannte PR-Artikel, die den Anschein erwecken, ein außenstehender Dritter habe über Firma oder Produkt geschrieben. Tricksen. Tarnen. Täuschen. Die Effekte sind jetzt spürbar. Wenn ich über die Nutzung des Tetralemmas für Kommentare schreibe, halte ich es für meine verdammte Pflicht und Schuldigkeit auf Zusammenhänge hinzuweisen, die im Alltag der Schreibenden völlig untergehen.[46]

Der Kommentar ist in meinen Augen dermaßen wertvoll, dass er sich nicht mit Berichterstattung überlagern sollte. Er ist – wenn gut geschrieben – eine Zierde des Journalismus. Vor allem dann, wenn hinter der Meinungsäußerung solides Wissen um die Zusammenhänge steckt. Walther von La Roche, der Begründer der „Journalistische Praxis"-Reihe für die Ausbildung im Journalismus, unterscheidet drei Kommentararten: den Argumentationskommentar, den „Geradeaus-Kommentar" und den „Entweder-Oder"-Kommentar.[47]

Nicht wirklich interessant erscheint mir der Kommentartyp, der eine bestimmte Ansicht eines Themas argumentativ unterstreicht. Denn sehr häufig schlüpft der Kommentator dadurch in die Rolle des Verteidigers einer Meinung oder eines Themensektors, die in der Öffentlichkeit kritisch betrachtet werden. Verteidigen des einen jedoch heißt immer auch Ablehnen einer anderen Sichtweise. Und nicht selten schießt der Verteidiger deutlich über das Ziel hinaus. Die Gefahr besteht dann darin, dass ein „Missionar" geboren wird – und welche Leserin oder Zuschauerin wünscht es sich, „missioniert" zu werden. Natürlich ist der Kommentar auch dazu da, dass sich Diskussion entzünden kann, doch Zündeln kann zu Großbränden führen und ist sicherlich nicht dazu geeignet, eine letztendlich für alle annehmbare Situation zu erreichen. Hierdurch werden Gräben eher aufgerissen, als geschlossen.

Viel interessanter finde ich den „Entweder-Oder"-Kommentar. Er bildet Meinung, missioniert jedoch nicht. Um sprachlich wirklich präzise zu sein, müsste man diese Kommentarform die „Einerseits-Andererseits"-Kommentarform nennen. Systemisch gesehen, spielt in der „Entweder-Oder"-Form sehr deutlich die Unvereinbarkeit zweier Standpunkte die entscheidende Rolle. Vielleicht ist es mir deshalb angenehmer von der „Einerseits-Andererseits"-Form zu sprechen.

---

46 Man möge mir diese sprachliche Rohheit verzeihen. Sie ist eine Art von Kommentar zur gesellschaftspolitischen Lage.

47 Vgl. Walther von La Roche: „Einführung in den praktischen Journalismus", 19. Auflage Wiesbaden 2013, Springer SV

Ich halte deshalb die Definition, die Wikipedia zurzeit anbietet, für die umfassendste – zusammen mit den Gedanken von Claudius Seidl, ehemals leitender Feuilletonredakteur der SZ und heute tätig in der Frankfurter Allgemeinen Sonntagszeitung:

> Wikipedia bietet zum Thema Kommentar[48]:
> „Der Kommentar nimmt im Regelfall zu einer aktuellen Nachricht Stellung. Er erläutert die Wichtigkeit des Themas, interpretiert die Bedeutung, macht mit Zusammenhängen vertraut, stellt Kombinationen an, wägt unterschiedliche Auffassungen ab, setzt sich mit anderen Standpunkten auseinander und verhilft dem Leser dazu, sich ein abgerundetes Bild über das Ereignis zu machen. In einem guten Kommentar sollte der Hintergrund analysiert und erklärt, außerdem die Meinung des Schreibers argumentativ belegt werden. Er soll die Leser dazu anregen, sich eine eigene Meinung zum Thema zu bilden."

Claudius Seidl äußerte sich folgendermaßen:

> „Meiner Ansicht nach hat ein Kommentar eher die Aufgabe, einen Gedanken als eine Meinung zu bieten. Eine Meinung kann nämlich jeder haben. ... Da muss mehr drinstecken. Ein Kommentar muss mir auch dann etwas geben, wenn ich die Meinung des Kommentators nicht teile."[49]

Wenn es denn so ist, dass der Kommentar durch Gewichtungen von Fakten und der Darstellung der eigenen Gedanken einer Leserin die Möglichkeit geben soll, einen eigenen Standpunkt zu dem Thema zu finden, also eine eigene Meinung zu entwickeln, dann kann es sich bei der Struktur des Kommentars eigentlich nur um ein (eventuell partielles) Tetralemma handeln.

Das Wesen des Kommentars liegt also nicht in erster Linie in der Aufheizung oder Beruhigung eines Themas, sondern vielmehr in der ausgewogenen Darstellung von Gewichtungen unterschiedlicher Aspekte inklusive der persönlichen Ansicht eines Kommentators, der als Richtungsgeber fungiert. Bei den meisten Kommentarthemen ist die Faktenlage relativ eindeutig. Auch die verschiedenen Aspekte des jeweiligen Themas sind bekannt und werden oft schon öffentlich diskutiert. Sehr häufig aber wird nicht unterschieden, welche Gewichtung die einzelnen Lager den jeweiligen Aspekten geben. Denn es kommt bei der Bildung von Meinung auf drei Ankerpunkte an:

---

48 https://de.wikipedia.org/wiki/Kommentar_(Journalismus) vom 26.11.2016;
49 https://www.br.de/telekolleg/faecher/deutsch/sprachkompetenz/06-kommentar-leitartikel-glosse-100.html

1. Die Kenntnis aller Aspekte eines Themas
2. Das Bewusstsein der unterschiedlichen Gewichtung einzelner Aspekte
3. Das Wissen darum, auf welcher Basis die eigene Gewichtung zustande kommt.

Folgt man der Struktur des Tetralemmas, so kann das Oszillieren zwischen zwei oder mehreren Ausgangspunkten zur Erweiterung des Wissens um diese Aspekte genutzt werden.

Beispiel

Dies wäre die Abfolge eines interessanten Kommentars zu zwei (oder mehr) Ausgangspositionen:

(1. Kenntnis aller Aspekte)
1. Position A wird beschrieben.
2. Position B wird beschrieben.
3. Folgende Aspekte spielen bei beiden Positionen eine Rolle ...

(2. Bewusstsein der unterschiedlichen Gewichtung)
1. Dabei werden sie jedoch unterschiedlich gewichtet.
2. Position A gibt folgenden Aspekten eine hohe Gewichtung, weil ...
3. Position B gibt folgenden Aspekten eine hohe Gewichtung, weil ...

(3. Wissen der eigenen Gewichtung)
1. Ich als Kommentator gewichte ebenfalls die Aspekte der Position A besonders hoch – allerdings aus einem anderen Grund, als dies Position A tut.
2. Ich sehe nämlich folgende Effekte, die bisher noch keine Rolle gespielt haben.
3. Diese Effekte spielen für die Allgemeinheit meiner Meinung nach eine große Rolle. Aus diesem Grund plädiere ich dafür, dass ...

Quelle: Eigene Darstellung

Eine solche Abfolge würde einem Kommentar genau die Richtung geben, die Claudius Seidl fordert: Der Kommentar wäre nicht nur von Emotion getragen, sondern würde auch jenen Lesern nützliche Informationen bieten, die der persönlichen Meinung des Kommentators nicht folgen wollen. Der Effekt wäre dann eine inhaltlich fundierte Basis, auf der allgemeine Diskussion erfolgen könnte. Mit anderen Worten: Dieser Kommentar könnte beim Leser wirkliche demokratische Auseinandersetzung fördern – nicht wütende Ablehnung oder blindes Wiederkäuen des Inhalts.

Liquid Journalism – Das Dilemma mit der Leserkommunikation 12

Zusammenfassung

Wie lässt sich das Tetralemma über den einfachen Text hinaus für den Journalismus und die Organisationskommunikation nutzen? Dieses Strukturformat dient nicht nur dazu eine Gedankenwelt so zu erfassen und aufzubereiten, dass es den Lesern wirkliches Vergnügen bereitet, diese Gedankenwelt zu erkunden. Es erleichtert auch, den Lesern Wege anzubieten, auf denen sie sich dort einbringen und einen Beitrag zum Gesamtwerk leisten können.

Schlüsselwörter

Liquid Journalism · Open Discussion · Open Journalism · Leserbindung · Bürgerreporter · Kommentare · Social Media

Liquid Journalism? Open Journalism? Guardian-Chefredakteur Alan Rusbridger postulierte 2012 erstmals den „Open Journalism" und meinte damit die Offenlegung journalistischer Tätigkeit und die Zuhilfenahme der Netzcommunity bei der Recherche und Themendiskussion.[50] Ein wichtiger Bestandteil des „Open Journalism" ist es, Recherchenetzwerke zu etablieren[51] und neue Bezahlmethoden und Leserbindungsmöglichkeiten zu entwickeln.

---

50 http://www.theguardian.com/commentisfree/2012/mar/25/alan-rusbridger-open-journalism, Dezember 2016
51 Siehe Rechercheportal „hostwriter"

Liquid Journalism dagegen bedeutet etwas anderes, obwohl nicht alle Erklärungsversuche eine klare Abgrenzung zum „Open Journalism" bieten.[52] Deshalb ist es nötig, sich die beiden Begriffe genauer anzusehen und eine pragmatische Definition zu finden.

Wenn man sich mit dieser Art des Journalismus beschäftigt, muss zunächst eine Wortdefinition erfolgen. Wenden wir die Methode des SySt-Tetralemmas[53] darauf an und zerlegen wir die Begriffe zunächst, um sie in der Kombination wieder zusammensetzen zu können. Diese Vorgehensweise erlaubt grundsätzlich zwei Ausgangspositionen, um sich den Begriffen zu nähern: „Open" und „Liquid". Den Begriff „Journalismus" möchte ich in diesem Zusammenhang hinterfragen.

Falls man Journalismus tatsächlich als „periodische publizistische Arbeit von Journalisten bei der Presse, in Online-Medien oder im Rundfunk mit dem Ziel, Öffentlichkeit herzustellen"[54] definiert, und man davon ausgeht, dass die Journalistin konsequent die Außensicht (Fremdbeobachtung) einnimmt, sich gleichzeitig mit relevanten Fakten abgibt (Gatekeeper-Funktion) und dieselben der Öffentlichkeit zur Verfügung stellt, stellt sich die Frage, inwieweit die Öffnung des Journalismus hin zu einer Leserkommunikation noch Journalismus darstellt. Von theoretischer Seite ist diese Frage von Christoph Neuberger analysiert und beantwortet worden.[55] Eine pragmatische Umsetzung steht noch aus.

„Bild" und „Stern" begannen mit ihren „Leserreportern" den normalen Voyeurismus zur Leserbindung zu benutzen. Damit demontierten sie das Berufsbild der Journalisten und Fotografinnen. Schließlich kann ja jeder fotografieren und eine Meinung hat auch jeder. Was für ein fataler Schritt! Als in den 60er Jahren die Westberliner Zeitungen händeringend Input brauchten, griffen auch sie zum Aufruf für Meldungen an die Redaktion und boten Honorare dafür.[56]

---

52 Vgl. einige interessante Dossiers aus den Jahren 2012 – 2014 unter: http://www.vocer.org/category/dossiers/liquid-journalism/

53 Vgl. Kapitel 10 und 11 in denen das moderne SySt-Schema des Tetralemmas ausführlich beschrieben ist

54 https://de.wikipedia.org/wiki/Journalismus, Dezember 2016

55 Christoph Neuberger et alii (Hg.): Journalismus im Internet. Profession – Partizipation – Technisierung, Wiesbaden: Springer VS, 2009.

56 Vgl. https://de.wikipedia.org/wiki/Journalismus, Dezember 2016

Bildmaterial von Laien – besonders bei katastrophenartigen Ereignissen – ist in jüngster Vergangenheit ein beliebtes Material geworden, was dazu führt, dass voyeuristisches Festhalten von Ereignissen ohne Respekt vor der Privatsphäre oder den Vorgaben des Datenschutzes zu einer Art Volkssport geworden ist. Es ist ist sicherlich eine Meinung, die ich hier abbilde. Doch jenseits von Ablehnung oder Zustimmung sei die Frage erlaubt, ob die Gesellschaft durch diese Art der Berichterstattung eher Schaden oder eher Gewinne verbucht hat.

Beispiel

Die Initiative Qualität im Journalismus schrieb schon 2006: „Bürgerreporter" sammeln Informationen über Personen, ohne hinreichende Kenntnisse über Persönlichkeitsrechte, Datenschutz, die Bedingungen verdeckter Recherche sowie über ethische Standards journalistischer Arbeit zu haben. „Bürgerreporter", die ohne qualifizierte journalistische Berufsausbildung Informationen u. a. über Personen beschaffen und zu Erwerbszwecken weitergeben, sind selbst unkalkulierbaren Haftungs- und Strafrisiken ausgesetzt. „Bürgerreporter", die mangels qualifizierter Ausbildung fahrlässig Regeln verletzen, gefährden und beeinträchtigen die Arbeitsmöglichkeiten professioneller Journalisten und Fotografen. Die fahrlässige Inkaufnahme von Regelverletzungen beschädigt in jedem Fall die Qualität der Medien, ihr Ansehen und ihre Glaubwürdigkeit.[57]

Hat man in den vergangenen zwei Jahren Kommentarspalten der Zeitungen beobachtet, so fand man häufig Emotionen in Worte gegossen, die man Hass, Überheblichkeit oder Denunzierungen nennen kann. Das geschieht in Social Media in schöner Regelmäßigkeit. Die Öffnung und Sichtbarmachung von derartiger Meinung in Wort und Bild auf einer Website eines journalistisch arbeitenden Mediums hebt diese Formen auf eine andere Ebene. Tageszeitungen oder öffentlich-rechtliche Sendeanstalten sind immer noch Orientierungspunkt für viele. Ihre Veröffentlichungen machen das Gezeigte gesellschaftsfähig. Die Folge dieser Gesellschaftsfähigkeit: eine Verrohung der Kommunikation.

Aus dem Web kommen neue Ideen, korrektive Sichtweisen und anderes Denken auf breiter Front in die Redaktionen. Doch eben nicht nur dorthin, sondern auch sofort und ungefiltert an die Öffentlichkeit.

Deshalb stellt sich mir die Frage, ob es sich überhaupt um Journalismus handelt, wenn man von „Open Journalism" oder „Liquid Journalism" spricht.

---

57 http://www.initiative-qualitaet.de/fileadmin/IQ/Archiv/Rundmails/iq_rundmail_16.pdf

Ich denke, dass der Begriff des Journalismus nicht mehr gerechtfertigt ist, wenn man auf gut recherchiertes Material verzichtet, um stattdessen laienhafte Darstellungen zu favorisieren. Oder wenn man das Zusammentragen von Informationen ohne Gewichtung bereits als Recherche betrachtet. Informationssammlung und Diskussion müssen immer ein wesentlicher Teil des Journalismus sein – doch Journalismus ist deutlich mehr.

12.1 Warum „Liquid Journalism" Journalismus ist

Dient es dem Journalismus, wenn gut recherchierte Artikel durch eine öffentliche Kommentarfunktion angereichert werden? Es drängt sich die Vermutung auf, dass genau diese öffentlichen Kommentare aus dem Journalismus etwas anderes machen. Oft werden in den Kommentaren Fakten geleugnet oder Vermutungen als Fakten dargestellt, so dass der Artikel, auf den sich der Kommentar bezieht, deutlich an Glaubwürdigkeit verliert – mag er noch so gut recherchiert sein. Sehr gut beschreibt das Stefan Plöchinger in seiner Aussage (siehe übernächstes Zitat). Aus diesem Grund plädiere ich dafür, die neuen Begriffe nicht gemeinsam unter der Bezeichnung „Journalismus" einzuordnen, sondern sie unter „Diskussion" („Open Discussion") oder „Journalismus („Liquid Journalism") zu führen.

Worin unterscheiden sich also „open" und „liquid"? Es lohnt sich, diese Positionen genauer zu betrachten.

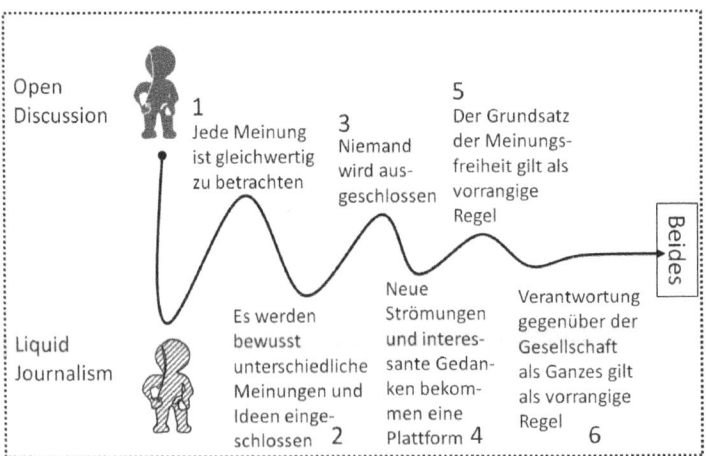

Bild 12.1 Liquid Journalism und Open Discussion
Quelle: Eigene Darstellung

12.1 Warum „Liquid Journalism" Journalismus ist

Wie man sieht, liegen die offene Diskussion und der flüssige, fließende, sich mischende Journalismus gar nicht so weit auseinander. In einer Diskussion würden vermutlich fünf der sechs grundsätzlichen Aussagen von beiden Seiten als relevant akzeptiert. Lediglich die Überlegung, dass ein gesagtes oder geschriebenes Wort Einfluss auf die Befindlichkeit einer relevanten Menge an Menschen ausübt und deshalb im Sinne einer Gesamtverantwortung moralische oder ethische „Selbstzensur" angebracht ist, wird vermutlich auf Widerstand stoßen.

Überträgt man diesen Gedanken auf Journalistinnen beziehungsweise auf die Arbeitsmethoden von Redaktionen, so stützt sie deren ursprüngliche Berufsdefinition (Außensicht und Gatekeeper-Funktion).

Beispiel

Was muss die Öffentlichkeit wissen? Das folgende Zitat wird Sokrates zugeschrieben[58], es taucht aber in ähnlicher Weise auch in unterschiedlichen Kulturen auf:

„Wenn du etwas weitersagen willst, so seihe es zuvor durch drei Siebe: Das Erste lässt nur das Wahre hindurch, das Zweite lässt nur das Gute hindurch, und das Dritte lässt nur das Notwendigste hindurch. Was durch alle drei Siebe hindurchging, das magst du weitersagen."

Würde sich der Journalismus an diese Weltweisheit halten, würden – so ist die vorherrschende Meinung – Zeitungen sich vermutlich nicht mehr verkaufen lassen, denn der Mensch liebt Klatsch und Tratsch, liebt Emotionen, Skandale, Aufregungen und die eigene Meinung. Wäre es anders, hätte Sokrates diesen Ausspruch vermutlich nicht getan.

Und doch gibt es neuere journalistische Strömungen, vor allem in Skandinavien, wo mit Cathrine Gyldensted eine Vorreiterin des „Konstruktiven Journalismus" aktiv wurde. Hier sollen keine problematischen Themen vermieden werden, sondern die Leser angeregt werden, Lösungen für Probleme zu finden und zu diskutieren. Bisher zeigte eine Studie, dass tatsächlich konstruktive Gedankengänge und Handlungen dadurch ausgelöst wurden.[59] Wenn es eine interessante Form des Journalismus gibt, und wenn die Verlage und Redaktionen den Ideenreichtum und die Expertise ihrer Lesergemeinschaft wirklich ernst nehmen, dann kann sich daraus ein lebendiger „Liquid Journalism" entwickeln.

---

58 Da Sokrates keine Schriften hinterlassen hat, wird das Zitat vermutlich über seinen Schüler Platon weitergegeben worden sein.
59 Vgl. Wikipedia, Konstruktiver Journalismus; https://de.wikipedia.org/wiki/Konstruktiver_Journalismus, abgerufen 30.12.2016; weiterführend: Cathrine Gyldensted: From Mirrors to Movers: Five Elements of Positive Psychology in Constructive Journalism. CreateSpace Independent Publishing Platform, 2015,

Bei allen Überlegungen zur Einbindung von Lesern in die Berichterstattung (User Generated Content) geht es freilich eher um Leserbindung, um Kostensenkung, weil Journalisten Geld kosten, und damit direkt um unternehmerischen Gewinn. Die Süddeutsche Zeitung (SZ) hat sich dennoch von ihrer offenen Kommentarfunktion getrennt. So begründet das Stefan Plöchinger von der SZ-Chefredaktion.

Beispiel

„Was hier und dort unter unseren Artikeln steht, hätten wir nicht auf unsere Seite kommen lassen dürfen. Uns nervt das selbst. Kommentatoren, die einem den Spaß beim Lesen vergällen, weil sie einen noch nach dem ausgewogensten Text mit dem plattesten Gedanken überfallen, die echtes Nachdenken oder Argumentieren durch ihre Attacken unmöglich machen – diese Leute lassen wir leider immer wieder durch. Und weil sich die Laune einer Gruppe von Menschen immer nach dem Schlechtestgelaunten richtet, kippt die Stimmung durch sie schnell unter die Gürtellinie", bloggt Stefan Plöchinger, Chefredaktion der Süddeutschen Zeitung im Juli 2014.[60]

Und die SZ hat reagiert. Seit 2015 gibt es neue, deutlich moderierte Foren, in denen über Schwerpunktthemen diskutiert wird. Eine klare Nettiquette wurde aufgestellt. Die Verbindung zu den Social Media wurde intensiviert, so dass nicht jede Diskussion auf der SZ-Seite stattfindet. (Auf Facebook ist die Qualität der Leserbeiträge tatsächlich nicht mit derjenigen auf den Leserforen der SZ zu vergleichen.) Mit anderen Worten: Leserinnen sind gefragt, Diskutanten werden ermutigt, ihre Meinung wird wahrgenommen und sie tragen zur Abrundung der Diskussion bei.[61]

Diese Art des Übergangs von „Open Discussion" hin zu „Liquid Journalism" ist beachtlich. Beidem wird Respekt gezollt und das Ergebnis aus dem Input auf der SZ-Seite hat tatsächlich mit Journalismus zu tun, denn die in diesem Zug

---

60 http://ploechinger.tumblr.com/post/90956559317/besser-reden-mit-unseren-lesern, abgerufen 30.12.2016

61 „Mehr Kommentare in Social Networks statt unter allen Artikeln. Diese Möglichkeit ersetzt die klassische Kommentarfunktion unter den Artikeln …. Wir haben dazu viel Kritik von Lesern bekommen, mal wegen des Diskussionsniveaus, mal wegen der Qualität der Moderation. Wir haben uns deshalb entschieden, Ihnen die Debatte in den genannten Netzwerken zu erleichtern, statt die ganze Diskussion unbedingt bei uns stattfinden zu lassen …" Daniel Wüllner, Leserdialog SZ; Januar 2015; http://www.sueddeutsche.de/kolumne/ihre-sz-lassen-sie-uns-diskutieren-1.2095271 , abgerufen 30.12.2016

gewonnen Information und Meinungen fließen wenigstens teilweise wieder in die Berichterstattung des Printmediums ein. [62]

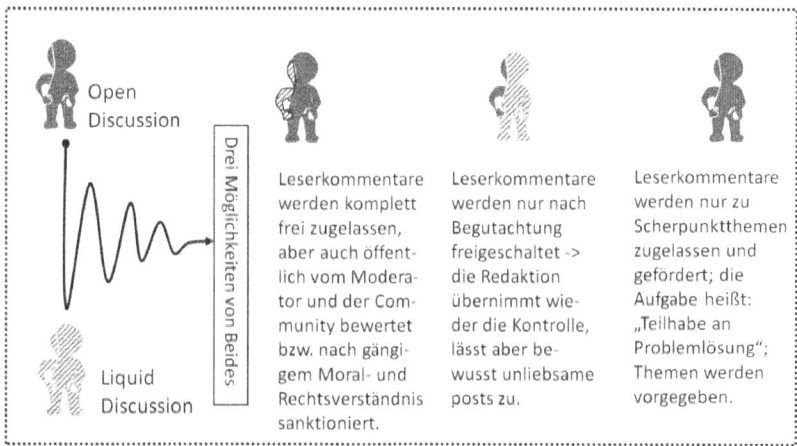

Bild 12.2 Verbindung zwischen Open Discussion und Liquid Journalism
Quelle: Eigene Darstellung

12.2 Positionen der Leser in die Berichterstattung übernehmen

Was den tatsächlichen „Liquid Journalism", also die aus Lesergedanken geformte Themendiskussion, auszeichnet? Besser und glaubwürdiger und – mehr noch – lösungsorientierter kann man ein komplexes Thema kaum aufbereiten. Denn aus dem lesergenerierten Inhalt ergibt sich fast schon zwangsläufig die Gegenüberstellung zweier oder mehrerer Grundansichten, die in lösungsorientierte Formen von „Beides" überführt werden können.

Allerdings müssten dann Positionen auch deutlich als „lesergenerierter Inhalt" dargestellt werden. Das ist bisher kaum der Fall. Zwischen Netz und Print klafft – so scheint es mir – immer noch eine deutliche Lücke und die Printnutzer

---

62 Daniel Wüllner, ebd: „Wir werden immer wieder Leseraktionen starten, wie unser Projekt „Die Recherche" oder zuletzt den Gefahren-Atlas von Münchner Problemstraßen, der ohne Ihre Beteiligung nicht denkbar gewesen wäre."

bekommen von der im Netz diskutierten Themenvielfalt praktisch nichts mit. Unterschiedliche Positionen werden im Print auch nicht als diskussionswürdig vermittelt. Und so fehlt über weite Strecken die Verbindung zwischen der digitalen und der gedruckten Welt.

Daniel Wüllner, Teamleiter Social-Media bei der Süddeutschen Zeitung, sieht die Bemühungen der SZ um das Einbinden von Leserinput in die Berichterstattung noch lange nicht an einem Endpunkt angekommen. „Wir sind mit diesen Fragen ständig in Bewegung. Und wir suchen nach inhaltlichen wie technischen Lösungen." Die SZ hat schon erste Versuche unternommen, das, was die Leserinnen dort als Input bieten, dem breiteren Publikum zugänglich zu machen. Aktuell gibt es den abendlichen SZ-Newsletter „Espresso" der eine eigene Rubrik „Leser diskutieren" bietet. Dort wird (allerdings sehr kurz) auf die Meinungspalette der Leser verwiesen, das aktuelle Thema angerissen und auf den entsprechenden Artikel der SZ verlinkt, wo man tatsächlich eine interessante Meinungs- und Argumentationsvielfalt findet.

Doch die Redaktion hat auch schon andere Experimente gewagt. Unter „Ihre Frage" hat die SZ ihre Lesergemeinschaft aufgefordert, Fragen einzusenden. Es kamen hochinteressante Fragen zu weiten Themenkomplexen. „Dabei waren geniale Fragen dabei", sagt Wüllner. „Beispielsweise wollte ein Leser wissen, warum Helene Fischer derart viel Erfolg hat. Das klingt zunächst seltsam als Frage, doch wenn man recherchiert steckt dahinter wirklich Psychologie, Wissen um Massenphänomene und Wissen rund um die Musikbranche. Natürlich gab es auch völlig andere, politische oder wirtschaftliche Fragen und sie haben uns tatsächlich manchmal vor echte Recherche-Herausforderungen gestellt. Doch leider war das Format aufgrund mangelnden Leser-Inputs nicht tragfähig genug." So blieb es denn eine Weile im Netz, wurde jedoch nicht in die Printausgabe übernommen.

Die moderierte Vielfalt der Lesermeinungen kann geniale Wege in die „Beides"-Position und darüber hinaus in die Position „Keines von Beidem" eröffnen. Mit entsprechender Moderation kann es gelingen, tatsächlich mehrere gangbare Lösungswege zu erörtern.

Aufgabe der Moderation wäre es, zu verhindern, dass Angriffe oder Verteidigungen bezüglich der unterschiedlichen Positionen erfolgen. Sinnvoll wäre es dagegen, die Leser zu ermuntern, tatsächlich alle Aspekte und Einzelheiten der verschiedenen Positionen zu ergründen und zu beschreiben. Das wäre möglicherweise der beste Weg in eine von einer breiten Mehrheit getragene und gelebte Demokratie. Die „Fünfte" müsste in diesem Fall noch nicht einmal eingeladen werden. Sie wäre

12.2 Positionen der Leser in die Berichterstattung übernehmen

als fester Bestandteil einer Verflüssigung von Journalismus immer in greifbarer Nähe und würde wahrgenommen.

Der Journalismus in seiner veränderten Form könnte sich als tatsächliche „vierte, der Demokratie verpflichtete Gewalt innerhalb des Staates" festigen. Eine Position, die in den vergangenen Jahren deutlich angegriffen und beschädigt wurde, eben weil sich einige Redaktionen als Richter über die zu berichtende Materie aufgeschwungen haben. Oberstes Gebot bei dieser Art von „Liquid Journalism" wäre es, die Entscheidung über die Bewertung des zur Verfügung gestellten Materials wirklich beim Leser, bei der Leserin zu belassen. Natürlich sollte Journalismus den Kommentar dazu stellen, doch eine bewusste Darstellung einer Diskussion könnte Verständnis dafür zu wecken, dass die Dinge in dieser Welt nicht so simpel sind, wie wir alle sie gerne hätten.

Am Beispiel des „Liquid Journalism" lässt sich zeigen, dass die konsequente Nutzung des Tetralemmas innerhalb eines Themas zu ernsthaften neuen Lösungsideen führen kann. Die Anwendung des Tetralemmas muss allerdings in den Redaktionen bewusst wahrgenommen werden. Die Moderation der Diskussion zwischen jenen Leserinnen, die sich ernsthaft in die Diskussion einbringen wollen, sowie die transparente Übernahme der relevanten Diskussionsbeiträge in die Berichterstattung (online und print) werden zu einer neuen Qualität des Journalismus beitragen.

Über die Gedankengänge der Leser im Zusammenspiel mit Experten lässt sich die Tiefe eines Themas sehr gut darstellen. Und möglicherweise wäre damit dann auch wirklich die von Journalisten so hochgelobte „Neutralität" in der Themenbehandlung automatisch gegeben. Die Deutungshoheit der geschilderten Situationen, die Bewertung der Aspekte, bliebe dann wirklich dem Leser überlassen. Und es gäbe dann immer noch genügend Freiheit für Redakteure, Kommentare abzugeben.

Die Tiefe eines Themas mit den Lesern gemeinsam entdecken – oder: Serien mit dem Tetralemma

13

Zusammenfassung

Der einzelne Artikel kann niemals einem komplexen Thema gerecht werden. Will man im Journalismus oder in der PR den Weg weg von der platten Meinung hin zu einem komplexen Verständnis eines Themas unterstützen, dann sollte man Themenwelten erschließen. Die Artikel-Serie ist dafür eine geeignete Form. Doch Serien sollten lebendig bleiben. Wie das mithilfe des Tetralemmas und der Leser geht, zeigt dieses Kapitel.

Schlüsselwörter

Serie · Themenseite · Dossier

Die typische Abfolge der Phasen eines Themas in der öffentlichen Meinung und damit auch in der Berichterstattung über ein topaktuelles Thema hat Niklas Luhmann[63] in den 1970er Jahren dargestellt.

1. **Definition**: Ein Sachverhalt wird thematisiert
2. **Legitimation:** Die Begründung wird in geltende Moral oder Ethik verpackt und gegenüber anderen Öffentlichkeiten legitimiert
3. **Polarisierung:** umgrenzte Gruppen (heutzutage meist in sozialen Netzwerken) diskutieren und polarisieren;

---

63 Niklas Luhmann, 1927-1998, Soziologe und Gesellschaftstheoretiker beschrieb die Phasen eines Themas innerhalb von Gesellschaften

4. **Identifikation**: Der Einzelne oder definierte Öffentlichkeiten beziehen persönliche Positionen zu Sachverhalt und möglichen Lösungen
5. **Lösung**: Problemlösung geschieht oft durch eigenes Handeln der Protagonisten oder Interventionen einer externen Macht.

Diese Abfolge scheint sich durch die Möglichkeiten der sozialen Netzwerke ein wenig ineinander verflochten zu haben. So gibt es kaum noch klar umrissene zeitliche Abfolgen. Je nach Netzwerk laufen die Phasen parallel beziehungsweise durchdringen sich. So gehen Abfolgen verloren und je nachdem, wann der Einzelne zu der entsprechenden Diskussion oder dem entsprechenden Thema stößt, entstehen Schleifen der Wiederholung innerhalb geschlossener Gruppen.

Bei großen, gesellschaftlich relevanten Themen erfahren die einzelnen Phasen durchaus Antrieb und Begleitung durch die unterschiedlichsten Medien. Medien dienen sozusagen als Verstärker eines Ablaufs, der – so scheint es – immer in kompletter Form durchlaufen wird. Mindestens solange es keine Lösung gibt, verbleibt das Thema weiterhin im Interesse der Öffentlichkeit. Ungelöste Situationen behalten die mediale und öffentliche Aufmerksamkeit. Nicht von ungefähr wird Medien häufig vorgeworfen, sie würden ein Thema nicht zur Ruhe kommen lassen. Nachdem sich der Journalismus als „vierte Gewalt im Staat" begreift, ist es unter anderem seine Aufgabe Abweichungen zwischen Verfassungs- bzw. Rechtstheorie und -wirklichkeit anzuprangern. Ob es seine Aufgabe sein kann, persönliche Schicksale aufgrund eigener Moralvorstellungen negativ zu beeinflussen, möchte ich infrage stellen. Den Medien obliegt in beiden Fällen also eine besondere Verantwortung.[64]

Übertragen auf die PR zeigen sich spannende Ansatzpunkte, denn die PR will ebenfalls unterschiedliche Themen in die Gesellschaft einspeisen. Sie folgt dabei anderen Loyalitäten und ist selbstverständlich daran interessiert, ein möglichst positives Bild in der Öffentlichkeit zu erreichen. Es ist jedoch eine völlig unzureichende Maßnahme, Journalisten böse zu sein, nur weil sie ihrem Auftrag nachkommen, alle Blickwinkel eines Themas zu beleuchten. Im Gegenteil. Jeder kritisch-neutrale Journalist, jede gut recherchierende Fachjournalistin sollte in der jeweiligen Eigenschaft höchste Anerkennung bekommen. Denn wenn ein kritischer

---

64 Vgl. weiterführende Literatur: Hans Mathias Kepplinger: Die Mechanismen der Skandalisierung, München 2012 und Bernhard Pörksen und Hanne Detel: Der entfesselte Skandal – Das Ende der Kontrolle im digitalen Zeitalter, Köln 2012. In beiden Büchern ist erkennbar, wie Skandale sich entwickeln und welche Mechanismen zu einer Aktivierung führen.

Autor lobt, dann ist dies ein Adelsschlag. Wenn eine Hofberichterstatterin lobt, dann ist dieses Lob im Empfinden vieler Leser „vergiftet", „gekauft" oder „erzwungen".

Um wirklich Vertrauen in einer Zielgruppe aufzubauen, ist es deutlich wertvoller, als interessanter Inputgeber aufzutreten denn als hochgelobter Star eines Mediums, das im Verdacht steht, auf der Gehaltsliste des jeweiligen Unternehmens zu stehen. Auch Diskussionen im Netz lassen sich über eine gewisse freundliche Neutralität besser führen als über ein missionarisches Verhalten. In diesem Zusammenhang sei auf den „User Generated Content" verwiesen. Wenn Diskussionen erlaubt sind, wenn Meinungsbildung bezüglich eines Produktes oder eines Themas gefördert wird, wenn es keine Verurteilung von kritischen Kommentaren gibt, sondern ein Eingehen auf das, was gepostet wird, dann ist der nächste Schritt in Richtung einer Themenserie bereits eingeleitet.

Aus Userfragen werden Aspekte eines Themas entwickelt oder aber neue Themenstränge aufgebaut. Ob dies durch Text oder in Form von Erklärvideo, Youtube-Clip oder Snapchat-Post geschieht, ist unerheblich. Grafiken und Datenjournalismus, Umsetzungen der Inhalte in comicartige Erzählzeichnungen und viele andere Darstellungsmöglichkeiten eignen sich für die Aufbereitung eines großen Themas. Letztendlich finden sich die User aber mit ihren Themen wieder. Darauf kommt es an. Wenn es ein echtes Sprungbrett für gute Krisenkommunikation gibt, dann ist es exakt hier zu finden!

Exkurs
Ein Thema ist heute noch nicht einmal abgeschlossen, wenn eine Lösung erreicht ist. Im schlechtesten Fall wird der Sport des „Nachtretens" ausgeübt, was zu einer vollkommenen Zerstörung beteiligter Personen führen kann. Die Protagonisten erfahren häufig, dass auf Fehlverhalten die Todesstrafe erfolgt. Gnade, Unterstützung bei einer Kehrtwende, Hilfe im Prozess der Rückkehr in ein System wird immer häufiger verweigert.
Durch die psychische Vernichtung von Personen im Zuge detaillierter „Berichterstattung" zu allen Einzelheiten des persönlichen Bereichs (unter Missachtung der Sinnhaftigkeit von Datenschutz und Persönlichkeitsrechten) entsteht im allgemeinen Bewusstsein der Eindruck, dass der Mensch grundsätzlich eben *nicht* lernfähig sei. Die lange erkämpfte und durch eine Vielzahl von Philosophen mühsam erarbeitete Basis der Menschlichkeit, des Verzeihens und des Anrechts auf eine zweite Chance wird ohne Not aufgegeben.

Journalisten müssen genau hinschauen. Sie sollten auch kommentieren. Sie sollten aber die Größe haben, wenn im Zuge einer Krisenbewältigung eine deutliche Verhaltensänderung von Personen oder Gruppen eingetreten ist, auch positiv zu kommentieren. Viele Journalisten neigen dazu nachzutreten. Noch einen Kommentar zu schreiben, obwohl alles schon gesagt wurde. Rache zu üben, wenn sie das persönliche Empfinden haben, in ihrer Arbeit nicht ausreichend von den Protagonisten unterstützt worden zu sein.

Doch gerade mit diesem Verhalten der permanenten und überzogenen Moralkeule befeuern sie ein Fehlverhalten der betroffenen Personen. Gerade WEIL die Menschen, die im Mittelpunkt der Berichterstattung stehen, immer häufiger erfahren müssen, dass eine Schwäche, ein Fehler ihnen öffentlich nie verziehen wird, sind sie immer weniger bereit, mit den Medien zu sprechen und überhaupt einen Fehler einzugestehen.

So entsteht die Paradoxie, dass ein Medium durch die Art der schonungslosen Berichterstattung oder Kommentierung, genau das Gegenteil dessen erreicht, was sinnvoll wäre.

Aus diesem „double-bind", dieser Zwickmühle, führt ein einfacher Ausweg: die ausgewogene Berichterstattung. Gemeint ist: kritisieren, wo Kritik angebracht ist, auf Fehlverhalten hinweisen und auf die daraus sich ergebenden Folgen hinweisen – aber auch öffentlich anerkennen, wenn Anerkennung nötig ist.

Beispiel

Aus meinem persönlichen Erfahrungsschatz eine kleine Hintergrundgeschichte: Ich war als Berichterstatterin in einer Kommune eingesetzt, deren Gemeinderat das Gemeinwohl offenbar aus den Augen verloren hatte. Jede Form der Diskussion war getragen von persönlichen Animositäten gegeneinander. Gute Ideen wurden von der „Gegenpartei" nur deshalb torpediert, weil die falsche Person sie vorgeschlagen hatte. Meiner persönlichen Meinung nach: ein einziger „Kindergarten".

In einer schwierigen Situation gab es jedoch einmal einen Konsens im Rat. Eine Abstimmung, die nicht als Kampfabstimmung verlief, sondern in „geradezu peinlicher Einstimmigkeit". Ich kann mich erinnern, diese Formulierung gebraucht zu haben: „Peinliche Einstimmigkeit". Was haben die Räte aber aus dieser Formulierung für sich gelernt: Einstimmigkeit wird als peinlich empfunden! Vermutlich habe ich damit ein Verhalten zementiert, das ich ja die ganze Zeit über kritisiert hatte. Und ich frage mich, was wohl geschehen wäre, wenn ich als Außenstehende damals veröffentlicht hätte: „erstaunliche, zielführende, demokratische Einstimmigkeit". Ich hätte loben sollen, wo Lob angebracht war.

Die „peinliche Einstimmigkeit" war ein Nachtreten, eine Überheblichkeit, mit der ich vielleicht die einzige Chance auf einen Wendepunkt zerstört habe. Auf jeden Fall wäre die Anerkennung des gemeinsamen Abstimmungsergebnisses angebrachter gewesen.

13.1 Aufbau von Serien zu einem Thema

Aus den fünf Phasen, die ein Thema durchläuft, lassen sich Themen als Serien entwickeln. Und zwar so, dass anstelle des „entfesselten Skandals", der nur Opfer, Täter und eine unglaubliche Menge an Empörten oder später Gleichgültigen kennt[65], eine andere Form der Auseinandersetzung tritt.

Steffen Burkhardt schreibt in seinem Vorwort zum Buch „Medienskandale" im November 2014: „Der Erhalt des Journalismus und seine Ausstattung mit Ressourcen, die seine mediale Diskursmacht stützen, muss daher ein zentrales Anliegen jeder demokratischen Gesellschaft sein."[66]

Es muss auch das zentrale Anliegen der Journalisten sein, sich mit Ressourcen auszustatten, dazuzulernen und sich über die Wirkung der eigenen Arbeit Gedanken zu machen. Der Verkauf eines Blattes mag das Ende des Arbeitsprozesses darstellen – es ist aber der Beginn der Wirkung in der Gesellschaft. Und somit Teil der Verantwortung für das eigene Handeln der Journalisten.

Durch das Tetralemma[67] kann ein Thema ausführlich begleitet werden – ausführlich und zugleich lösungsorientiert. Tatsächlich wird durch das Tetralemma verhindert, dass die moralische Keule von einer Horde wildgewordener Pseudomoralisten als Mordwerkzeug eingesetzt wird.

Schon während der Definitionsphase[68] ist es sinnvoll ein „Einerseits-Andererseits"-Denken aufzunehmen. Die Darstellung des Themas im Sinne einer „moralischen Bewertung" ist nämlich bereits der erste Schritt auf einer Eskalationsskala.

---

65 Vgl. Klar Otto Hondrich: Enthüllung und Entrüstung, Frankfurt 2002: „Die kollektiven Gefühle ... verlangen Genugtuung. Verletzte Werte müssen geheilt, unscharfe Regeln verschärft ... Individuen geopfert werden – auf dem Altar der von vielen geteilten moralischen Gefühle." Dazu auch: Pörksen/Detel (s. o.) „Und dann beginnt, nicht für die Täter, nicht für die Opfer, aber doch für die Mehrheit der Leser ... das große Vergessen. ... Die allgemeine Erregung hat eine äußerst geringe Halbwertszeit." S.21
66 Steffen Burkhardt: Medienskandale – zur moralischen Sprengkraft öffentlicher Diskurse, Köln 2015
67 Vgl. Kapitel 10 zum Grundschema das Tetralemmas
68 Vgl. 1) Definition des Themas – ein Sachverhalt wird thematisiert

Nachdem nun die Kommentierer einfach vorhanden sind und aus ihrer Sicht auch schreiben müssen, was ihrer Moral zuwider läuft, ist es die Aufgabe der Journalisten, diesem Meuteverhalten etwas Sinnhaftes entgegen zu setzen. Die Aufgabe besteht darin, die Posts zu entkleiden. Sie frei zu machen von Verurteilung und Moral. Was übrig bleibt, ist oft ein interessanter Gedanke, der es wirklich wert ist, sich damit zu beschäftigen. Das Entkleiden der Posts, um an die wirklichen Gedanken zu kommen ist allerdings nicht ganz einfach. Es erfordert ein gewisses „Reframing" des Geschriebenen.[69]

Wenn die Redaktion aus diversen Strömungen ein umstrittenes Thema aufnimmt, sollte sie ganz gezielt daran arbeiten, dieses Thema nicht auf die Eskalation hin zu bearbeiten, sondern eine fundierte Serie mit wirklich überraschenden Einblicken und Gedanken aufzubereiten. Das bedeutet für den Einzelnen, nicht zu schnell einen Standpunkt zu vertreten und sich nicht zu scheuen, eine andere Meinung als zumindest interessant oder untersuchenswert anzusehen.

Folgende Regeln helfen beim Betrachten zweier scheinbar unvereinbarer Standpunkte:

Die erste Regel für eine Redaktion sollte lauten „Divergenz": Ein Thema gehört immer mehreren Journalisten. Das verhindert die Überbewertung persönlicher Ansichten. Falls das nicht möglich ist, weil man als freie Journalistin alleine recherchiert und schreibt, so sollte man Kooperationspartner suchen oder zumindest sicherstellen, dass kritische, divergierende Sichtweisen tatsächlich Einfluss auf den Text nehmen können. Auch die Frage nach der Relevanz der eigenen Sichtweise ermöglicht es, Abstand von eigenen Emotionen zu gewinnen. Das ist nicht neu. Die professionelle Distanz wurde bereits von Tagesschau-Moderator Hanns Joachim Friedrichs in den 90er Jahren formuliert in dem schönen Satz:

> „Das hab' ich in meinen fünf Jahren bei der BBC in London gelernt: Distanz halten, sich nicht gemein machen mit einer Sache, auch nicht mit einer guten, nicht in öffentliche Betroffenheit versinken, im Umgang mit Katastrophen cool bleiben, ohne kalt zu sein."[70]

Nur wer diese Distanz erreicht, ist gefeit vor Utilisierung durch lenkende Kräfte. Nur wer unterschiedliche Meinungen gelten lässt, verhindert ein Leben als Marionette der PR oder der eigenen, übernommenen Vorstellungen. Das heißt nicht,

---

69 Reframing siehe Kapitel 15.3
70 Aus: „Cool bleiben, nicht kalt." Der Fernsehmoderator Hanns Joachim Friedrichs über sein Journalistenleben. In: Der Spiegel Nr. 13/1995 vom 27. März 1995.

Empathie zu vermeiden, sondern den Menschen zugewandt Bericht zu erstatten, ohne sich über sie zu erheben. Der bewusste Gedanke an die Tetralemma-Struktur ist ein gutes Hilfsmittel, diese Distanz zu erreichen. Denn dadurch gerät man eher in ein Beschreiben als ein Bewerten der jeweiligen Situation.

Als zweite Regel kann man sich die Betrachtung der „Dreidimensionalität" setzen: Kein Thema ist zweidimensional. Alles hat eine dritte Dimension. Damit ist es für den Einzelnen praktisch unmöglich den kompletten Umfang zu begreifen, wenn man sich nicht um das Thema herum bewegt. Wenn zwei Menschen sich gegenüber stehen und zwischen ihnen befindet sich ein Felsstück, dann würden die Personen diesen Gegenstand vermutlich nicht deckungsgleich beschreiben. Jeder sieht nur die Seite des Felsens, die sich im darbietet. Lediglich das räumliche Sehen (und damit das Wissen um die Dreidimensionalität des Steins) macht die Personen glauben, sie hätten den Fels in seiner Gänze verstanden.

Für den Autor heißt das, dass er einfach davon ausgehen muss, die Komplexität eines Themas nicht auf Anhieb zu verstehen zu können. Er müsste sich demnach ganz bewusst auf die Suche nach einem anderen Blickwinkel begeben – und diesen anderen Blickwinkel sofort in die Darstellung der Sache einbringen. Das ermöglicht ein interessantes Oszillieren zwischen den Blickwinkeln.

Wie kann ein Thema von Anfang an mit Oszillieren bearbeitet werden? Eigentlich ist es einfach. Die Süddeutsche Zeitung macht es seit 2015 mit ihrem Schwerpunktthema „Die Recherche" vor. Das Format greift Fragestellungen auf, die sich unterschiedlichsten Aspekten eines Bereiches widmen. Dabei werden mehrere Journalistinnen und Journalisten auf das Thema angesetzt und verschiedenste journalistische Darstellungsformen genutzt, um die Komplexität des Themas darzustellen.

Dem Thema „Ungleichheit in Deutschland" hat sich die SZ im Herbst 2016 gewidmet. Das Thema war geplant – keine Frage. Es war durchdacht. Es entstand ein Dossier, in dem Beiträge von „Ungleichem Spenden an Bedürftige", ein Portrait eines Erfolgreichen aus kleinsten Verhältnissen, ein Essay zur Umverteilung von Geld in unserem Staat, die „Straße der Gegensätze" etc. abrufbar waren. Das Thema wurde also von allen Seiten beleuchtet: aus der Gesellschaft heraus, aus der Unterschicht, aus der Wirtschaft. Ausgangspunkt für dieses Dossier war die Leserfrage „Einige hier werden immer reicher, andere immer ärmer – wächst Deutschland wieder zusammen?"[71]

---

71 http://www.sueddeutsche.de/thema/Ungleichheit_in_Deutschland; Dezember 2016

Diese Leserfrage führte zu beachtlichen Denkanstößen, weil sie als Frage bewusst wahrgenommen wurde. Wäre stattdessen eine Behauptung ausgesprochen worden – „Die Schere des Wohlstands klafft immer weiter auseinander. Deutschland wird daran zerbrechen" – wäre die Reaktion von vorne herein sehr viel aggressiver, sehr viel gewaltsamer ausgefallen. Sicherlich hätten einige Aspekte nicht den Weg an die Oberfläche des Bewusstseins geschafft.

Nimmt man in einem solchen Themenkosmos eine Frage wahr, so wird nach einer Lösung geforscht, es werden Wege untersucht und aufgezeigt. Wie in diesem Fall auch Wege, die von jeder Leserin selbst beschritten werden könnten. Nicht umsonst heißt der Titel dieses Dossiers „Wie sich Ungleichheit bekämpfen lässt" – es ist also lösungsorientiert anstatt problemorientiert angegangen worden. So wie dieses Dossier eine verbundene Serie an einzelnen Beiträgen darstellt, kann im Grunde jedes Thema behandelt werden. Im folgenden Bild wird die Denkweise dargestellt, die dazu führt.

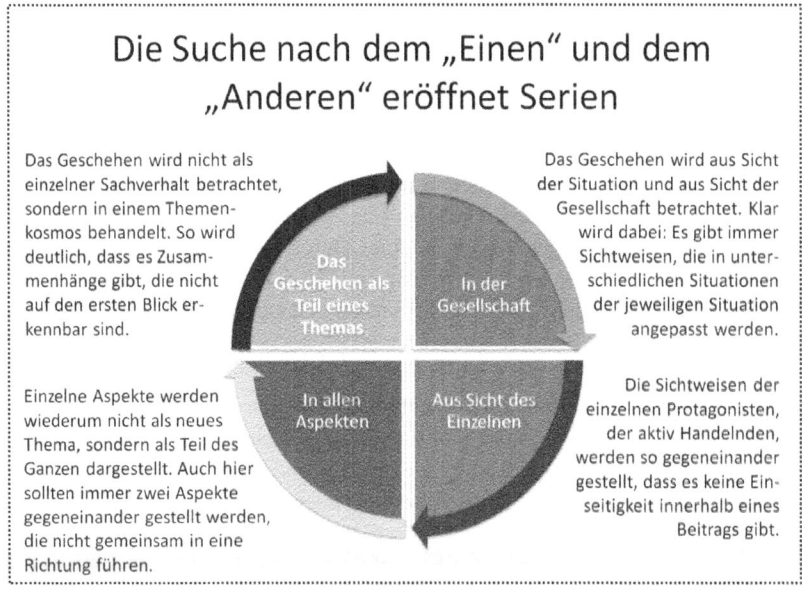

Bild 13.1 Dossiers – die Suche nach Aspekten
Quelle: Eigene Darstellung

13.1 Aufbau von Serien zu einem Thema

Bearbeitet wird ein solches Thema dann über die unterschiedlichen Teilbereiche, die wiederum zueinander in Verbindung gesetzt werden. Auf diese Art kann sich bei den Lesern die Erkenntnis einstellen, dass es keine einfache Form von „Beides" gibt, sondern dass es je nach Schwerpunktsetzung innerhalb desselben Themas mehrere Formen von „Beides" geben muss. Selbst wenn ein Beitrag in kommentarhafter Form eine Lösung vorschlägt, wird diese relativiert anhand der möglichen anderen Lösungen. Im Grunde führt ein solches Vorgehen niemals auf einen einfachen Endpunkt zu, sondern deutet die Richtung an, in die Gedankengänge fortgesetzt werden können.

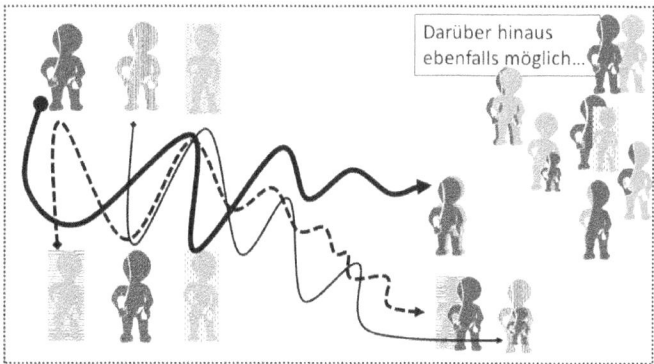

Bild 13.2 Eröffnung von Gedankenwegen
Quelle: Eigene Darstellung

▶ Journalismus kann ebenso integrierend wie auch desintegrierend wirken. Er kann Probleme verursachen, aber eben auch bearbeiten bzw. an der Lösung mitarbeiten[72]. Der Verkauf von Nachrichten muss sich keinesfalls alleine daran ausrichten, in erster Linie negative Emotionen anzusprechen.[73] Wenn eine Story am Laufen gehalten werden soll, weil die öffentliche Aufmerksamkeit sich darauf richtet, dann kann integrierendes Oszillieren durchaus Stoff für genügend Beiträge hervorbringen.

---

72 Vgl. als weiterführende Literatur: Irmgard Wetzstein: Mediativer Journalismus – konstruktive Konfliktbearbeitung in der qualitätsjournalistischen Auslandsberichterstattung; Diss Wien 2010, VS-Verlag, Wiesbaden 2011
73 Negativität: Je „negativer" ein Ereignis, je mehr es auf Konflikt, Kontroverse, Aggression, Zerstörung oder Tod bezogen ist, desto stärker beachten es die Medien. Vgl. Nachrichtenwerttheorie: https://de.wikipedia.org/wiki/Nachrichtenwert

13.2 Die „Fünfte" nutzen, um ein Thema neu zu denken

Nehmen wir ein weiteres Recherchethema der SZ. Die Recherche aus dem Jahr 2014 bezog sich auf folgende Frage: „Ist die Erde tatsächlich überbevölkert?". Dazu antwortete die SZ-Innenpolitik-Redakteurin Marlene Weiß: „Der Gedanke, dass die Erde an der immer größeren Anzahl von Menschen zu ersticken droht, stammt vom Ökonomen und Pastor Thomas Malthus, der vor 250 Jahren in England lebte."[74] Sie beschäftigt sich mit seinen Thesen und verlinkt auf sein Werk. In ihrem Essay setzt sie jedoch eine UN-Studie zum Bevölkerungswachstum dagegen[75] und verknüpft den Gedanken mit einem Artikel zur Nutzung von Rohstoffen.[76]

Ihr Artikelstrang umfasst also:

- Historische Primärquelle zum Wachstum der Bevölkerung und dessen Auswirkungen
- Expertenmeinungen und aktuelle Zahlen zum Wachstum in Afrika, Amerika, Europa und Asien und deren gesellschaftliche Effekte, verbunden mit der Forderung nach höheren Bildungsstandards
- Den Aspekt des Rohstoffverbrauchs der Industrieländer und deren Auswirkungen auf die Erde und die Gesellschaft.

Wollte man dieses Thema weiterführen, so böten sich folgende weitere Beiträge an:

---

74 http://www.sueddeutsche.de/wissen/ihre-frage-ist-die-erde-bereits-ueberbevoelkert-1.2167653, Dezember 2016
75 Robert Gast, 12 Milliarden Menschen – keine Panik!, in SZ-online, 19.09.2014
76 Silvia Liebrich, Die unterschätzte Gier nach Rohstoffen, in SZ-online, 17.09.2014

13.2 Die „Fünfte" nutzen, um ein Thema neu zu denken

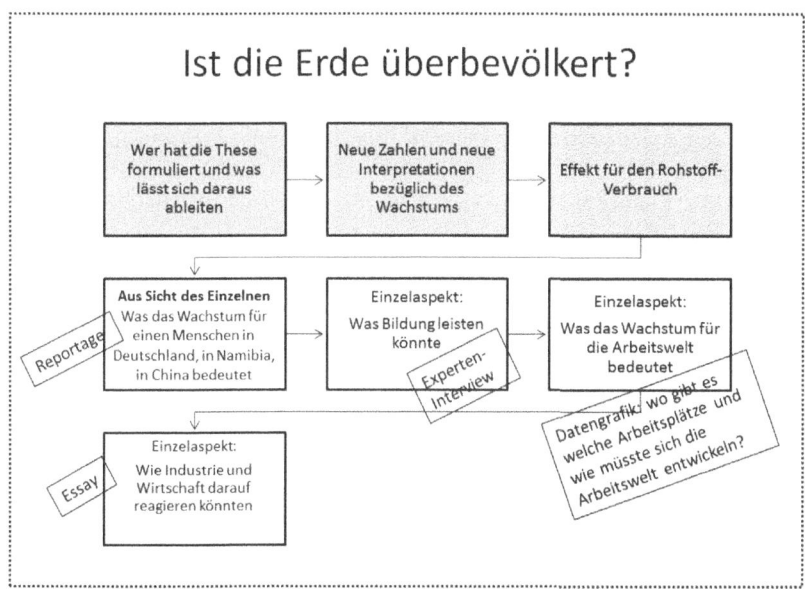

Bild 13.3 Themenaufbereitung durch Dossiers
Quelle: Eigene Darstellung

All diese Aspekte bleiben sehr hart am Thema und beschäftigen sich mit den Folgen des Bevölkerungswachstums. Bisher kamen jedoch nur jene Überlegungen zum Tragen, die implizieren, dass es diese Überbevölkerung eigentlich noch nicht gibt. Was es stattdessen gibt – dies wird als Ausgangspunkt für alle Beiträge genommen – ist eine Ungleichverteilung von Wohlstand, Ressourcen und Lebensstandard. Die Einen leben gut auf Kosten der Anderen.

Wenn man nun die „Fünfte" einladen würde, also das Querdenken, den Humor, den Zufall oder etwas ähnliches, dann müsste man sich die Frage gefallen lassen, warum wir denn so Angst davor haben, dass es zu viele Menschen auf diesem Planeten gibt? Möglicherweise käme auch die Frage, woran wir denn merken, dass es zu viele Menschen gibt und als nächstes müsste man sich vermutlich der Frage stellen: Was wollt ihr denn tun – jetzt wo es zu viele Menschen gibt? Solche Fragen führen die Gedanken in ganz andere Richtungen.

Sie führen beispielsweise in Richtung des Urban Farmings, der Ökologie oder in Richtung der Ethik. Vielleicht sogar zur Weiterentwicklung der Raumfahrt oder völlig neuen Städtebauideen. Vielleicht würde man sich auseinandersetzen müssen mit dem, was Angst ausmacht. Also beispielsweise mit Verlustängsten – und dadurch auch mit dem Anspruchsdenken jener, die ihren Lebensstandard schwinden sehen.

Die „Fünfte" könnte auch dazu verführen, die Frage nach der Überbevölkerung aus Sicht eines Tieres zu betrachten, oder die Autorin könnte sich entschließen auf die Frage „ist die Erde überbevölkert" zu antworten: Warum fragen Sie mich das? Wenn Sie als Teil der Welt es nicht wissen, woher soll ich das wissen? Und selbst wenn wir es wüssten – was würde es uns nützen? Und eine solche Reaktion könnte zu interessanter Leserdiskussion führen.

Wenn die Journalisten sich selbst die Schere in den Kopf setzen, wird jede Diskussion in einer Schleife hängen bleiben. Nur wer sich traut, den eigenen unsinnigen Gedanken (und den Unsinn des Mitmenschen) wahrzunehmen, schafft es, die Fünfte zu nutzen. Und dann öffnen sich die Schleusen – nicht nur für eine Serie von Beiträgen, sondern dafür, die Welt neu denken zu lernen.

▶ Wenn man ein Thema wirklich gut und unter Einbeziehung von Leserkommentaren behandeln möchte, sollten folgende Checkpunkte beachtet werden:
  1. Die Bearbeitung sollte ein Thema immer in die Breite und in die Tiefe führen. Das heißt: alle Meinungen und Aspekte sollten als wertvoll erachtet werden und im Sinne der Gesamtheit eines Themas dargestellt werden. Dabei ist es wichtig, detailreich zu arbeiten und Beispiele zu zeigen.
  2. Negative Wortwahl sollte reframed werden. Das heißt: nicht jeder Leser schafft es persönliche Emotionen aus seinem Kommentar herauszuhalten. Also sollte die Redaktion dafür sorgen, dass Inhalte und Emotionen getrennt beachtet werden. Hass, Neid, Missgunst, Verachtung oder Verdammung Anderer sind oft der Mantel, der um eine Sachaussage getragen wird. Den Mantel abzulegen und zum Kern einer Aussage vorzustoßen, sollte Ziel einer redaktionellen Arbeit sein.
  3. Wenn Sie ein Thema bearbeiten, setzen Sie sich bitte immer der konstruktiven Kritik Ihrer Kolleginnen aus. Lassen Sie andere am Thema mitarbeiten – so vermeidet man Scheuklappendenken.
  4. Seien Sie sich immer bewusst, dass niemand – auch Sie nicht – wirklich alle Dimensionen eines Themas erkennen oder begreifen kann. Seien Sie demütig und nehmen Sie andere Ansichten auf, wenn sie das Thema aus einer Sicht beleuchten, die Sie selbst noch nicht eingenommen hatten.

5. Trauen Sie sich, in völlig verrückte Sichtweisen zu gehen und fragen Sie sich immer, wie wohl ein Alien die Situation sehen würde. Denn es gilt die Weisheit des Alf-Erfinders Tom Patchett: „Die ganze Wahrheit kann nur ein Alien aussprechen".[77]

---

77 Tom Patchett im Interview, in Süddeutsche Zeitung Magazin Nr. 50, 16.12.2016

Real-Utopien zeigen Lösungsansätze 14

Zusammenfassung

Essays, Glossen, Kommentare und PR-Texte werden interessanter, wenn man nicht nur Fragen aufwirft, sondern Lösungswege erscheinen lässt. Ein guter Ansatz dazu liegt in der Nutzung der „Real-Utopie" als Ausgangspunkt für Gedankenentwicklung. Man nimmt eine in der Zukunft liegende Situation als real existierend an und erarbeitet sich von dort aus einen Weg durch das Thema. Die Real-Utopie und die Wunderfrage sind zwei gedankliche Ansätze, die Lösungen aufscheinen lassen.

Schlüsselwörter

Real-Utopie · Realutopie · Wunderfrage · Lösungswege · Glosse · Essay · Kommentar · PR-Text

PR-Texte müssen manchmal beschreibend erklären, wie oder warum ein Produkt, eine Dienstleistung, eine Anwendung oder ähnliches in genau der Weise zu nutzen oder zu befolgen ist, wie vorgesehen, damit das gewünschte Ergebnis erreicht wird. Das stellt manche PR-Texter vor enorme Herausforderungen. Sofern reine Abläufe beschrieben werden müssen, ist der Auftrag problemlos. Dafür sind die sogenannten „Erklär-Videos" entstanden. Sie bringen das, was man eine „Gebrauchsanweisung" nennen könnte, in zeitgemäße Gewänder – doch nicht überall sind sie einsetzbar. Und ein reiner „how-to-use"-Text ist für komplexe Zusammenhänge nicht ausreichend. Wichtig ist es oft, darzustellen, warum etwas Sinn macht. Das kann sich auf jede mögliche Idee, auf politische Inhalte, auf ein bestimmtes Produktangebot beziehen oder auf die Nutzung eines bestimmten Werkzeugs.

Tatsächlich ist die Idee eine Realutopie zu Hilfe zu nehmen, um Zusammenhänge zu erklären, noch nicht wirklich in Journalismus und PR angekommen. Ansätze dazu zeigen sich in Youtube-Videos und einige Automarken haben auf diese Vorstellung bereits in ihren Werbevideos zurückgegriffen. Doch für PR und Journalismus ist es weitgehend Neuland.

14.1 Was ist eine Real-Utopie?

Utopien im weitesten Sinne sind alle rationell verfassten Konzepte einer in irgendeiner Form von der im Moment existierenden Realität abweichenden Welt.[78] Rolf Schwendter bezeichnet die Utopie als „subjektiv gestaltete Zukunftsentwürfe, die im Ganzen oder im Detail eine wünschbare zukünftige Gesellschaft skizzieren". Im Gegensatz zu einer Vision – der Begriff taucht im Umfeld der Unternehmensentwicklung immer wieder auf – möchte ich Utopie nicht als Wunschtraum einer generell erstrebenswerten Zukunft betrachtet wissen. Die Werbung nutzt irreale Wunschträume und Sehnsüchte sehr bewusst, um Produkte an den Käufer zu bringen. Die Sehnsucht nach Anerkennung beispielsweise, nach Liebe, nach Macht oder Freiheit oder die irreale Vorstellung, man könne sich Schlankheit kaufen. Rein sprachlich betrachtet, kann man ungerichtete Sehnsucht unterstellen, wenn jemand sagt: „Ich würde gerne ... oder Ich wäre gerne ..." Die „Prinzen" haben diese Form der Sehnsucht in „Millionär"(Ich wär so gerne Millionär/ dann wär mein Konto niemals leer .../) 1991 bereits vertont. All das meine ich nicht, wenn ich von Real-Utopie spreche.

Ich schließe mich Schwendters Begriff der „konkreten Utopie" an, eben jener „Real-Utopie", die „bei entsprechenden gesamtgesellschaftlichen Konstellationen Wirklichkeit werden" kann. Erstaunlicherweise ist es die Vorstellung von der veränderten Situation, die den Menschen dazu bringt, zu handeln. Das Bewusstsein, dass also etwas anders sein kann, als es ist, wirkt motivierend.

Für die Real-Utopie gilt als Vorgabe die Vorstellung, sie werde tatsächlich – ganz konkret – Realität, oder mehr noch, sie sei bereits Wirklichkeit und der Weg dorthin könne entdeckt werden. In diesem Sinne verwendet die Hypnotherapie den Begriff. Und die gesamte lösungsfokussierte Gesprächsführung, wie Insa

---

78 Vgl. Frank R. Pfetsch: Aus Soziologie und Zeitgeschichte, 1990. Mit dem Begriff der Utopie hat sich auch Rolf Schwendter, Prof. für Devianzforschung an der Hochschule Kassel, eingehend beschäftigt. Vgl auch: Ernst Bloch: Werkausgabe: Band 5: Das Prinzip Hoffnung. Frankfurt, 1985. Ernst Bloch hat dort eine Art „Geschichte der Utopie" geschrieben. Dabei geht es ihm um die aristotelische „Möglichkeit des Seienden" und nicht etwa um den subjektiven Trugschluss.

Sparrer sie lehrt, arbeitet mit der Idee des Vorhandenseins der Lösung, um von dieser Zukunftssituation aus einen Weg zu finden, wie sie erreicht werden kann.[79]

Beispiel

Eine ganz konkrete Anwendung erzählt der Extrembergsteiger Reinhold Messner: „Es ist im Leben wichtiger, die Berge in unserem Bewusstsein zu versetzen, als einen Baum zu pflanzen oder eine Spur zu hinterlassen. Wer Ideen nicht nur hat ... sondern sie wachsen lässt, zu Realutopien formt und dazu Kraft, Ausdauer und Stehvermögen einbringt, diese in die Tat umzusetzen, verändert immer etwas. ... So mache ich als Visionär aus der Zukunft eine erlebbare Vergangenheit."[80]

Die Vergangenheit zu erleben – ausgehend vom sicheren Wissen um die Realität der Zukunft – ist eine spannende, weil komplett angstfreie Sache. Angst, Unsicherheit und eine überdimensionale Vorstellung von den Hindernissen auf einem Weg von A nach B, richten sich immer auf die Zukunft. In der Vergangenheit und tatsächlich auch in der Gegenwart gibt es keine Ängste. Sie werden zwar in der Gegenwart erlebt – doch beziehen sie sich immer auf die Zukunft.[81]

Beispiel

Wie klingt der Satz: „Ich habe solche Angst vor dem, was auf mich zukommt!"? Nachvollziehbar? Richtig! Absolut nachvollziehbar.
Doch wenn man diesen Satz in die Gegenwart transferiert, würde er heißen: „Ich habe solche Angst vor dem, was jetzt ist." Das klingt schon irgendwie seltsamer. Ich kann gar keine Angst haben vor dem Moment, in dem ich mich befinde. Wenn der Moment unangenehm ist, dann empfinde ich Schmerzen oder ich muss mich jetzt sehr konzentrieren, mein Körper fühlt sich jetzt schlecht

---

79 Insa Sparrer, Psychologin und Psychotherapeutin: Wunder, Lösung und System, München 2006, 4.Aufl.
80 Reinhold Messner: Berge versetzen Das Credo eines Grenzgängers , Kap. 5, München 2013. Das Zitat ist nicht ganz korrekt, denn eigentlich hätte Messner sagen müssen: „So mache ich als Realutopist aus der Zukunft eine erlebbare Vergangenheit." Aber so kleinlich möchte ich jetzt auch nicht sein.
81 Vgl. Dr. Gunther Schmidt: Liebesaffären zwischen Problem und Lösung, München 2015, 6. Aufl.; Gunther Schmidt gilt als einer der maßgeblichen Pioniere für die Integration systemischer Modelle und Hypnotherapie nach Milton Erickson zu einem ganzheitlich-lösungsfokussierenden Konzept.

an etc. Aber ganz sicher empfinde ich keine Angst vor dem Jetzt, sondern vor dem, was sich aus dem Jetzt in der Zukunft entwickeln könnte:
Ich könnte sterben (weil ich jetzt bedroht werde). Ich könnte fallen (weil ich jetzt wackelig auf den Beinen bin.) Ich könnte eine Erkältung bekommen (weil ich jetzt friere).

Noch eine Stufe unverständlicher erscheint der Satz: „Ich habe so unglaublich Angst vor dem, was gewesen ist." Das ist schlichtweg unmöglich. Man kann Ängste haben, dass das, was man negativ erfahren hat, in der Zukunft wieder kommen könnte. Das wäre nachvollziehbar. Aber Angst zu haben vor der Vergangenheit – das geht einfach nicht.

Am konkreten Beispiel wird es noch klarer:
1. Ich habe Angst vor der Prüfung morgen. (verständlich)
2. Ich habe Angst vor der Prüfung, die ich eben schreibe. (unverständlich)
3. Ich habe Angst vor der Prüfung, die ich gestern geschrieben habe. (höchst unverständlich)

Werden die Sätze korrekt gesprochen, müssten sie heißen:
1. Ich habe Angst vor der Prüfung morgen. (Zukunft)
2. Ich empfinde Angst vor dem Ergebnis der Prüfung, die ich eben schreibe. (Das Ergebnis liegt in der Zukunft)
3. Ich erinnere mich, dass ich Angst hatte, vor der letzten Prüfung. (Vergangenheit)

Alle Ängste (ebenso auch Vorstellungen, Erwartungen..) sind immer in der Zukunft angesiedelt. Doch niemand kann die Zukunft voraussehen. Der Blick in die Kristallkugel hilft da nicht viel. Zukunft liegt außerhalb des Beherrschbaren. Das macht die Menschen so anfällig dafür, ihr zu misstrauen oder in ihr irgendwelche übersteigerten Erwartungen zu verankern. Misstrauen und übersteigerte Erwartungen jedoch verstellen den Weg in die Zukunft. Daher wäre es ein hilfreiches Mittel, sich in eine erfolgreiche Realutopie zu begeben und sich von dort aus die Frage zu stellen: „Wie bin ich wohl hier her gekommen?"

Wer eine positive Real-Utopie aufbauen kann, vermindert demnach seine Ängste und konzentriert stattdessen seine Energie auf die Entdeckung der Lösungswege. Dabei verändert sich der Umgang des Protagonisten mit jenen Hindernissen, Widrigkeiten oder als schwierig empfundenen Mitmenschen, die jetzt noch als unüberwindliche Hürden angesehen werden. Für Texte kann das ein genialer Startpunkt sein – sofern die Journalistin es wahrhaftig durchsteht, bei dem Gedanken zu bleiben, „die Schwierigkeit ist tatsächlich nicht mehr vorhanden". (Ich nehme bewusst statt des Konjunktivs an dieser Stelle den Indikativ! Das Problem IST tatsächlich nicht mehr vorhanden. Fällt man stattdessen wieder in einen Konjunktiv zurück, so impliziert man damit, dass man an diese Utopie nicht wirklich zu denken wagt.)

Nebenbei sei bemerkt, dass man sehr wohl auch eine negative Real-Utopie entwickeln kann. Zumindest im deutschsprachigen Raum hat es die Bevölkerung in diesem Bereich zu einer wahren Meisterschaft gebracht und die rechtspopulistischen Parteien leben sogar davon, die negative Real-Utopie geradezu fanatisch am Leben zu erhalten und zu verehren – obwohl mir auch unter diesen Populisten niemand bekannt ist, der die Zukunft tatsächlich vorhersehen könnte.

14.2 Die Real-Utopie: Ausgangspunkt eines überraschenden Textes

Gerade wenn ein Thema allzu spekulative Zukunftsvorstellungen hervorbringt oder die Aspekte eines Themas in der Öffentlichkeit deutlich übertrieben diskutiert werden, wenn die Emotionen angsterfüllt sind, wenn die Vorverurteilung einer Situation um sich greift, eröffnet die Realutopie (als Ausgangspunkt einer Überlegung) oder die Wunderfrage (als Wegweiser eines Textablaufs) gute Wege, um die Leser am Text zu halten und Innovationsgeist zu wecken.

Real-Utopien sind Aussichtspunkte von denen aus man rückwärts auf die bereits zurückgelegte Strecke schaut und der Frage nachgeht, warum bestimmte Hürden überwunden wurden. Auf diese Weise entdeckt man eigene Ressourcen, Helfer oder Umstände, die ein Vorwärtskommen befördern.

In einem Text kann man diesen Ausgangspunkt nutzen, um Möglichkeiten aufzuzeigen. Deshalb eignet sich die Real-Utopie als Startpunkt für Essays oder auch Kommentare, für Glossen und „Lern-Geschichten" beispielsweise in der Kinderliteratur – einfach überall dort, wo Stärken übersehen werden, wo Ängste die Zuversicht verdecken. An einem PR-Text zum Thema „Einbruchsprävention" kann man das plastisch darstellen:

Beispiel

Jeder kennt die Postwurfsendung der Polizei. Sie kommt regelmäßig – mindestens jedes halbe Jahr – und warnt vor Einbrüchen am helllichten Tag. Gekippte Fenster, seltsame Gestalten, verdächtige Autos und schlecht einsehbare Gärten sind, so die Polizei, Gefahrenquellen.

Tun wir doch einmal so, als sei das Thema Einbruch in den Speckgürteln der Vorstädte kein Grund zur Beunruhigung. Tun wir so, als ob wir alle jederzeit in Urlaub fahren können, ohne der Rückkehr ängstlich entgegenzusehen. Wir lassen unsere Häuser unbeaufsichtigt und haben ein gutes Gefühl dabei. Wie sind wir an diesem Punkt angelangt?

Wer glaubt, dass nur böse Horden aus fernen Ländern auf Beutezug gehen, der irrt. Schwarze Schafe gibt es überall. Und jeder Einzelne im Vorort kann etwas dazu beitragen, dass die schwarzen Schafe nicht im heimischen Garten grasen.

Um bei dem Bild zu bleiben, ist die erste Hürde für das schwarze Schaf eine geschlossene Gartentür. Fenster und Türen gut zu schließen bedeutet bereits, dass aus einem „Diebstahl" ein „Einbruchdiebstahl wird, und damit das Strafmaß steigt, was wiederum abschreckende Wirkung hat. Wer die Leitern, Sägen und andere Werkzeuge aus dem Garten entfernt und gut wegschließt, hat sich noch einen Pluspunkt erarbeitet.

Die nächste Hürde wären Fenster und Türen, Kellerfenster und Kellerschächte so zu sichern, dass es schwierig wird, sie aufzuheben. Die Statistik sagt, dass sich Einbrecher abhalten lassen, wenn sie länger als drei Minuten benötigen, um einzusteigen. Gute Riegel, abschließbare Fenstertüren, mit Zapfen versehene Fenster sind sinnvoll. Es gibt dafür sogar DIN-Normen, die die Einbruchssicherheit darstellen. Jeder gute Fensterbauer kann hier helfen. …..

Tiefenentspannt am Strand liegen – das kann man sicherlich, wenn man weiß, dass zuhause ein paar Augenpaare wachen. Um das zu erreichen, braucht man allerdings Geduld und Toleranz, Friedfertigkeit und Freude am Umgang mit Menschen.

Das erleichtert es nämlich, gute nachbarschaftliche Kontakte zu pflegen. Gemeinsam sind wir stark. Da macht es Sinn, das ganze Jahr über nicht auf Eigentumsrecht oder Nachbarschaftspflichten zu pochen, sondern sich um gute Nachbarschaft zu bemühen. Wer gut vernetzt ist, wer gerne mit dem Nachbarn redet und auch mal aushilft, wenn der Nachbar Hilfe braucht, der verfügt über ein tragfähiges Hilfenetz. Das kostet nichts – nur ein Lächeln und hin und wieder ein Gespräch am Gartenzaun.

Die Polizei kann nicht überall sein, aber wenn sie von aufmerksamer Nachbarschaft verständigt wird, dann ist sie zum rechten Zeitpunkt am richtigen Ort.

Quelle: Eigene Darstellung

14.3 Die Wunderfrage als Textstruktur

Die „Wunderfrage" (miracle question) ist eine Fragestruktur, die darauf ausgerichtet ist, mögliche Aktionen und Reaktionen zu einem Thema zu durchdenken. Sie richtet den Fokus auf die Frage, was wohl geschehen wird, falls etwas Bestimmtes eingetroffen sein wird. Dabei führt sie nicht nur in die Erstreaktionen, sondern ganz bewusst in die Folgen der Erstreaktion. Sie gilt als eine der ergiebigsten Strukturen, um neue Wege zu erkunden und Verhaltensweisen im Jetzt so zu verändern, dass die Wahrscheinlichkeit steigt, mit möglichen (Er-)folgen umzugehen.

Die Lösungsansätze für einen überraschenden Text orientieren sich an der Wunderfrage. Den Ablauf sollte man streng einhalten, denn man nimmt die Leser sozusagen mit auf eine Reise ins Land der Möglichkeiten und die Reise dorthin sollte der Journalist als eine Art Reiseleiter begleiten. Deshalb eignet sich der Ablauf der Wunderfrage besonders für Essays. Aber auch Glossen oder Kommentare können von der Wunderfrage oder der Annahme einer Real-Utopie profitieren.

Ausgangspunkt der Wunderfrage ist immer die ernsthafte Erwägung der vollständigen Lösung des Ursprungsproblems, wobei wichtig ist, dass nicht notwendigerweise ein dezidiertes Ziel angenommen wird, sondern das „Sich-In-Luft-Auflösen" der momentanen Fragen. Also nach dem Motto: „Die Frage selbst ist inzwischen nicht mehr relevant", „Alles, was mich jetzt zu dem Thema beschäftigt, ist gelöst". Aus diesem bereits erreichten Lösungszustand wird solange weitergedacht, bis Erkenntnisse reifen, wie die Jetztsituation wohl besser gelebt oder verändert werden kann. Die Frageabfolge ist genau durchdacht und deshalb als Wegweiser für Essays zu schwierigen Themen oder Glossen zu gesellschaftlichen Themen wunderbar nutzbar.

180　14 Real-Utopien zeigen Lösungsansätze

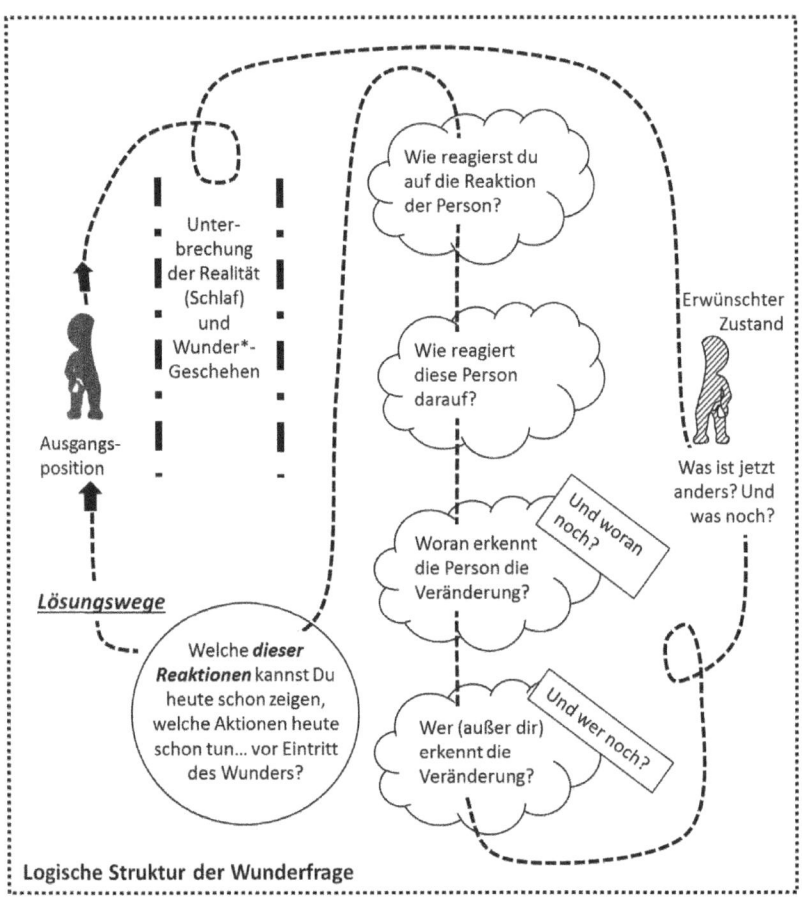

Bild 14.1 Textstruktur und Wunderfrage
Quelle: Eigene Darstellung

Die Wunderfrage ist für die Therapie entwickelt worden. Steve de Shazer und Insoo Kim Berg (Schule von Milwaukee) setzten sie in den 1980er Jahren ein und seither hat sie einen Siegeszug durch diverse Therapieschulen angetreten. Im Coaching wird sie häufig eingesetzt. Sogar in den systemischen Strukturaufstellungen

14.3 Die Wunderfrage als Textstruktur

spielt sie eine bedeutende Rolle.[82] Sie führt die Klienten in Richtung der eigenen Lösungswege, ausgehend von der Annahme der positiven Real-Utopie.
Aus der Wunderfrage lässt sich der Aufbau eines Essays oder einer Glosse wie folgt ableiten:

Beispiel

Die freie Journalistin Alena Schröder[83] (Berlin) hat im Dezember 2016 im SZ-Magazin folgenden Essay veröffentlicht, der sich hervorragend eignet, die Struktur der Wunderfrage zu zeigen. Vielen Dank an die Kollegin für die freundliche Überlassung ihres Textes zu diesem Zweck.
Ausgangsposition (hier beginnt der Text praktisch schon mit dem Lösungsweg)
Immer wenn ich mich selbst daran erinnern will, wie unwichtig Geld und Reichtum für mein Lebensglück sind, spiele ich Lotto.
Wundergeschehen
Das ist etwa einmal im Monat der Fall, ich gehe zum Kiosk, kreuze wahllos Zahlen an und verbringe den Rest des Tages damit, mir auszumalen, wie das wohl wäre, tatsächlich zu gewinnen.
Erwünschter Zustand
Wie ich am nächsten Tag im Videotext ganz arglos die Lottozahlen checke und mir im Schock der Kaffeebecher aus der Hand fällt. Unfassbar! Gewonnen! 36 Millionen!
Was ist jetzt anders?
Mein Mann und ich sinken uns weinend in die Arme. Endlich reich! Wir machen blau, trinken eine Flasche Sekt, versprechen uns lachend, in Zukunft nie wieder billige Plörre zu trinken, sondern immer Champagner im Kühlschrank zu haben und schmieden Pläne.
... und was noch?
Erstmal einfach so weiterleben wie bisher. Nichts überstürzen. Nicht abheben. Vielleicht endlich eine Wohnung kaufen. Dachgeschoss, Maisonette.

---

82 Steve de Shazer, Yvonne Dolan: Mehr als ein Wunder: Die Kunst der lösungsorientierten Kurzzeittherapie, Heidelberg 2015; Matthias von Varga Kibéd (Vorwort), sowie: Insa Sparrer: Wunder, Lösung und System: Lösungsfokussierte Systemische Strukturaufstellungen für Therapie und Organisationsberatung, Heidelberg 2009
83 Alena Schröder: Sechs Nichtige, in: Süddeutsche Zeitung Magazin, Nr. 50, 16.12.2016

... und was noch?
Vielleicht mal einen langen Karibikurlaub machen. Ein neues Auto wäre schön.
... und was noch?
Und eine satte Spende an „Ärzte ohne Grenzen" muss natürlich auch sein, überhaupt wollen wir jetzt ganz viel Gutes tun.
Wer (außer dir) bemerkt die Veränderung?
Wir schwören uns, niemandem, wirklich niemandem von unserem Lottogewinn zu erzählen. Klappt natürlich nicht. Bald wissen es unsere Eltern und
... und wer noch? Woran erkennt die Person die Veränderung?
unsere besten Freunde. Die ihren Job hassen und schon lange den Traum haben, sich mit einem kleinen Café selbstständig zu machen. Wir schenken ihnen das Geld. Haben ja genug. Ist doch toll, wenn man mal richtig großzügig sein kann. Wir sitzen in unserer neuen Dachgeschossbude und überlegen, wer noch dringend Geld bräuchte.
... und wer noch? Woran erkennt die Person die Veränderung?
Die Flüchtlingshilfe natürlich. Das Kinderhospiz. Aber auch Cousine F., deren Tochter so schwer krank ist. Die bekommt natürlich was. Und was ist mit Großonkel G., der immer pleite ist? Wenn Cousine F. was abbekommt, dann müssen wir ihm auch was geben, sonst gibt es wieder Mord und Totschlag beim nächsten Familientreffen.
... und wer noch? Woran erkennt die Person die Veränderung?
Mein Bruder bekommt einen Teil, damit er sich ganz auf sein Medizinstudium konzentrieren kann.

Und sollten wir nicht auch an unsere Kinder denken? Endlich runter von der schlecht ausgestatteten Stadtteilschule, rein in die Privatschule. Hätten wir früher abgelehnt, wegen der sozialen Mischung, aber sollen unsere Kinder wirklich die verfehlte Bildungspolitik dieses Landes ausbaden müssen?
Wie reagieren die Personen darauf? Und wie reagierst du selbst auf deren Reaktionen?
Die Kinder finden an der neuen Schule schnell neue Freunde, deren Eltern dann unsere Freunde werden. Wir haben viel gemeinsam, wir reden über Anlagemodelle, gute Ski-Ressorts, Sternerestaurants.

Unsere alten Freunde kommen seltener vorbei, wir gehen auch seltener mit ihnen aus. Es nervt, am Ende immer die Rechnung zu bezahlen, aber sich einladen zu lassen oder auf getrennten Rechnungen zu beharren, fühlt sich auch falsch an.

Langsam entfremden wir uns, der unterschwellige Neid wirkt wie Gift. Wir verstehen das, dieser plötzliche unverdiente Reichtum ist eine Zumutung für sie, wir hatten schließlich auch vorher schon alles, was wir brauchen.

14.3 Die Wunderfrage als Textstruktur

Niemand denkt: Das haben die jetzt aber wirklich mal verdient! Die Freunde mit dem kleinen Café haben sich inzwischen getrennt und reden auch nicht mehr mit uns, das Café gibt es nicht mehr. Selber Schuld.
Ich überdenke meinen Beruf. Ist der wirklich Berufung? Jetzt, da ich eigentlich nicht mehr arbeiten müsste, fällt es mir schwer, mir für wenig Geld gute Texte abzuringen. Ich will nur noch machen, was mich wirklich erfüllt. Aber was könnte das sein? Ich mache erstmal lange gar nichts. Mein Mann kündigt und haut sich ein paar Wochen auf die Couch und liest ein Buch nach dem anderen, davon hat er schon immer geträumt. Dann will er einen Roman schreiben. Ich sollte vielleicht etwas Ehrenamtliches tun, vielleicht was mit Kindern aus armen Familien. Aber in Wahrheit mag ich Kinder gar nicht so gern, außer natürlich meine eigenen. Und Spaß sollte es ja auch machen. Also fange ich an, Kunst zu sammeln, da hilft man ja auch Menschen, die wenig Geld haben und hat gleichzeitig etwas, womit man die große neue Wohnung dekorieren kann.
… Die Kinder schreiben schlechtere Noten in der Schule, sie scheinen seltsam antriebslos. Hängen nur noch vor ihren Smartphones. Wenn wir sie ermahnen sich mehr anzustrengen, zucken sie nur mit den Schultern und blaffen uns an, wir Erwachsenen würden ja schließlich auch den ganzen Tag nur rumhängen. Ich fühle mich schuldig und überweise schnell eine Spende an „Save the Children".
Mein Mann und ich streiten jetzt viel. Er kommt mit seinem Roman nicht voran und findet die Kunst unsäglich, die ich anschleppe. Ich finde, er ist viel zu großzügig mit seinem bescheuerten besten Kumpel, dem er ständig Geld schenkt. Er fragt mich, was mich das angeht und ich erinnere ihn daran, dass es ja MEIN Lottoschein war, der uns diesen Gewinn beschert hat. Mein Mann schreit, dass er es nicht länger ertragen kann, dass wir hier nur noch über Geld reden. Ich knalle die Wohnungstür zu und gehe zur Vernissage eines jungen, gutaussehenden Künstlers, von dem ich schon einige Arbeiten gekauft habe, ganz ohne Hintergedanken natürlich. Später sitze ich noch mit ihm und seinen Künstlerfreunden in einer Kneipe und klage ihnen mein Leid: Wie anstrengend es ist plötzlich sehr viel Geld zu haben. Sie schauen mich alle mit großen leeren Augen an und ich gehe dann doch früh nach Hause.
Die Kinder eröffnen uns, dass sie unsere Streiterei nicht mehr aushalten und ins Internat wollen.
Mein Mann findet, es sei vielleicht besser, wenn er sich eine eigene Wohnung ein paar Straßen weiter zulegt, dann hätte ich in meiner auch mehr Platz für Kunst und er hätte mehr Ruhe für seinen Roman. Nein, seine Personal Trainerin, dank der er in den letzten Wochen den Sport wieder für sich entdeckt hat, habe damit rein gar nichts zu tun.

Ich rufe eine von meinen neuen Freundinnen an, doch die ist gerade beim Heli-Skiing in den Rocky Mountains und hat keine Zeit, empfiehlt mir aber ihren Scheidungsanwalt. Ich rufe eine von meinen alten Freundinnen an, aber die hat keine Zeit, weil sie arbeiten muss, was jemand wie ich ja vermutlich kaum nachvollziehen könne, wie sie mir noch mit auf den Weg gibt.

Jetzt sitze ich allein und verlassen in meiner großen Dachgeschoß-Maisonettewohnung auf meiner Designercouch, trinke allein eine Flasche Champagner aus unserem acht Kubikmeter großen Weinkühlschrank und heule in die Seidensofakissen. Ende des Tagtraums.

Welche Reaktion kannst du heute schon zeigen, selbst vor dem Eintreten des Wunders?

Und wenn dann abends die Lottozahlen gezogen werden, schaue ich zufrieden auf meinen Lottoschein und bin dem Schicksal dankbar, dass mir all das einmal mehr erspart bleibt. Obwohl, ein neues Auto ...

Die Real-Utopie ist ein Punkt, von wo aus man einen möglichen Weg dorthin überblicken kann. Eine Art erhöhter Aussichtspunkt in der Zukunft, der einen Rückblick über diverse mögliche Wege bietet. Die Real-Utopie ist der Punkt von wo aus Hindernisse als überwindbar angesehen werden können.
Die Wunderfrage dagegen ist eine schrittweise Abfolge, um möglichst viele Möglichkeiten zu entdecken und das eigene Verhalten dahingehend zu überprüfen, ob nicht schon Erfahrungen vorhanden sind, aufgrund derer man einen einfachen Lösungsweg beschreiten könnte.

Das Wertequadrat – oder: Wie Journalisten zu einer neuen gesellschaftlichen Rolle finden

15

Zusammenfassung

Journalisten haben in den letzten Jahren wieder begonnen, über ihre Rolle und die Funktion und Aufgabe der Medien stärker zu reflektieren. Aus einer ethischen, wertorientierten Position hilft das Wertequadrat dabei, dieser neuen reflektierten Rolle gerecht zu werden. Es identifiziert Wertkonflikte und hilft, sie zu lösen.

Schlüsselwörter

Medienkritik · Medienethik · Social Media

Die letzten Jahre haben dem Journalismus etwas in Erinnerung gerufen, was viele Jahre verschüttet war: eine Verantwortung dem eigenen Schreiben gegenüber, die Reflexion, wie man mit nicht immer sachlich vorgetragener Kritik umgeht. Der Umgang mit dieser Kritik kann ganz schön anstrengend sein.

Lange saßen die klassischen Medien am längeren Hebel der Meinungsbildung. Das hat sich mit Social Media drastisch verändert. Was Medien veröffentlichen, wird offen diskutiert; Fehler in Recherche und Berichterstattung kommen rasch ans Licht. Das hat vor allem eines wieder ins Bewusstsein der Öffentlichkeit gebracht: Journalisten sind nicht unfehlbar.

Viel zu lange mussten stattdessen diejenigen, die im Mittelpunkt der Berichterstattung standen, journalistische Fehler oder Selbstgerechtigkeiten ausbaden. Wer heute journalistische Fehler begeht, muss sofort mit den Folgen leben. So hat sich eine große Anzahl an Medienmachern und -konsumenten zu Medienkritikern gewandelt[84].

---

84 Die beiden Profi-Blogger Boris Rosenkranz und Stefan Niggemeier schreiben dazu in „uebermedien.de": „Etablierte Medien tun sich schwer, mit Kritik umzugehen. Medi-

Das führt zur Frage der Werte im Journalismus. Diese Frage von Ethik und Wertedenken ist so laut geworden, dass ein Buch zum Thema Texten nicht umhin kommt, die Mechanismen zu beschreiben, wie Wertbeurteilungen zustande kommen. Das Kapitel soll zeigen, wie man als Journalistin einen guten Weg findet, Überreaktionen zu vermeiden und hochschlagende Emotionen in sinnvolle Berichterstattung umzulenken.

Die mediale Berichterstattung hat in den vergangenen Monaten dramatische Wendepunkte erlebt und insgesamt eine Fieberkurve mit immer stärkeren Ausschlägen in beide Richtungen nachgezeichnet. Das hat sich am Thema „Asyl" und dem Umgang mit Menschen, die nach Deutschland gekommen sind, deutlich gezeigt. Nimmt man nicht einen einzelnen Journalisten, sondern die Menge aller Kolleginnen und Kollegen, die das Thema behandelt haben und vergleicht sie mit den Strömungen, die in diesem Geschehen durch unser Land gelaufen sind, so ergibt sich eine Parallelkurve zwischen Gesellschaft und denjenigen, die in dieser Gesellschaft das Wort führen. Anders ausgedrückt: die redaktionell geführten Medien haben im Laufe der letzten Jahre alle Höhen und Tiefen, alle Werteverschiebungen in der Gesellschaft, ungefiltert begleitet.

Vorausgesetzt, Journalisten sollten aufgrund ihrer Ausbildung und ihres Wissens eine Gatekeeper-Funktion ausüben – was sie von der emotionsgesteuerten Meinungsäußerung der Allgemeinheit abhebt – dann hat eine beachtliche Anzahl von ihnen in den vergangenen Jahren versagt. Vielleicht, weil die Auflagezahlen als einziges Kriterium im Fokus standen. Vielleicht auch, weil bestimmte Mechanismen nicht erkannt wurden.

---

enkritik stößt wegen Eigeninteressen, redaktionellen Befindlichkeiten oder mangelnder Bereitschaft zu Selbstkritik regelmäßig an Grenzen. Wir wollen uns frei machen von derlei Rücksichtnahme, indem wir uns von Verlagen und Sendern unabhängig machen. Wir setzen uns genau und kritisch mit Medien auseinander – und, wenn nötig, natürlich auch mit der Kritik an ihnen. Denn was Medien produzieren, beschäftigt die Menschen. Es prägt unser Bild von der Welt."

15.1 Wertkonflikte und wie man sie löst

Wie gehen Menschen mit Werten und Bewertung um? Was passiert, wenn scheinbar unterschiedliche Werte aufeinander prallen? Das „SySt-Wertequadrat" zeigt den Umgang mit Werten und die Reaktionen auf kritische Werteveränderung. Es baut auf den Vorarbeiten von Friedemann Schulz von Thun auf[85].

In einem Grundsatzartikel von 1998 schreibt Schulz von Thun:

> „Die Erkenntnis, dass zwischenmenschliche (und kulturelle) Polarisierungen sich mithilfe des Wertequadrates darstellen lassen, hatten auch schon Hartmann und Helwig. Ich habe dies pointiert, indem ich erneut auf die Diagonalen fokussiere und sie diesmal von oben nach unten als „Vorwurfsrichtungen" (interkulturell als „Befremdungsrichtungen") identifiziere. ... (Dabei)... wird das häufige Phänomen modelliert, dass jeder der beiden Kontrahenten sich in seinem Wertehimmel sonnt (= seine Tugend auf der oberen Etage des Wertequadrates ansiedelt) und den anderen im „Keller der Entartung" verortet (auf der unteren Etage der Entwertung): Der eine sagt: Ich bin sparsam und du bist ein Verschwender. Der andere: Nein, ich bin großzügig und du ein Geizhals! In diesem Zusammenhang lässt sich trefflich von einem Konflikt- oder Polarisierungsquadrat sprechen."[86]

Das Wertequadrat ist ein Schema, mit Hilfe dessen „Beurteilungen", die zu Konflikten führen, dargestellt werden können. Dabei kann man von zwei Voraussetzungen ausgehen:

1. Es existieren kritische Beurteilungen bezüglich eines spezifischen Verhaltens oder eines „abstrakten Wertes" in einem Kontext.
2. Die Abwertung wertbasierten Verhaltens führt beim Kritisierten zu einer trotzartigen Übertreibung des jeweiligen Wertes, was wiederum zur Degeneration dieses Wertes W oder W' führt.[87]

Zum Wertequadrat gehören also:
1. Ein spezifischer Kontext
2. Ein Wert (W)

---

85 Einigen wird möglicherweise das „Werte- und Entwicklungsquadrat" Friedemann Schulz von Thuns ein Begriff sein. Vgl. http://www.schulz-von-thun.de/index.php?article_id=72
86 Herleitung des Wertequadrats: http://www.schulz-von-thun.de/files/wurzeln_des_werte-_und_entwicklungsquadrates.pdf
87 Das SySt-Wertequadrat definiert die Abwertung der Werte W und W' als „Mängel" M und M'.

3. Ein – oder mehrere – (Gegen)werte (W')[88]
4. Die (abwertende) Beurteilung der jeweiligen Werte. Beziehungsweise die Übertreibung der jeweiligen Werte (W und W') in einem Maß, welches zur Schwächung dieser Werte führt. So entstehen aus ursprünglich achtenswerten Grundsätzen tatsächliche Mängel (M und M').

An einem Beispiel dargestellt sieht das folgendermaßen aus:

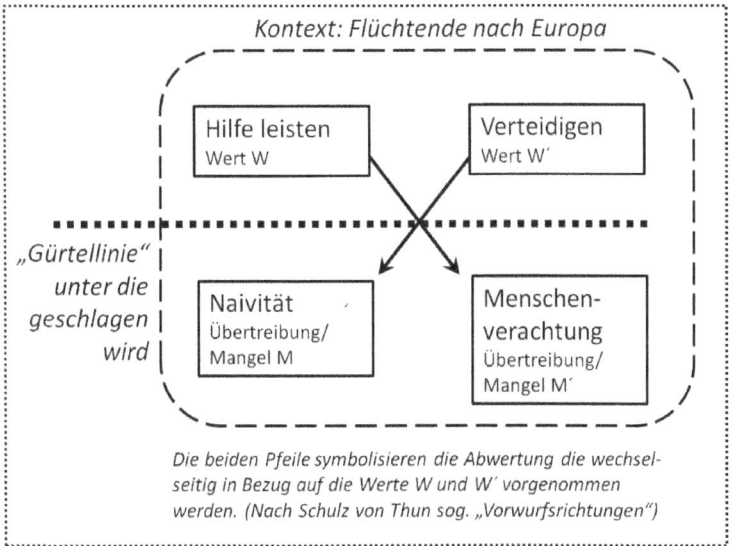

Bild 15.1 Das Wertequadrat in der Anwendung
Quelle: Eigene Darstellung

Dieses Beispiel zeigt, wie schwierig es ist, in einem Kontext zwei durchaus nachvollziehbare Werte in ähnlicher Weise zu schätzen. Dabei stellen sie noch nicht einmal einen klaren Gegensatz zueinander dar. Im Grunde basieren die beiden

---

[88] Das SySt-Wertequadrat beinhaltet die Idee, dass ein Gegenwert (W') nicht unbedingt ein fester Gegenwert im Sinne des „Gegenteils" ist, sondern dass zu einem Wert (W) durchaus je nach Interpretation des Kontextes mehrere Gegenwerte (W') möglich sein können. Vgl. Matthias Varga von Kibéd: Das SySt-Wertequadrat, in Systemischer Nr.6 2015

Werte W und W' sogar auf zumindest partieller Übereinstimmung. Die Gruppe der Hilfeleistenden tut dies, um die Sicherheit und Harmonie im eigenen Land (ebenso wie für den einzelnen Geflüchteten) zu erhalten. Diejenigen, die das eigene Land gegen eine empfundene Übermacht an Ankömmlingen verteidigen wollen, haben im Grunde ein partiell ähnliches Ziel. Auch sie wollen die Sicherheit und Harmonie im eigenen Land erhalten.

Und dennoch entsteht aus dieser Konstellation ein massiver emotionaler Konflikt, wenn beide Gruppierungen das Empfinden entwickeln, ihre Werte würden von den jeweils anderen nicht gehört. Um einer Kritik am eigenen Wert etwas entgegenzusetzen, wird dieser entsprechende Wert (W für Gruppe A und W' für Gruppe B) in einer Weise übertrieben, die zur Schwächung des jeweiligen Wertes führt.

Beispielsweise: Die Hilfeleistenden sind so sehr damit beschäftigt, das Positive wahrnehmen zu wollen, dass sie unterschiedliche Realitäten aus den Augen verlieren. Analog gilt dies auch für die „Verteidiger" – allerdings mit anderen Vorzeichen. Durch den Angriff auf ihre Basiswerte W und W' verstärken die beiden Gruppen ihre Vorgehensweise solange, bis sich aus ihren Werten „Mängel" entwickelt haben.

Bild 15.2 Formen der Übertreibung
Quelle: Eigene Darstellung

Das SySt-Wertequadrat geht davon aus, dass nur eine feste Ausgangsgröße existiert: Der Wert W. Schon der Wert W' kann je nach Interpretation mehrere Varianten darstellen, die sich in einem Spannungsfeld zu W befinden können. Erst recht kann der Mangel aus W (=M) in vielen Varianten existieren. Auch der Mangel aus W' (=M') kann diverse Ausformungen annehmen. Damit nimmt das SySt-Wertequadrat die Interpretationsvielfalt auf, die sich in Diskussionen ergeben kann.

▶ Der Ausgangspunkt für einen Konflikt entsteht bereits in dem Moment, indem ein (wie auch immer definierter) Gegenwert (W') ins Feld geführt wird, ohne dass der Ursprungswert (W) eine echte Anerkennung erfährt. Die daraus resultierenden Mängel des Wertes W können wiederum deutliche Mängel des Wertes W' bedingen.

Effekt: Der Konflikt intensiviert sich und nimmt kaum vorhersehbare Varianten an.

Besser wäre, in einer Diskussion, einem Essay oder einem Kommentar den beiden Werten W und W' eine erkennbare Wertschätzung angedeihen zu lassen. Dies dämpft die Werteübertreibung (in Richtung eines Mangels) und zeugt von einem verantwortungsvolleren Umgang mit dem Gesamtsystem.

Das funktioniert freilich nur, wenn die journalistische Verantwortung als solche anerkannt und gelebt wird und der Journalismus als wichtiger Bestandteil der Formung von friedlicher Gesellschaft wahrgenommen wird.

15.2 Von den Wertekonflikten zur gesellschaftlichen Funktion des Verstehens

Nun wäre die pure Darstellung der Wertespannungen praktisch nicht nutzbar, wenn dadurch nicht auch ein Lösungsweg entwickelt werden könnte. Dieser muss sich an der gesellschaftlichen Funktion der Medien orientieren. Dabei stellt sich die Frage, was man als wünschenswerter Zustand annehmen könnte, also die Frage nach den Zielen gesellschaftlicher Kommunikation.

Matthias Varga von Kibéd definiert als wünschenswerten Zustand einen Punkt, an dem sich die Diagonalen kreuzen, die sich zwischen W und M' bzw. M und W' aufspannen lassen. Dieser Punkt liegt abgehoben über dem Feld der Wertespannungen, so dass gedanklich eine Pyramidenform entsteht. Den Scheitelpunkt dieser Pyramide, der die Ausbalancierung einer Wertespannung anzeigt, bezeichnet er als „Tugend".

15.2 Von Wertkonflikten zur Funktion des Verstehens

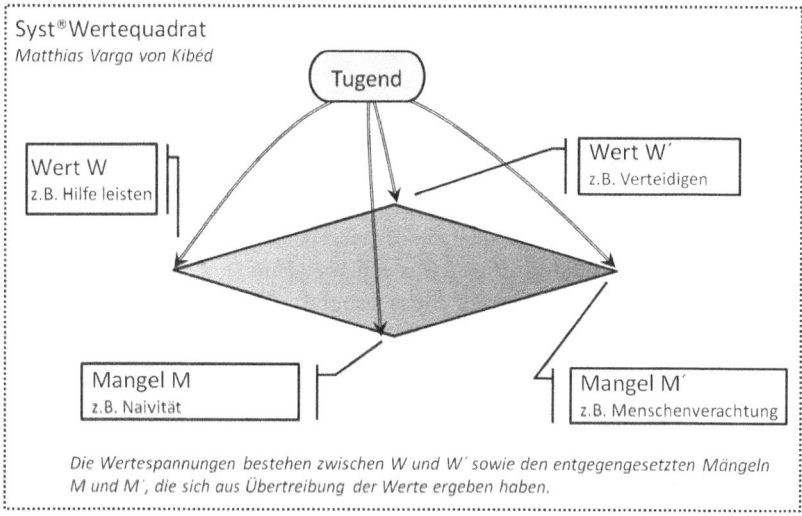

Bild 15.3 Die Tugend verbindet alle Werte
Quelle: Eigene Darstellung

„Aristotelisch gesprochen ist kein Wert eine Tugend. Sondern die Tugenden bestehen in der Ausbalancierung von Wertespannungen, genauer gesagt, haben wir nur so Zugang zu ihnen. Einer Tugend können wir uns also nur durch einen letztlich nicht vollständig beschreibbaren Prozess der Ausbalancierung von entgegengesetzten Werten annähern …" Varga von Kibéd[89]

Für den Journalismus bedeutet dies, dass sich Berichterstatterinnen, Kommentatoren oder Essayisten auf den Weg einer Annäherung zwischen Werten begeben könnten. Auf jeden Fall würden sie damit einer gesellschaftlichen Tugend Ausdruck verleihen. Unglücklicherweise kommt die Tatsache, dass man sich einer Tugend nur annähern kann – sie jedoch nie erreicht – nur bei denjenigen gut an, die in Erwägung ziehen, dass es nicht für alles eine perfekte Lösung geben kann.

▶ Anders ausgedrückt wäre es durchaus möglich, über eine Ausbalancierung der Wertespannungen ein friedvolles Miteinander zu unterstützen. Wohlwissend dass es immer Nutzer, Leserinnen oder Zuschauer geben wird, die diese dif-

---

89 Matthias Varga von Kibéd: Das SySt-Wertequadrat, in Systemischer Nr.6 2015

ferenziert Form der Berichterstattung nicht akzeptieren wollen. Die einfache „Beurteilung" der Werte handelnder Personen dagegen, wird eher dazu führen, Gräben zu vertiefen und Konflikte eskalieren zu lassen.

Die Schwierigkeit für journalistische Kommentatoren eines Ereignisses liegt darin, selbst wenn sich zwei Mängel gegenüberstehen, diese Mängel danach zu untersuchen, ob und wo ein positiver, nachvollziehbarer Kern enthalten sein könnte. Dies basiert auf der Grundannahme der amerikanischen Familientherapeutin Virgina Satir, die als Begründerin der systemischen Familientherapie gilt. Virgina Satir war überzeugt, dass „fast alle Menschen, fast alles, was sie tun, aus Liebe tun"[90]. Deshalb müsse es möglich sein, auch in unverständlichem und schrecklichem Verhalten etwas „Kostbares" zu finden und wahrzunehmen.

> „Ich glaube daran, dass das größte Geschenk, das ich von jemandem empfangen kann, ist, gesehen, gehört, verstanden und berührt zu werden. Das größte Geschenk, das ich geben kann, ist, den anderen zu sehen, zu hören, zu verstehen und zu berühren. Wenn dies geschieht, entsteht Beziehung"[91]

Beziehung wiederum lässt Menschen wachsen und stärkt sie. Wenn man also – im Umkehrschluss – Menschen aufgrund eines Verhaltens oder aufgrund von Werten, die sie postulieren, aus einer Gruppe ausschließt, dann erzwingt man deren Suche nach einer anderen Beziehungsgruppe. Jede Form der Ausgrenzung kann also zur Bildung einer Gruppe der Ausgegrenzten führen, die wiederum dem hoch angesehenen Ursprungswert der Ursprungsgruppe mit an Sicherheit grenzender Wahrscheinlichkeit einen Gegenwert gegenübersetzen: Ein neues Spannungsfeld ist eröffnet.

Um diesem Teufelskreis entgegenzuwirken, ist es sinnvoll, in den Mängeln des Ausgangs-Wertequadrats nach Positivem oder Kostbarem zu suchen, um die beiden eskalierten Werte wieder aneinander anzunähern. Wenn einige positive Eigenschaften gefunden werden, ist es einfacher, das „Handeln der Personen" nicht mehr mit den Personen selbst zu verwechseln.

In diesem Sinne „ist" der Mensch, der zu aggressivem oder naivem Verhalten neigt, kein „Wahnsinniger", sondern er benimmt sich „wie im Wahn". Das stellt einen Unterschied dar. Der Wahn entspringt der Angst „um etwas" oder „vor etwas". Hat ein Mensch Angst „um etwas", dann agiert er aus Liebe zu diesem „Etwas". Damit wäre der positive Kern seines Verhaltens erkannt. Empfindet der

---

90 Zitiert nach M. Varga von Kibéd: Das SySt-Wertequadrat, in Systemischer Nr.6 2015
91 Virginia Satir, zitiert nach https://de.wikipedia.org/wiki/Virginia_Satir, 06.01.2017

15.2 Von Wertkonflikten zur Funktion des Verstehens

Mensch jedoch Angst „vor etwas", liegt sein Grundbedürfnis vermutlich in der Erhaltung des friedlichen Ausgangszustandes, also der Liebe zu einem Istzustand, was wiederum nachvollziehbar sein dürfte.

▶ Laienhaft ausgedrückt ist der Satir'sche Weg darauf ausgerichtet, Nicht-Nachvollziehbares zu Nachvollziehbarem umzuwandeln, um dann besser damit zurechtkommen zu können. Dies ist die Basis, auf der wieder kommuniziert werden kann.

Wie schwer sich Journalistinnen und Autoren damit tun, Nicht-Nachvollziehbares zu Nachvollziehbarem umzuwandeln, sieht man an der aktuellen Berichterstattung über Pegida. Ein im Ansatz sehr guter Beitrag des Morgenmagazins zeigt die Schwierigkeiten auf, sich wirklich mit den Inhalten eines bestimmten politischen Lagers zu befassen, ohne auf die unsägliche Diktion und die Parolen einzelner Wortführer zu reagieren.

Beispiel

Danko Handrik konzipierte im Februar 2016 einen zweiteiligen Beitrag für das Morgenmagazin „Pegida zu Gast bei der Lügenpresse" und „Die Lügenpresse zu Gast bei Pegida".[92] Ein Experiment, das den Versuch unternahm, eine Veränderung von Sichtweisen zu erzielen, indem die beiden „Parteien" die jeweils andere Seite besser kennenlernen sollten. Das Experiment erzielte denn auch sehr interessante Ergebnisse. Eine echte Nachvollziehbarkeit der jeweils anderen Position jedoch kam nicht dabei heraus.

Erstaunlicherweise fanden sich zwei Anhänger der Montagsdemonstrationen in Dresden bereit, hinter die Kulissen des Funkhauses zu schauen, um festzustellen, in wie weit, Beiträge manipuliert würden. Die beiden Gäste waren bei allen Aufnahmen und auch beim Schnitt des ersten Beitrags dabei. Und beide Gäste – so skeptisch sie auch waren – gaben offen zu, dass sie erstaunt waren, über die sorgfältige Arbeit der Fernsehjournalisten. Aus einer ersten Aussage: „Nein, ich vertraue gar niemandem mehr, sondern zu der Thematik, die mich interessiert hole ich mir viele Meinungen" entwickelte sich zum Ende des Beitrags ein „Das Verständnis (für die Journalisten) ist bei mir größer geworden. Ich will durchaus die Arbeit der Journalisten anerkennen und akzeptieren. Es geht aber um ausgewogene Berichterstattung. Und – was wichtig ist – im Gespräch bleiben. Miteinander reden. Das ist besser als Gewaltlösungen."

---

92 https://www.youtube.com/watch?v=nMKi6t3eYP8 „Pegida zu Gast bei der Lügenpresse"

Nach der Ausstrahlung dieses ersten Beitrags erging sich eine Vielzahl an Kommentaren (interessanterweise aus beiden „Lagern") in Mutmaßungen und Häme. Während die Pediga-Anhänger vermuteten, die beiden Funkhausgäste seien gekauft worden und alles sei ein abgekartetes Spiel gewesen („wer's glaubt. Die beiden sind doch bezahlt."[93]), vernichteten die Pegida-Verurteiler den Effekt des Beitrags durch Häme und Überheblichkeit: „Wunderschön wie ihr die Geisteskranken von der Pegida am Nasenring durch die Manege geführt habt."[94] Beide Seiten verfielen also gleichermaßen in Extrempositionen. Von der durchaus moderierenden Sichtweise der beiden Funkhausgäste waren viele Kommentatoren auf Youtube und facebook meilenweit entfernt.

Im zweiten Beitrag kam Danko Handrik auf Einladung seiner beiden Gäste mit zu einer Montagsdemo. Die aggressiven Reaktionen der Demonstranten darauf verblüfften vor allem die beiden Pegida-Anhänger selbst. Als der Journalist seine beiden Begleiter später fragt: „Wir konnten nicht frei berichten. Ich wurde angepöbelt. Haben Sie das in dieser Form erwartet?", bekommt er zur Antwort: „Nein, weil ich das in allen Veranstaltungen die durchgeführt wurden, so nicht erlebt hatte in dieser Form. In dieser Art hat mich das gewundert, weil ich das so noch nie erfahren habe. Das hatte mit anrempeln nichts zu tun. Ich wurde direkt angefasst!"

Und hier endet der Beitrag. Das ist im Sinne des Widerspiegelns, des journalistischen Leitmotivs „berichten, nicht richten" in Ordnung. Und doch wurde eine der Chancen vertan, tatsächlich die Inhalte der Pegida-Anhänger (nicht ihrer Wortführer und Anheizer) verständlich zu machen. Der Beitrag bleibt in der Situationsbeschreibung. Es wäre durchaus interessant gewesen, zu sehen, wie im Sinne einer Wertequadratarbeit das Nicht-Nachvollziehbare zu etwas Verständlichem verändert hätte werden können. Die beiden Funkhausgäste hatten es eigentlich schon auf den Punkt gebracht: „Es geht aber um ausgewogene Berichterstattung. Und – was wichtig ist – im Gespräch bleiben. Miteinander reden."

Die Presse, die Medien – wenn man das pauschal so sagen möchte – tun sich seit geraumer Zeit schwer, gesellschaftlich abgeklärt („tugendhaft" im Sinne des Wertequadrats) zu reagieren, wenn sie selbst in die Schusslinie geraten. Journalisten beginnen zu verteidigen, abzuwehren und auszuschließen. Und sie machen den Fehler Gruppen zu definieren, ohne zu sehen, wo die deutlichen Unterschiede sind, zwischen machtgeilen Wortführern und verunsicherten Zuhörern. Die langjährige Ansicht, komplexe Themen müsse man vereinfacht darstellen, sonst würden

---

93 Im Fernsehbeitrag selbst sieht man diese Aussage als Screenshot.
94 Siehe Anm. 92 Kommentare

sie nicht verstanden, rächt sich heute. Im Grunde sind die Menschen, die sich in Pegida-Demonstrationen zusammenfinden, ein Ergebnis aus der journalistischen Praxis vieler Jahre. Wer nur Simples vorgesetzt bekommt, glaubt am Ende, das sei die reale Welt.

15.3 Reframing – die Umwandlung von Aussagen in eine diskutierbare Form

Stark (negativ) emotionale Aussagen verhindern die Möglichkeit, sich mit ihnen in ernsthafter Weise auseinander zu setzen. Die Emotion überlagert den Inhalt. In einer kontroversen Diskussion führen solche Aussagen sehr häufig zur Eskalation.

Milton Erickson, Virginia Satir und Gregory Bateson haben sich dieses Phänomens angenommen und als möglichen Lösungsweg das „Reframing" herausgearbeitet. Eine anschauliche Definition liefert Kersten Reich im Wiki der Uni Innsbruck: „Das Reframing oder die Umdeutung wird als Methode der Systemischen Psychotherapie (...) angewendet. Durch Umdeutung wird verschiedenen Denkmustern, Situationen etc. ein neuer „Rahmen" gegeben. Man versucht Ereignisse in einen anderen Zusammenhang zu bringen oder sie aus einem anderen Blickwinkel zu sehen, wodurch neue Deutungen oder Sichtweisen entstehen können. ... es geht nicht darum die Wahrheit über die Realität zu erfahren, sondern zwischen Konstrukten zu wechseln. …. Auch andere negativ besetzte Verhaltensweisen können auf diese Weise in positive umgedeutet werden."[95]

Die Umdeutung (Reframing) kann sich also auf den Inhalt oder die Situation beziehen. Was dabei geschieht, ist ein Spiel mit den Gedankenkonstrukten, die der Mensch als „seine persönliche Wahrheit", als „Realität", anzunehmen bereit ist. Nach dieser Denkweise obliegt es mir persönlich, mich beleidigt zu fühlen, wenn jemand mich „einen Tölpel" nennt. Auf eine solche Wertung gibt es viele Möglichkeiten der Reaktion, falls ich mich entschließen kann, diese Aussage umzudeuten. Ich könnte folgende Umdeutung annehmen:

- Du hältst mein Verhalten für ungeschickt? Das heißt, dass ich normalerweise geschickter bin als jetzt gerade eben. (=> Reaktion: Vielen Dank für den Hinweis.)

---

95 https://biwiwiki.org/doku.php/kersten_reich:refraiming; vgl. auch: https://de.wikipedia.org/wiki/Umdeutung_(Psychologie)

- Tölpel sind freundliche Tiere. Etwas schwerfällig am Boden, aber wahre Künstler in der Luft. (=> Reaktion: Willst du mir damit sagen, dass ich sehr elegant bin, wenn ich mich in meinem Element befinde?)

Beide Umdeutungen führen dazu, dass ich nicht mehr mit Aggression gegen die „Beleidigung" vorgehe, sondern bereit bin, mit dem anderen zu sprechen. Das Reframing eröffnet also eine Chance darauf, mit Worten und nicht mit ungefilterter Emotion reagieren zu können. Das ist nichts Außergewöhnliches.

In der Alltagssprache wird Reframing jedoch oft so beurteilt, als wäre es eine unzulässige Vorgehensweise: „Jemand redet sich eine Sache schön" ist als stehender Ausdruck bekannt. Allerdings mit negativer Deutung. Hinter dieser Beurteilung von Reframing steht fast immer der Zorn darüber, dass ein Anderer die eigenen Vorstellungen von Realität nicht zu teilen bereit ist. Während also der Mensch, der sich eines Reframing bedient, durchaus seinen Frieden dadurch finden kann, ist der Beurteilende nicht in der Lage oder willens, andere als die ihm vorgegebenen Normen und Werte als relevant in Betracht zu ziehen.

Viele Witze ziehen ihre Pointen aus einem unvermuteten Reframing der Situation, aus dem „Wörtlich-nehmen" einer Aussage oder daraus, dass eine alltägliche Situation in anderem Zusammenhang betrachtet wird. Die Umdeutung ist also eine, den meisten Menschen durchaus geläufige Verfahrensweise im Umgang mit dem Alltag.

Beispiel

Wendet man Reframing auf die Beispiele unseres Kernthemas an: „Naivität" bzw. „Menschenverachtung" (im Kontext der Geschehnisse rund um die Flucht nach Europa) so bieten sich folgende Überlegungen an:

Naivität		Menschenverachtung
Dahinter könnte sich verbergen:	↔	Dahinter könnte sich verbergen:
Angstfreiheit	↔	Vertrauen auf die Sicherheit, die die eigene Gruppe bietet
Vertrauen auf den guten Kern des Menschen	↔	Vertrauen auf den Wert der Gruppe, der man angehört
Bereitschaft, Nachteile für sich in Kauf zu nehmen, zum Wohle des großen Ganzen	↔	Bereitschaft, sich für eine Gruppe einzusetzen
Bereitschaft, die eigenen Werte kritisch zu betrachten	≠	Bereitschaft, einen hohen Wert zu verteidigen

Dieses Reframing bezieht sich nicht auf die emotionale Seite der Mängel, sondern versucht den positiven Kern einer negativen Aussage oder Handlung zu verstehen. Im Grunde sind einige der positiven Umdeutungen durchaus miteinander kompatibel (↔). Nur die beiden letzten positiven Werte stehen im Gegensatz zueinander (≠).

Stellt man die Inhalte in positiver Rahmensetzung gegenüber, so erscheint es durchaus möglich, einen gemeinsamen Weg zu finden. **Solange man jedoch auf Umdeutungen verzichtet, ist der Weg zueinander praktisch versperrt.**

Über die in diesem Kapitel beschriebenen Gedankengänge könnte ein Ausbalancieren von Wertespannungen erreicht werden – und damit eine verantwortungsvolle, konstruktive und gesellschaftlich fördernde Form von Journalismus.

Nachwort

Strukturen sind gegeben durch die Art und Weise des Zusammenhangs der Elemente in einem System. Daher sind Strukturen auch die natürlichen logischen Abbildungen unserer Beziehungen miteinander und zu allen Teilen unserer Welt. Über ein strukturelles Verständnis der Beziehungen erschließen sich uns daher die komplexeren Zusammenhänge eines Themas und eines Gebiets.

Wenn das Schema einer Struktur sich auf alle Beziehungen in einem bestimmten Umfeld anwenden lässt – und damit meine ich alle Beziehungen, ohne Ausnahme – dann muss es sich dabei logischerweise um die Abbildung von etwas handeln, das als Kern allen diesen Beziehungen zu eigen ist.

Deshalb habe ich mich Zeit meines Lebens mit den Fragen beschäftigt, die zum Kern der Beziehungen führen. In der transverbalen Arbeit und dem Verfahren der systemischen Strukturaufstellungen (SySt) des Münchner SySt-Instituts entwickeln und verwenden Insa Sparrer und ich Strukturformate für ein Verständnis der Zusammenhänge in menschlichen Beziehungsgeflechten.

Die Systemischen Strukturaufstellungen sind dabei als „transverbale Sprache" zu betrachten: also als Sprache, die insbesondere auch „jenseits der Worte" Erkenntnisse herbeiführt. Ohne eine verlässliche Grammatik wäre das nicht möglich; so wenig, wie jede andere Sprache ohne Grammatik auch keine Beziehungen abbilden könnte.

Zwei unserer wertvollsten Entwicklungen sind meiner Überzeugung nach das SySt-Glaubenspolaritäten-Schema und das SySt-Tetralemma in seiner heutigen Form. Wir befinden uns in einem kontinuierlichen Entwicklungsprozess, dessen Ende für mich (erfreulicherweise) nicht absehbar ist. Deshalb freuen wir uns sehr, wenn systemisch Denkende in ihrem eigenen Umfeld Anwendungsgebiete für diese Art der Strukturformate finden und der Öffentlichkeit zugänglich machen. Jedes Anwendungsgebiet ist eine Feuerprobe für die transverbale Arbeit mit Strukturen. Jede gelingende Anwendung ist auch für den transverbalen Ansatz als Ganzes ein Gewinn.

In dem vorliegenden Buch kommen vor allem diese unsere beiden Kern-Schemata zur Anwendung und werden von Gisela Goblirsch in einem neuen Kontext auf der Arbeitsebene von Journalisten und PR-Leuten als hilfreich dargestellt. Die lebendige, klare und praxisnahe Darstellung, die der Autorin dabei gelingt, und die interessanten Verknüpfungen mit diesem für den SySt-Ansatz neuen Anwendungsbereich erfreuen mich sehr.

Ich bin überzeugt, dass den LeserInnen dieses Buches eine Folge anregender, einsichtsreicher und praktisch umsetzbarer Impulse bevorsteht und wünsche Ihnen allen eine gute Reise!

Kardorf (Bornheim), den 13.1.2017
Matthias Varga von Kibéd

The manufacturer's authorised representative in the EU is Springer Nature Customer Service Centre GmbH, Europaplatz 3, 69115 Heidelberg, Germany. If you have any concerns regarding our products, please contact ProductSafety@springernature.com

Printed and bound by CPI Group (UK) Ltd, Croydon, CR0 4YY
23/03/2026
02076674-0003